GESTÃO AMBIENTAL EMPRESARIAL

CONCEITOS, MODELOS E INSTRUMENTOS

www.saraivaeducacao.com.br
Visite nossa página

José Carlos Barbieri

GESTÃO AMBIENTAL EMPRESARIAL
CONCEITOS, MODELOS E INSTRUMENTOS

5ª EDIÇÃO
Revista e atualizada
Inclui os Objetivos de Desenvolvimento Sustentável e ESG

Av. Paulista, 901, Edifício CYK, 4º andar
Bela Vista – São Paulo – SP – CEP 01310-100

SAC | sac.sets@saraivaeducacao.com.br

Diretoria executiva	Flávia Alves Bravin
Diretoria editorial	Ana Paula Santos Matos
Gerência de produção e projetos	Fernando Penteado
Gerenciamento de catálogo	Neto Bach
Edição	Gabriela Ghetti
	Estela Janiski Zumbano
Design e produção	Daniele Debora de Souza (coord.)
	Camilla Felix Cianelli Chaves
	Deborah Mattos
	Lais Soriano
	Tiago Dela Rosa
Planejamento e projetos	Cintia Aparecida dos Santos
	Daniela Maria Chaves Carvalho
	Emily Larissa Ferreira da Silva
	Kelli Priscila Pinto
Diagramação	Negrito Produção Editorial
Revisão	Maurício Katayama
Capa	Lais Soriano
Produção gráfica	Marli Rampim
	Sergio Luiz Pereira Lopes
Impressão e acabamento	Gráfica Paym

DADOS INTERNACIONAIS DE CATALOGAÇÃO NA PUBLICAÇÃO (CIP)
VAGNER RODOLFO DA SILVA – CRB-8/9410

B236g Barbieri, José Carlos
    Gestão ambiental empresarial: conceitos, modelos e instrumentos / José Carlos Barbieri. – 5. ed. – São Paulo: SaraivaUni, 2023.
    280 p.
    ISBN 978-85-7144-144-6 (Impresso)
    1. Administração. 2. Sustentabilidade. 3. Gestão ambiental empresarial. I. Título.

2022-3649
CDD 658.408
CDU 658.012.32

Índices para catálogo sistemático:
1. Administração : Sustentabilidade   658.408
2. Administração : Sustentabilidade   658.012.32

Copyright © José Carlos Barbieri
2023 Saraiva Educação
Todos os direitos reservados.

5ª edição

Dúvidas? Acesse www.saraivaeducacao.com.br

Nenhuma parte desta publicação poderá ser reproduzida por qualquer meio ou forma sem a prévia autorização da Saraiva Educação. A violação dos direitos autorais é crime estabelecido na Lei n. 9.610/98 e punido pelo art. 184 do Código Penal.

CÓD. OBRA 9075   CL 651925   CAE 818326

A Marilena, Natália, Carolina Luísa, Marta, Julia,
Carlos, Isabel, Nicolás, Pedro e Manuela.

À memória de Francisca Bocca Barbieri e Hugo Barbieri.

SOBRE O AUTOR

José Carlos Barbieri. Doutor em Administração pela Escola de Administração de Empresas de São Paulo da Fundação Getulio Vargas (EAESP-FGV), onde atuou como professor do Departamento de Administração da Produção e Operações de 1992 a 2018. Pós-doutor pela Universidade Estadual de Campinas (Unicamp). Lecionou em renomadas instituições de ensino e pesquisa, como a Pontifícia Universidade Católica de São Paulo (PUC-SP) e a Universidade Federal de Mato Grosso do Sul; nesta foi coordenador do curso de Graduação em Administração, membro do Conselho de Ensino, Pesquisa e Extensão, coordenador do planejamento administrativo da Universidade e desenvolveu diversas atividades de extensão universitária. Foi pesquisador do Instituto de Pesquisas Tecnológicas do Estado de São Paulo (IPT). Foi fundador e coordenador do Centro de Estudos de Administração e do Meio Ambiente na EAESP (CEAMA), com o objetivo de realizar pesquisas e desenvolver práticas administrativas e operacionais ambientalmente corretas. Membro do Fórum de Inovação da EAESP. Atuou como professor do programa de pós-graduação *stricto sensu* da EAESP, da linha de pesquisa em gestão de operações e sustentabilidade. Membro de comissões especiais para criação de normas e regulamentos de gestão ambiental e gestão da inovação. Coordenou e atuou em diversos projetos de pesquisa nas áreas de gestão do meio ambiente, da responsabilidade social empresarial e da inovação. Participa de comitês científicos de diversas revistas e congressos científicos nacionais e internacionais, bem como de várias agências de fomento à pesquisa científica e tecnológica. Consultor, conferencista e autor de livros, capítulos de livros e artigos sobre gestão ambiental e inovação publicados no Brasil e em diversos países.

SUMÁRIO

Siglas XIII

Introdução 1

Capítulo 1 Meio ambiente e gestão ambiental 5

1.1 Problemas ambientais 6

1.2 O meio ambiente como fonte de recursos 8

1.3 O meio ambiente como recipiente de resíduos 11

1.4 Gestão ambiental 14

    1.4.1 Dimensões da gestão ambiental 15

1.5 Desenvolvimento sustentável 18

Termos e conceitos importantes 22

Referências 22

Capítulo 2 Políticas públicas ambientais 25

2.1 Instrumentos de comando e controle 26

2.2 Instrumentos econômicos 29

    2.2.1 Princípio do poluidor-pagador 30

    2.2.2 Instrumentos de mercado 32

2.3 Eficácia dos instrumentos 36

    2.3.1 O papel das inovações 38

    2.3.2 A educação ambiental 40

2.4 Acordos voluntários 42

    2.4.1 Acordos voluntários públicos 42

    2.4.2 Acordos voluntários privados 43

2.5 Política pública ambiental brasileira 46

    2.5.1 A Política Nacional do Meio Ambiente 47

    2.5.2 Constituição da República Federativa do Brasil de 1988 49

    2.5.3 Instrumentos de política pública 51

Termos e conceitos importantes 54

Referências 54

Capítulo 3 **Abordagens e modelos de gestão ambiental** 57

3.1 Abordagens de gestão ambiental 59

    3.1.1 Controle da poluição 60

    3.1.2 Prevenção da poluição 63

    3.1.3 Abordagem estratégica 65

3.2 Modelos de gestão ambiental 68

    3.2.1 Gestão da Qualidade Ambiental Total 69

    3.2.2 Produção Mais Limpa 73

    3.2.3 Ecoeficiência 78

    3.2.4 Projeto para o Meio Ambiente 81

    3.2.5 *Natural Step* 85

3.3. Modelos inspirados na natureza 89

Termos e conceitos importantes 95

Referências 95

Capítulo 4 **Sistemas de gestão ambiental** 97

4.1 Iniciativas pioneiras 98

4.2 A família de normas ISO 14000 100

    4.2.1 Introdução à norma NBR ISO 14001 102

4.3 Estrutura de requisitos do SGA 105

4.4 Contexto da organização 106

    4.4.1 Escopo do SGA 108

4.5 Liderança 109

    4.5.1 Política ambiental 110

    4.5.2 Papéis, responsabilidades e autoridades 111

4.6 Planejamento 111

    4.6.1 Aspectos ambientais 112

    4.6.2 Requisitos legais e outros requisitos 118

    4.6.3 Objetivos ambientais e planejamento para alcançá-los 119

4.7 Apoio e recursos 121

    4.7.1 Competência e conscientização 121

    4.7.2 Comunicação 124

    4.7.3 Informação documentada 125

4.8 Operação e controle operacional 127

    4.8.1 Preparação e resposta a emergências 128

4.9 Avaliação do desempenho 130

    4.9.1 Monitoramento, medição, análise e avaliação 130

    4.9.2 Avaliação do atendimento a requisitos legais e outros requisitos 132

    4.9.3 Auditoria interna 133

    4.9.4 Análise crítica pela direção 134

4.10 Melhoria 135

    4.10.1 Não conformidade e ação corretiva 136

    4.10.2 Melhoria contínua 137

4.11 Interações com outros sistemas de gestão........................... 138

4.12 Certificação do Sistema de Gestão Ambiental........................ 139

    4.12.1 Organismo de Certificação Credenciado....................... 140

4.13 Benefícios e objeções 142

Termos e conceitos importantes 145

Referências 145

Capítulo 5 **Auditorias ambientais**.................................... 147

5.1 Tipos de auditorias ambientais 148

    5.1.1 Auditoria interna e externa 151

5.2 Iniciativas pioneiras.. 151

    5.2.1 Processo de auditoria 152

5.3 Auditoria de sistema de gestão 155

    5.3.1 Princípios de auditoria 157

    5.3.2 Programas de auditoria.. 158

    5.3.3 Execução da auditoria... 160

    5.3.4 Competência e avaliação de auditores.......................... 163

5.4 Auditorias compulsórias 165

Termos e conceitos importantes 168

Referências 168

Capítulo 6 **Avaliação do ciclo de vida** 171

6.1 Cadeia de suprimento 171

6.2 Gestão do ciclo de vida... 173

6.3 Origens da Avaliação do Ciclo de Vida (ACV) 175

6.4 As normas ISO de ACV.. 177

    6.4.1 Fases da ACV 178

    6.4.2 Análise de inventário 180

    6.4.3 Avaliação de impacto 181

    6.4.4 Interpretação e análise crítica.................................. 183

    6.4.5 Aplicações da ACV.. 185

6.5 Métodos simplificados 187

    6.5.1 Matriz ERPA.. 187

    6.5.2 Matriz MECO... 190

    6.5.3 Matriz MET 192

Termos e conceitos importantes 193

Referências 194

Capítulo 7 **Estudo Prévio de Impacto Ambiental**..................... 195

7.1 As origens... 196

7.2 Licenciamento ambiental 197

    7.2.1 Competência para licenciar 199

7.3 O EIA na legislação brasileira.. 203

7.3.1 Obrigatoriedade do EIA 203
7.3.2 Conteúdo do EIA 205
7.3.3 Responsável pela elaboração do EIA 206
7.4 Relatório de impacto ambiental (Rima) 206
3.4.1 Publicidade do EIA/Rima 207
7.5 Estudos substitutos, auxiliares e assemelhados 209
7.5.1 Estudo Ambiental Simplificado 210
7.5.2 Estudo de Impacto de Vizinhança (EIV) 211
7.5.3 Planos de gestão e controles 212
7.6 Métodos de avaliação prévia de impactos ambientais 212
7.6.1 Métodos *ad hoc* e baseados em listas 213
7.6.2 Métodos baseados em matrizes 214
7.6.3 Matriz de Leopold 217
7.6.4 Redes de interação 220
7.7 Avaliação ambiental estratégica 222
Termos e conceitos importantes 225
Referências 225

Capítulo 8 **Comunicação ambiental** 227

8.1 Sistema de gestão da comunicação ambiental 228
8.1.1 Identificando partes interessadas 231
8.1.2 Objetivos e conteúdo 232
8.1.3 Modos de comunicação 233
8.2 Relatórios de sustentabilidade 237
8.2.1 Relatórios ESG 240
8.2.2 Comunicação voluntária ou obrigatória 242
8.3 Rótulos e declarações ambientais 243
8.3.1 Rótulo ambiental tipo I 244
8.3.2 Rótulo ambiental tipo II 248
8.3.3 Declaração ambiental tipo III 252
Termos e conceitos importantes 256
Referências 256

Capítulo 9 **Considerações finais** 259

Índice remissivo 265

SIGLAS

ABNT	Associação Brasileira de Normas Técnicas
ACV	Avaliação do Ciclo de Vida
AEA	Avaliação Ambiental Estratégica
Cetesb	Companhia de Tecnologia de Saneamento Ambiental
Conama	Conselho Nacional do Meio Ambiente
DFE ou DfE	Projeto para o Meio Ambiente
EPD	Declaração Ambiental de Produto
ESG	Meio ambiente, Sociedade e Governança
EIA	Estudo de Impacto Ambiental
GEE	Gases de Efeito Estufa
GRI	Global Reporting Initiative
IAF	International Accreditation Forum
Ibama	Instituto Brasileiro do Meio Ambiente e dos Recursos Naturais
Inmetro	Instituto Nacional de Metrologia, Qualidade e Tecnologia
IPCC	Intergovernmental Panel on Climate Change
ISO	International Organization for Standardization
OCC	Organismo de Certificação Credenciado
OCDE/OECD	Organização para a Cooperação e Desenvolvimento Econômico
ONG	Organização Não Governamental
Onudi/Unido	Organização das Nações Unidas para o Desenvolvimento Industrial
ODS	Objetivo de Desenvolvimento Sustentável
P&D	Pesquisa e Desenvolvimento Experimental

PDCA	Planejar (plan), fazer (do), verificar (check) e agir (act)
Pnuma/Unep	Programa das Nações Unidas para o Meio Ambiente
RAP	Relatório Ambiental Preliminar
Rima	Relatório de Impacto Ambiental
Setac	Society of Environmental Toxicology and Chemistry
SGA	Sistema de Gestão Ambiental
SGC	Sistema de Comunicação Ambiental
Sinmetro	Sistema Nacional de Metrologia, Normalização e Qualidade Industrial
Sisnama	Sistema Nacional do Meio Ambiente
TC 207	Comitê Técnico da ISO 207, responsável pela elaboração das normas de gestão ambiental
UNFCCC	Convenção-Quadro sobre Mudança do Clima
US EPA	United States Environmental Protection Agency
WBCSD	World Business Council for Sustainable Development

INTRODUÇÃO

A preocupação com o estado do meio ambiente não é recente, mas foi só nas últimas três décadas do século XX que ela entrou definitivamente na agenda dos governos de muitos países e de diversos segmentos da sociedade civil organizada. No âmbito empresarial, essa preocupação é ainda mais recente, embora não faltassem empresas e entidades empresariais que buscassem práticas ambientalmente saudáveis, mesmo quando o assunto apenas começava a despertar interesse fora dos círculos restritos de especialistas e das comunidades afetadas diretamente pelos problemas ambientais. Na atualidade, o meio ambiente é um tema que ganhou as ruas, os auditórios, a imprensa, e faz parte do vocabulário de políticos, empresários, administradores, líderes sindicais, dirigentes de ONGs e cidadãos de modo geral. Porém, para a maioria das empresas, essa preocupação ainda não se transformou em práticas administrativas e operacionais efetivas, pois, se já estivessem ocorrendo, o acúmulo de problemas ambientais que coloca em risco todos os seres vivos certamente não se verificaria com a intensidade que hoje se observa. A globalização dos problemas ambientais é um fato incontestável e as empresas estão, desde a sua origem, no centro desse processo.

Todos os temas deste livro são desenvolvidos mediante o confronto de opiniões, com o objetivo de apresentar alternativas para as ações de gestão ambiental e mostrar as dificuldades de tratar assuntos tão polêmicos como são os decorrentes da relação empresa-meio ambiente. Da diversidade de opiniões e propostas concernentes a cada tema tratado, este livro procura apresentar as mais importantes do ponto de vista da gestão ambiental empresarial. A gravidade dos problemas ambientais requer uma gestão aberta às inúmeras influências e propostas para se chegar às que melhor se aplicam a cada caso concreto.

O *Capítulo 1* discute os problemas ambientais e apresenta o conceito de gestão ambiental e suas diferentes dimensões. Como se verá, os problemas ambientais, por mais variados que sejam, decorrem do uso do meio ambiente como fonte de recursos para a produção da subsistência humana e como recipiente de resíduos de produção e consumo, problemas que são agravados pelo modo como os humanos concebem a sua relação com a natureza. Qualquer solução efetiva para os problemas ambientais terá necessariamente que envolver as empresas, pois são elas que produzem e comercializam a maioria dos bens e serviços colocados à disposição da sociedade.

As pressões exercidas pela opinião pública e pelos setores organizados da sociedade civil em relação aos problemas ambientais têm levado os governos de praticamente todos os países a incorporarem de modo crescente as dimensões ambientais em suas políticas públicas. O objetivo do *Capítulo 2* é mostrar os principais instrumentos de política pública ambiental que levam as empresas a adotar cada vez mais práticas variadas de gestão ambiental, bem como as polêmicas que giram em torno deles, seja quanto à sua eficácia na resolução dos problemas para os quais foram criados, seja quanto aos seus efeitos sobre a competitividade das empresas. Depois, são apresentadas considerações importantes sobre a Política Nacional do Meio Ambiente, seus objetivos e instrumentos. Permeia este livro a ideia de que as soluções para os problemas ambientais exigem novas posturas empresariais, que por sua vez dependem da condução de políticas públicas ambientais apropriadas. Longe de propor a redução da intervenção estatal nesse campo, este livro defende a ideia de que uma política pública adequada deve contemplar uma cesta equilibrada de instrumentos de gestão ambiental de diferentes tipos.

A gestão ambiental empresarial propriamente dita começa no *Capítulo 3*. É de pouca valia falar desse assunto sem antes apresentar o contexto dos problemas ambientais, da regulamentação pública e das iniciativas globais, regionais e nacionais. Nesse momento, são discutidas três abordagens típicas aos problemas ambientais e modelos de gestão ambiental selecionados entre os mais importantes pelo modo como enfrentam as questões ambientais. Esses modelos são espécies de acordos voluntários estabelecidos entre as empresas e a sociedade, assunto discutido no *Capítulo 2*, pois trazem componentes proativos no tratamento das questões ambientais pertinentes às empresas. Ir além da exigência legal é uma característica marcante desses modelos, e cada qual procura cumprir esse objetivo de diferentes modos.

Os demais capítulos tratam de instrumentos específicos de gestão ambiental empresarial. Apesar da existência de um verdadeiro arsenal de instrumentos para solucionar ou minimizar os problemas ambientais existentes, bem como para evitar que novos sejam criados, o fato é que eles ainda são e o livro faz referências a diversos deles, embora dedique maior atenção aos seguintes: sistemas de gestão ambiental, auditorias ambientais, avaliação do ciclo de vida do produto, produto, estudos prévios de impactos ambientais e comunicações ambientais e relatórios para públicos externos. Cada instrumento é apresentado segundo diferentes propostas em termos de concepção e procedimentos, com uma discussão mais ampla sobre o contexto em que eles se aplicam.

Os modelos de gestão e instrumentos aqui apresentados devem ser vistos como meios para alcançar o desenvolvimento sustentável, um modo de desenvolvimento que satisfaz as necessidades do presente sem prejudicar a capacidade das futuras gerações de atenderem suas próprias necessidades. A vinculação entre meio ambiente e desenvolvimento está presente ao longo do texto. Desenvolvimento é entendido como um processo que objetiva a melhoria qualitativa das condições de vida da população de um país, de uma região ou de um local específico. Assim, onde se lê *gestão ambiental*, entenda *gestão socioambiental*, pois o objetivo último das práticas aqui tratadas é melhorar a qualidade de vida para todos, tanto para os atuais quanto para os futuros habitantes do planeta, enquanto gera valor econômico e protege o meio ambiente.

O papel das empresas na promoção de um desenvolvimento que respeite o meio ambiente não resulta apenas da necessidade de resolver os problemas ambientais acumulados ao longo dos anos em decorrência das suas atividades. Resulta também da ampliação da sua influência em todas as esferas da atividade humana. As empresas se tornaram as principais forças condutoras da sociedade em todos os níveis de abrangência, do global ao interior dos lares, dos acordos multilaterais comerciais às decisões corriqueiras do dia a dia de bilhões de pessoas em todas as partes do mundo. Daí a emergência de novas responsabilidades a respeito da atuação das empresas e dos impactos dos seus produtos, processos e atividades sobre o meio ambiente e sociedade. A gestão ambiental aqui apresentada faz parte dessas novas responsabilidades e, como tal, é um meio pelo qual as empresas podem se tornar parceiras do desenvolvimento sustentável.

A quinta edição deste livro atualizou dados e informações que sofreram modificações após a publicação da quarta edição. Alguns instrumentos de gestão ambiental contemplados no livro passaram por revisões durante esse período, e essas revisões foram incorporadas. Um glossário revisto e ampliado, com cerca de 300 palavras, encontra-se no *site* do livro, junto com questões para revisão de cada capítulo e diversos arquivos com informações úteis para melhor compreensão dos temas tratados. Grande parte das mudanças de uma edição para a outra resultaram do contato direto ou por *e-mail* com diversos leitores que apresentaram suas dúvidas, críticas e sugestões. A estes, os meus sinceros agradecimentos; e espero sempre poder contar com essa valorosa colaboração.

MEIO AMBIENTE E GESTÃO AMBIENTAL

Meio ambiente é tudo o que envolve ou cerca os seres vivos. A palavra *ambiente* vem do latim, e o prefixo *ambi* dá a ideia de "ao redor de algo" ou de "ambos os lados". O verbo latino *ambio, ambire* significa "andar em volta ou em torno de alguma coisa". As palavras *meio* e *ambiente* trazem cada uma a ideia de entorno e envoltório, de modo que a expressão *meio ambiente*, consagrada no Brasil, encerra uma redundância. O que envolve os seres vivos e as coisas, ou o que está ao seu redor, é o planeta Terra com todos os seus elementos, tanto os naturais quanto os alterados e construídos pelos seres humanos. Esses elementos condicionam a existência dos seres vivos, podendo-se dizer que o meio ambiente não é apenas o espaço onde os seres vivos podem existir, mas a própria condição para a existência de vida na Terra.

A vida ocorre apenas na biosfera, uma estreita faixa do planeta constituída pela interação de três ambientes físicos: terrestre ou litosfera, aquático ou hidrosfera, e atmosférico, que envolve os outros dois ambientes. Os organismos ou seres vivos da mesma espécie vivendo juntos formam as populações, e as populações de várias espécies vivendo numa mesma área constituem uma comunidade biológica. Os organismos e os elementos físicos e químicos do meio em que vivem formam um sistema ecológico ou ecossistema, a unidade funcional básica da Ecologia (Quadro 1.1).

O ecossistema é formado pela comunidade biológica, isto é, a totalidade dos organismos ou seres vivos de diversas espécies, inclusive os seres humanos, em uma área interagindo com os elementos do ambiente físico ou abiótico, tais como

GESTÃO AMBIENTAL EMPRESARIAL

ar, água, solo, relevo, luz, temperatura e pressão atmosférica.[1] Os organismos e os elementos físicos são interdependentes e, portanto, se influenciam mutuamente e funcionam como uma totalidade, ou seja, o que ocorre com uma de suas partes acaba influenciando as demais. Um ecossistema pode ser parte de outro; no limite, todos fazem parte da biosfera, e o ser humano é um de seus componentes. Os ambientes artificiais ou domesticados pelos seres humanos formam ecossistemas específicos, como as regiões agrícolas e agroindustriais e até mesmo as cidades e os distritos industriais.

Quadro 1.1 Ecologia e outros termos relacionados

A palavra *ecologia* é formada pelos vocábulos gregos *oîkos* (casa) e *logya* (tratado, discurso, estudo). É o estudo da "casa", entendida como o ambiente que inclui todos os organismos e os *processos* funcionais que a tornam habitável. A Ecologia continua firmemente enraizada na Biologia, mas se tornou uma disciplina científica essencialmente nova e integradora, que liga os processos físicos e biológicos e serve de ponte entre as ciências naturais e sociais.[2]

A palavra *ecologia* aparece pela primeira vez em 1866 em um livro do naturalista alemão Ernst Haeckel, substituindo o termo *biologia*. Haeckel define ecologia como "a totalidade da ciência das relações do organismo com o meio ambiente".[3] Em 1895, essa palavra reaparece no título do livro de Eugen Warning, botânico dinamarquês considerado o criador da Ecologia como disciplina científica.[4] Porém, somente no início do século XX a Ecologia seria reconhecida como campo científico distinto.[5] Em linguagem corrente é comum o uso do termo *ecologia* como sinônimo de meio ambiente e *ecológico* como sinônimo de ambiental.

A palavra *economia* é muito mais antiga que ecologia. Aristóteles (384-322 a.C.), por exemplo, já a empregava em sua obra *A política*. *Economia* é formada pelos étimos gregos *oîkos* e *nomia* (regras, leis normas), significando manejo ou gerenciamento da casa, dos bens da família. Economia, enquanto ciência, é o estudo da atividade produtiva, e seu foco são os problemas concernentes ao uso mais eficiente dos recursos escassos para a produção de bens.[6] No entanto, a partícula *eco*, derivada de *oîkos*, tornou-se prefixo de palavras associadas à ecologia e às questões ambientais, como: *ecoeficiência, ecoenergia, ecoindústria, ecoinovação, ecoparque, ecoturismo.* As palavras que levam esse prefixo são em geral portadoras de significados positivos, c que reflete a preocupação com o meio ambiente por grande parte da população mundial.

Fonte: elaborado pelo autor.

1.1 PROBLEMAS AMBIENTAIS

Os problemas ambientais provocados pelos humanos decorrem do uso do meio ambiente para obter os recursos necessários para produzir os bens e serviços de que estes necessitam e dos despejos de materiais e energia não aproveitados. Porém

---

[1] ODUM; BARRETT, 2007, p. 18.
[2] ODUM; BARRETT, 2007, p. 2-3.
[3] ACOT, 1990, p. 27.
[4] ACOT, 1990, p. 34.
[5] ODUM; BARRETT, 2007, p. 2-4.
[6] SANDRONI, 2006.

isso nem sempre gerou degradação ambiental em razão da escala reduzida de produção e consumo e da maneira pela qual os seres humanos entendiam sua relação com a natureza e interagiam com ela. O aumento da escala de produção tem sido um importante fator que estimula a exploração dos recursos naturais e eleva a quantidade de resíduos.

A Revolução Industrial tem sido apontada como um marco importante na intensificação dos problemas ambientais. A maior parcela de emissões ácidas, de gases do efeito estufa e de substâncias tóxicas resulta das atividades industriais em todo o mundo. O lixo gerado pela população cada vez mais está composto por restos de embalagens e de produtos industriais. O uso de inseticidas, herbicidas, fertilizantes, implementos e outros produtos industrializados fez com que a agricultura se tornasse uma atividade intensiva em degradação ambiental. O mesmo pode-se dizer da pesca, dos transportes e das atividades comerciais e de serviço. Grande parte dos problemas ambientais produzidos por agências bancárias, escritórios, consultórios, lojas, escolas, repartições públicas, hotéis, hospitais, aeroportos e outros estabelecimentos de serviço se deve aos materiais industrializados que dão suporte às suas atividades.

Não que antes da Revolução Industrial não houvesse tais problemas: basta lembrar das florestas devastadas em todos os continentes para os mais diversos fins, dos rios assoreados e da perda de fertilidade de muitas áreas em épocas anteriores. Entretanto, a menor escala de produção e a possibilidade de encontrar novas áreas para obter recursos escondia a gravidade desses problemas. A poluição gerada pelas atividades humanas ficava confinada em áreas específicas e era absorvida com mais facilidade por ser basicamente de origem orgânica. A partir da Revolução Industrial, surge uma diversidade de substâncias e materiais que não existiam na natureza. Milhões de substâncias químicas foram criadas, e esse número não para de crescer. A era industrial alterou a maneira de produzir degradação ambiental ao criar técnicas produtivas intensivas em materiais e energia para atender mercados de grandes dimensões, de modo que a exploração de recursos e as descargas de resíduos cresceram a ponto de ameaçar a subsistência de muitos povos da atualidade e das gerações futuras.

A maneira como a produção e o consumo ocorrem desde então exige recursos e gera resíduos, ambos em quantidades vultosas, a ponto de já ameaçar a capacidade de suporte do próprio planeta, que é a quantidade de seres vivos que ele pode suportar sem se degradar. Há muitos sinais de que a Terra já se encontra nos limites de sua capacidade para suportar as espécies vivas. Entre esses sinais estão os diversos problemas ambientais que vêm se agravando ao longo do tempo, sendo que alguns já adquiriram dimensões globais ou planetárias, como a perda de biodiversidade, a redução da camada de ozônio, a contaminação das águas, as mudanças climáticas decorrentes da intensificação das emissões de gases de efeito estufa e outros. O resultado desse quadro caracterizado pela escalada dos problemas ambientais de toda ordem é o comprometimento do próprio futuro da Terra e de todos os seres vivos, e não apenas dos humanos.

1.2 O MEIO AMBIENTE COMO FONTE DE RECURSOS

A produção de bens e serviços que atendam às necessidades e aos desejos humanos requer recursos ou fatores de produção, dos quais o trabalho e os recursos naturais sempre fizeram parte em todas as épocas. O capital, entendido como meio de produção criado pelo trabalho humano para produzir outros bens e serviços, aparece tardiamente na história da humanidade. Os recursos naturais são bens e serviços originais ou primários dos quais todos os demais dependem. Assim, produzir é converter ou transformar bens e serviços naturais para satisfazer as necessidades e os desejos humanos.

Os recursos naturais são tradicionalmente classificados em renováveis, como energia solar, ar, água, plantas, animais, beleza cênica; e não renováveis, como areia, argila, minérios, carvão mineral, petróleo. Recursos renováveis são aqueles que podem ser obtidos indefinidamente de uma mesma fonte, enquanto os não renováveis possuem uma quantidade finita, que em algum momento irá se esgotar se forem continuamente explorados. Essa classificação, embora bastante utilizada, deve ser vista com reserva. A noção de esgotamento ou renovação de recursos envolve a dimensão de tempo, e a perspectiva de tempo dos humanos nem sempre é a mesma daquela necessária para a renovação de certos recursos. A perspectiva de tempo humana e o modo de usar os recursos são as condições que os tornam renováveis ou não, como ilustra a Figura 1.1. Por exemplo, as plantas são consideradas recursos renováveis, mas, se são necessários mais de 100 anos para fornecer determinado tipo de madeira, ela é, na realidade, um recurso não renovável na escala humana.

Os combustíveis fósseis são consumidos no ato da sua utilização, e os estoques dos recursos naturais usados para produzi-los (petróleo, gás natural, carvão mineral) não se renovam. Os metais e outros produtos minerais, como areia, argila, granito, podem ser reutilizados e reciclados, embora seus estoques também não se renovem. Os metais são produzidos graças ao fato de que os recursos minerais de onde são extraídos encontram-se acumulados em grandes depósitos, tornando técnica e economicamente viável a sua exploração. O seu uso desgasta os metais pelo atrito, corrosão, fragmentação, quebras e outras formas de perdas, disseminando-os em porções diminutas pelo planeta, o que inviabiliza a sua recuperação de forma econômica. Assim, com o uso continuado, esses materiais irão acabar em algum momento, mesmo que seja só daqui a milhares de anos, embora continuem existindo enquanto elementos da natureza, pois os seus átomos não são destruídos com o uso.

Figura 1.1 Recursos naturais – Tipos e exemplos

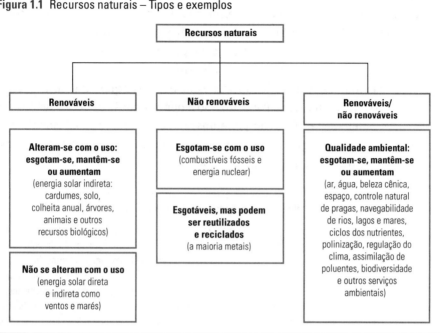

Fonte: adaptada de Tivy; O'Hare, 1991, p. 170.

Excetuando a energia solar que incide diretamente sobre o planeta, os demais recursos renováveis podem se exaurir dependendo de como são usados ou como a natureza é afetada pelas transformações naturais e humanas. As espécies vivas deixam de ser recursos renováveis se a sua exploração comprometer a sua capacidade de reprodução, o que pressupõe que apenas certa quantidade anual poderia ser extraída para uso humano. A beleza de uma paisagem é um recurso renovável para as atividades de turismo desde que as suas características não se degradem pelo excesso de visitantes. O solo agrícola é um recurso renovável, pois os ciclos biogeoquímicos do nitrogênio, fósforo, potássio e de outros elementos restabelecem sua fertilidade, mas práticas agrícolas e pastoris inadequadas podem comprometer a realização desses ciclos e tornar o solo estéril, cuja regeneração pode levar séculos, o que é impensável para o padrão humano de tempo. As ações humanas podem, no entanto, produzir alterações positivas, como impedir um processo natural de erosão, controlar inundações, adaptar espécies ao uso e às condições do ambiente domesticado.

Os ciclos biogeoquímicos são exemplos de serviços ou funções que o meio ambiente proporciona às atividades de produção e consumo, devendo ser, portanto, considerados recursos para as atividades produtivas. A biosfera depende desses ciclos para fornecer aos seres vivos continuamente elementos químicos que se encontram em quantidades finitas no meio ambiente. Por exemplo, as plantas absorvem nutrientes minerais do solo que, após sua morte, retornam ao solo por meio de processos de decomposição e lixiviação, ficando novamente disponíveis para outros seres vivos. Além desses ciclos, há outros serviços que o meio ambiente presta às atividades humanas, como a polinização, assimilação de poluentes, controle natural de predadores, regulação do clima, diversidade de espécies e outros sem os quais não seria possível a continuação da vida na Terra. Portanto, sob a denominação genérica de *recursos naturais*, entendem-se tanto os componentes do meio ambiente tradicionalmente considerados, como solo, água, minérios, madeira, animais, espaço, paisagem, quanto os serviços ou as funções ambientais, como mostra o Quadro 1.2.

Quadro 1.2 Bens e serviços ambientais: entendimentos e classificações

Há diversos entendimentos sobre bens e serviços ambientais. Um deles refere-se aos bens e serviços concebidos e produzidos para proteger o meio ambiente, distribuídos em três grupos: (1) gestão da poluição, (2) produtos e tecnologias mais limpos e (3) gestão de recursos. No grupo 1, estão os equipamentos, instalações, instrumentos, materiais e construções para controle e prevenção da poluição e recuperação do meio ambiente, bem como os serviços relacionados, como análises e ensaios laboratoriais, pesquisa e desenvolvimento, engenharia ambiental, treinamento. No grupo 2, estão os equipamentos e materiais que melhoram a eficiência dos sistemas produtivos, diminuindo o consumo de materiais e energia, recuperando subprodutos e resíduos, eliminando a poluição na fonte geradora. No grupo 3, estão os equipamentos, instalações, construções, materiais e serviços relacionados ao suprimento de água potável, tratamento de esgoto, produção de energia renovável, conservação de habitat e ecossistemas, entre outros.[7] O conjunto dos produtores desses bens e serviços forma a indústria ambiental, cujos segmentos encontram-se espalhados nos diversos setores econômicos que produzem bens e serviços produtivos, como equipamentos industriais, produtos químicos, construção civil, engenharia consultiva, montagem industrial, consultoria organizacional.

Também são bens e serviços ambientais os que causam significativamente menos danos à saúde e ao meio ambiente quando comparados aos seus similares; por isso, são denominados *bens e serviços ambientalmente preferíveis*.[8] Exemplo: entre os produtos que cumprem a mesma função, são preferíveis os isentos de substâncias tóxicas, os que usam menos materiais e energia, geram menos resíduos e poluentes, usam recursos renováveis. Um entendimento mais completo considera o processo de produção na comparação, pois o que importa ao meio ambiente é a soma total de impactos causados desde a extração das matérias-primas no meio ambiente até a disposição final após o término da sua vida útil. Esses bens e serviços destinam-se aos consumidores ou usuários finais.

Os materiais extraídos diretamente do meio ambiente são bens ambientais, como lenha, minérios, água doce, peixes, fibras vegetais, frutos, petróleo. Os serviços ambientais são as funções realizadas pelos componentes do meio ambiente, como a reciclagem de materiais que restitui a fertilidade do solo, a produção de oxigênio pelas plantas, a dispersão dos poluentes pela circulação do ar, a preservação de mananciais e rios pelas matas ciliares. A continuidade da vida e o provimento da subsistência humana não seriam possíveis sem a manutenção dessas funções, que por sua vez dependem do modo como os humanos intervêm no meio ambiente.

Fonte: elaborado pelo autor.

---

[7] OECD, 1999, p. 10-11.
[8] UNCTAD, 1995, p. 7.

1.3 O MEIO AMBIENTE COMO RECIPIENTE DE RESÍDUOS

A poluição é um dos aspectos mais visíveis dos problemas ambientais, e a percepção dos seus impactos se deu de forma gradativa ao longo do tempo. Primeiro, no nível local, nas proximidades das unidades geradoras de poluição, depois descobriu-se que ela não respeita fronteiras entre países e regiões, e, finalmente, verificou-se que certos problemas atingem proporções planetárias. A percepção dos danos causados pela poluição se deu também de forma fragmentada quanto a seu meio receptor, resultando daí uma repartição do meio ambiente em ar, água e solo, ou atmosfera, hidrosfera e litosfera, respectivamente.

Poluir é sujar, corromper, contaminar, degradar, manchar. Poluentes são materiais ou energia que produzem algum tipo de problema indesejável devido às suas propriedades físico-químicas, às quantidades despejadas e à capacidade de assimilação no meio ambiente. Poluição é a presença de poluentes no meio ambiente e, consequentemente, uma causa de sua degradação. A poluição pode ser vista sob vários aspectos e classificada segundo diversos critérios, como resumido na Figura 1.2.

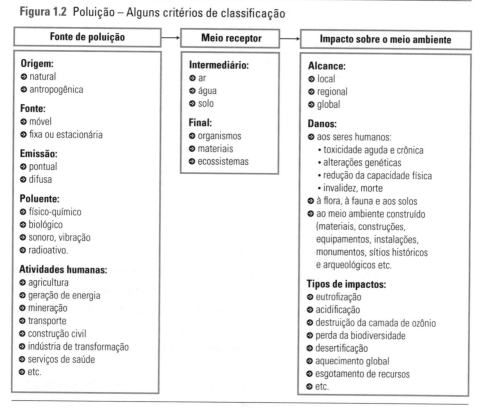

Figura 1.2 Poluição – Alguns critérios de classificação

Fonte: elaborada pelo autor.

Os poluentes podem ser gerados por *fontes naturais*, como a fumaça liberada em queimadas espontâneas, as cinzas vulcânicas e as tempestades marítimas carregadas de sais. Porém, são os poluentes gerados por *fontes humanas* ou *antropogênicas* os que causam os maiores problemas ambientais. Muitos poluentes podem ser produzidos por essas duas fontes, como o sulfeto de hidrogênio (H_2S), que é gerado naturalmente em vulcões, na decomposição de material orgânico presente no solo, em corpos d'água por bactérias anaeróbias, em refinarias de petróleo, fábricas de celulose e outros processos industriais. As fontes antropogênicas podem ser identificadas pelos setores da atividade humana, como exemplificado no Quadro 1.3, pois cada qual produz certos tipos de poluentes específicos em decorrência dos insumos e processos de produção típicos.

Quadro 1.3 Exemplos de poluentes típicos de setores selecionados

SETOR	POLUENTES
Agropecuária	Metano (CH_4), dióxido de carbono (CO_2), compostos orgânicos voláteis (COV), poluentes orgânicos persistentes (POPs), metais pesados, embalagens de agrotóxicos, fertilizantes não aproveitados, materiais particulados
Mineração	CO_2, monóxido de carbono (CO), óxidos de nitrogênio (NO_x), óxidos de enxofre (SO_x), metais pesados, águas residuais, resíduos sólidos, ruídos, vibração
Siderurgia	Dióxido de enxofre (SO_2), dióxido de nitrogênio (NO_2), CO, COV, demanda bioquímica de oxigênio (DBO), demanda química de oxigênio (DBQ), materiais particulados, escórias e lodos de tratamento de efluentes, ruídos
Metais não ferrosos	SO_2, CO, materiais particulados, DBO, lodos de tratamento de efluentes, ruído
Usinas termoelétricas	CO, CO_2, CH_4, NO_x, SO_2, materiais particulados, lodos
Têxtil	SO_2, HC, DBO, materiais particulados, ruídos
Refinaria de petróleo	SO_2, NO_2, CO, COV, DBO, Demanda Química de Oxigênio (DQO), materiais particulados, derramamentos
Transportes	CO, CO_2, NO_x, SO_2, hidrocarbonetos, materiais particulados, derramamentos, ruídos

Fonte: elaborado pelo autor.

As fontes de poluição podem ser pontuais ou difusas. As primeiras são fábricas, hospitais, depósitos, portos, domicílios, veículos e outras fontes fixas ou móveis identificáveis. A sujeira deixada numa praia depois do fim de semana, o lixo que se espalha pelas ruas e beiras de estradas, as partículas de fertilizantes agrícolas carregadas pelas chuvas e as substâncias desprendidas de produtos de uso cotidiano são exemplos de poluição por fontes difusas.

Os poluentes são *primários* quando emitidos diretamente por uma fonte geradora ou atingem o meio imediato da forma como foram emitidos. Os *secundários* resultam da reação ou combinação de poluentes primários ou destes com as substâncias constituintes do meio receptor. Exemplo: o óxido nítrico (NO), um poluente primário gerado na queima de combustíveis fósseis, diante da luz solar, reage com o oxigênio do ar (O_2), formando o dióxido de nitrogênio (NO_2), um poluente altamente nocivo ao meio ambiente. Conforme os tipos de poluentes, a poluição pode ser biológica, físico-química, radiativa, sonora, entre outras.

A permanência de um poluente no meio ambiente depende de suas características físico-químicas, como volatilidade, solubilidade, reatividade, bem como da umidade, luminosidade, ventos, acidez, presença de microrganismos no solo e outras características do meio ambiente receptor. Diferentes combinações dessas características geram diferentes trajetórias dos poluentes desde o seu lançamento no meio ambiente imediato até a sua eliminação por algum processo natural, como a degradação microbiana e a dissociação fotoquímica, ou sua acumulação em organismos ou elementos do meio físico. Por exemplo, uma embalagem de aço jogada ao solo reage com o oxigênio e em alguns anos transforma-se em óxido de ferro, uma substância inofensiva ao meio ambiente. Os poluentes orgânicos persistentes (POPs), como dioxinas, furanos, DDT, heptaclorobenzeno (BHC), por serem resistentes aos processos químicos, fotoquímicos e biológicos, se mantêm estáveis por longo tempo no ar, na água e no solo, contaminando áreas muito distantes dos locais em que foram lançados.

O meio receptor imediato é o que recebe o poluente diretamente da sua fonte, mas os danos podem se estender para outros meios. Por exemplo: o solo é meio receptor imediato do lixo doméstico depositado inadequadamente em terrenos baldios e lixões, mas os metais pesados e outras substâncias tóxicas presentes no lixo podem contaminar os mananciais e aquíferos, acumular-se nos organismos e afetar a cadeia alimentar. Certos poluentes ultrapassam os limites do local de emissão, gerando problemas de dimensão regional e/ou planetária, como precipitações ácidas, destruição da camada de ozônio e aquecimento global.

Os danos provocados pela poluição impactam negativamente os recursos naturais e artificiais. As precipitações ácidas (chuva, neblina, neve), por exemplo, afetam a cadeia alimentar, provocando danos generalizados nos ecossistemas. Suas principais causas antrópicas são as emissões de dióxido de enxofre (SO_2) e NO_2, que reagem com outros componentes do ar, formando ácido sulfúrico (H_2SO_4), ácido nítrico (HNO_3) e ácido nitroso (HNO_2). No solo, a água com acidez além do normal dificulta a absorção de nutrientes pelas plantas e exige mais insumos agrícolas para corrigir os solos, tornando as atividades agrícolas mais caras, além de exigir uma exploração adicional sobre os recursos naturais. Também aumentam a taxa de corrosão de materiais, equipamentos, instalações, monumentos históricos e arqueológicos, aumentando a necessidade de recursos para sua manutenção e substituição.

Diversos processos foram e continuam sendo desenvolvidos para capturar, tratar e dispor os poluentes, bem como para usar recursos de modo mais eficiente, podendo-se dizer que o esforço para compreender e dominar os problemas ambientais constitui um dos capítulos mais importantes da história da ciência e tecnologia. Sem esses processos, a capacidade da Terra de sustentar a vida certamente já teria entrado em colapso, dada a grande variedade de poluentes gerados pelas atividades humanas, as quantidades lançadas ao longo do tempo e as quantidades de recursos utilizadas.

A contribuição da ciência e da tecnologia tem sido significativa, e não seria exagero afirmar que a maioria dos problemas ambientais já teria sido resolvida se as soluções já conhecidas fossem aplicadas. Porém, questões de ordem política, econômica, social e cultural, que estão nas raízes dos problemas ambientais, retardam ou inviabilizam a adoção de soluções. Todas essas questões devem ser consideradas quando se pretende enfrentar os problemas ambientais, e isso é o que *grosso modo* se denomina *gestão ambiental*.

1.4 GESTÃO AMBIENTAL

Gestão ambiental ou *administração ambiental* compreende as diretrizes e as atividades administrativas realizadas por uma organização para alcançar efeitos positivos sobre o meio ambiente, ou seja, para reduzir, eliminar ou compensar os problemas ambientais decorrentes da sua atuação e evitar que outros ocorram no futuro. As primeiras manifestações de gestão ambiental foram estimuladas pelo esgotamento de recursos, como a escassez de madeira para construção de moradias, fortificações, móveis, instrumentos e combustíveis, cuja exploração havia se intensificado desde a era medieval. Esses primeiros atos de defesa da natureza não resultaram de uma preocupação com a natureza por ela mesma, mas do interesse em preservar os recursos da região ou país tendo em vista sua utilização.[9]

As ações para combater a poluição só começaram efetivamente a partir da Revolução Industrial, embora desde a Antiguidade diversas experiências houvessem sido tentadas para remover o lixo urbano que infestava as ruas das cidades, tornando o ar irrespirável e prejudicando a saúde de seus habitantes. Na segunda metade do século XIX, começa um intenso debate entre membros da comunidade científica e artística para delimitar áreas do ambiente natural a serem protegidas das ações humanas, a fim de criar santuários onde a vida selvagem pudesse ser preservada. Destaca-se, nesse aspecto, a criação do Parque Nacional de Yellowstone nos Estados Unidos em 1872, considerado o primeiro no mundo.

---

[9] ACOT, 1990, p. 132.

CAPÍTULO 1 MEIO AMBIENTE E GESTÃO AMBIENTAL

O crescimento da consciência ambiental por amplos setores da sociedade é outro fato indutor da emergência da gestão ambiental. A preocupação com o meio ambiente, antes restrita a pequenos grupos de artistas, cientistas e alguns políticos, extravasou para amplos setores da população de praticamente todo o mundo, dado o elevado grau de degradação observado em todas as partes do planeta. Contribuíram para isso catástrofes ambientais de grande proporção, como Seveso, Minamata, Three Mile Island, Bophal, Exxon Valdez, Chernobil, Golfo do México, Cubatão, Baía de Guanabara, Brumadinho, Mariana. As informações sobre problemas ambientais diversos, tornadas possíveis por meio de pesquisas e divulgadas pela grande imprensa, têm sido uma constante nas últimas décadas, de modo que dificilmente alguém minimamente letrado desconhece a existência de problemas ambientais, principalmente os decorrentes da poluição, pois estes são os problemas que afetam mais diretamente as pessoas.

A segunda metade do século XX foi particularmente rica em denúncias e debates sobre problemas ambientais detectados por pesquisadores dos mais variados campos do conhecimento, tal como a luta contra o DDT, até então considerado um grande benfeitor da humanidade devido ao combate às pragas agrícolas e aos transmissores da malária e de outras doenças. Um marco importante dessa luta foi a obra de Rachel Carson *Silent spring*, de 1962, que se tornou um *best-seller* por muitos anos.[10] Os informes sobre a mudança climática tornaram-se matéria jornalística costumeira juntamente com os eventos extremos destrutivos associados, como secas prolongadas, derretimento de geleiras, inundações frequentes, migração de espécies. O contingente de pessoas preocupadas com o meio ambiente, que já é significativo, tende a crescer ainda mais à medida que as populações se dão conta de que os problemas ambientais não só afetam a qualidade de vida atual, mas comprometem a sobrevivência da própria humanidade.

1.4.1 Dimensões da gestão ambiental

A expressão *gestão ambiental* aplica-se a uma grande variedade de iniciativas relativas a qualquer problema ou questão ambiental. Na sua origem, estão as ações governamentais para enfrentar a escassez de recursos. Com o tempo, outras questões ambientais foram sendo consideradas por outros agentes e com alcances diferentes. Qualquer proposta de gestão ambiental inclui pelo menos as três dimensões mostradas no Quadro 1.4.

---

[10] CARSON, 2002. (1. ed. 1962).

Quadro 1.4 Dimensões da gestão ambiental e exemplos

DIMENSÃO TEMÁTICA	DIMENSÃO ESPACIAL	DIMENSÃO INSTITUCIONAL
» Controle da poluição	» Global	» Organismos intergovernamentais
» Consumo de recursos naturais	» Regional	multilaterais, regionais e bilaterais
» Mudança do clima	» Nacional	» Governos centrais
» Camada de ozônio	» Estadual	» Governos estaduais
» Resíduos urbanos	» Bacia e sub-bacia hidrográfica	» Governos municipais
» Espécies ameaçadas	» Municipal	» Comunidades
» Desertificação	» Bairro urbano ou rural	» Órgãos de classe e profissionais
» Educação ambiental	» Comunidade	» ONGs
» Inovações ambientais	» Fábricas, armazéns, lojas etc.	» Cooperativas
» Investimentos ambientais	» Domicílios	» Empresas

Fonte: elaborado pelo autor.

A *dimensão temática* delimita as questões ambientais às quais as ações de gestão se destinam. Poluição atmosférica, emissões hídricas, resíduos sólidos, recursos hídricos, energia, clima, fauna e flora, desertificação, eutrofização de corpos d'água, precipitação ácida, ecotoxicidade, educação ambiental, inovação ambiental, investimentos ambientais são exemplos de questões ambientais objetos de tais ações. As questões ambientais não são estanques, não há uma linha divisória entre elas, pois o meio ambiente é uma totalidade complexa na qual seus componentes estão interconectados em uma relação de interdependência. Por isso, ao agir sobre uma questão, outras podem ser afetadas.

A *dimensão espacial* refere-se à área de abrangência na qual se espera que as ações de gestão tenham eficácia. Algumas ações buscam solucionar questões ambientais em locais específicos, por exemplo, poluição interna, descontaminação de uma lagoa, redução dos poluentes de um processo fabril, controle da qualidade do ar de um bairro ou município, substituição de uma matéria-prima tóxica por outra inerte na composição de certo produto. Outras ações buscam efeitos globais, como eliminação de substâncias que reduzem a camada de ozônio, redução das emissões de gases de efeito estufa que alteram o clima global, controle sobre o comércio de espécies ameaçadas de extinção, prescrição de testes nucleares na atmosfera, no fundo do mar e no cosmo. Entre esses extremos estão as ações de alcance regional, nacional, subnacional ou outro modo de delimitar a área de abrangência, por exemplo, por biomas, bacias e sub-bacias hidrográficas. São exemplos as gestões de bacias compartilhadas por dois ou mais países e de medidas comuns para combater a poluição e o transporte de resíduos transfronteiriços.

A *dimensão institucional* refere-se aos agentes responsáveis pelas iniciativas de gestão, por exemplo, órgãos intergovernamentais, governos nacionais, estaduais, municipais, entidades de classe e de profissionais, organizações da sociedade civil, cooperativas, empresas. As questões ambientais podem ser tratadas por meio de iniciativas diferentes, cada qual visando alcançar efeito sobre sua área de abrangência. Por exemplo, a mudança climática, uma questão ambiental de natureza planetária, é tratada por iniciativas em todos os níveis de abrangência, do global aos níveis regional, nacional, estaduais, municipais, empresariais, e até mesmo ao nível das famílias e dos indivíduos.

A gestão ambiental em nível global é conduzida por organizações intergovernamentais, tais como o Programa das Nações Unidas para o Meio Ambiente (Pnuma/Unep), Programa das Nações Unidas para o Desenvolvimento Industrial (Unido/Onudi), Conferência das Nações Unidas para o Comércio e o Desenvolvimento (UNCTAD), Organização Meteorológica Mundial, Organização Mundial da Saúde, Organização Mundial do Comércio, Banco Mundial. A base de atuação dessas organizações são os acordos ambientais multilaterais, como a Convenção da Mudança do Clima, da biodiversidade, sobre o comércio internacional de espécies de flora e fauna selvagens ameaçadas de extinção, sobre banimento de poluentes orgânicos persistente.[11]

Cada acordo é gerido por um secretariado intergovernamental, cujo órgão supremo é a Conferência das Partes (COP, de *Conference of the Parties*), formada pelos Estados que participam do acordo e que se reúne periodicamente para avaliar resultados, estabelecer metas, dirimir controvérsias e criar mecanismos de gestão. Por exemplo, em 2015 em Paris, durante a 21ª COP da Convenção da Mudança do Clima que entrara em vigor 1994, 196 estados signatários aprovaram o Acordo de Paris com o objetivo de manter o aumento da temperatura média mundial bem abaixo de 2°C em relação aos níveis pré-industriais e empreender esforços para limitar esse aumento a 1,5°C, a fim de reduzir consideravelmente os riscos e os impactos climáticos. A implementação desses acordos multilaterais e das decisões das suas COP criam organizações e instrumentos de gestão ambiental concernentes às suas temáticas em todas as demais dimensões especiais.

A *gestão ambiental regional* pode ser de três tipos. Um deles é o tratamento comum dado por dois ou países aos problemas ambientais globais, como as gestões para disciplinar a pesca de atum no Oceano Atlântico conduzidas pela Comissão Internacional para a Conservação do Atum no Atlântico (ICCA, em inglês), organização intergovernamental regional criada pela Convenção Internacional para a Conservação do Atum Atlântico de 1966. Outro tipo refere-se às iniciativas que procuram alcançar efeitos sobre problemas que afetam apenas alguns países, geralmente limítrofes, baseados em acordos entre eles, como o Tratado da Bacia do Rio da Prata de 1969 e o Tratado de Cooperação Amazônica, de 1978. De modo geral, esses

---

[11] Veja o Decreto n. 2.073/2017. Texto original em: ADOPTION OF THE PARIS AGREEMENT. Proposal by the President. (unfccc.int). Acesso em: 2 jul. 2022.

acordos procuram estabelecer ações comuns e facilitar a responsabilização por danos ambientais em um ou mais países devido às atividades realizadas em outros.

O terceiro tipo faz parte do conjunto de medidas de um bloco econômico, como Mercosul, União Europeia (UE), Acordo de Livre Comércio da América do Norte (Nafta, em inglês), Cooperação Econômica Ásia-Pacífico (Apec, em inglês), envolvendo uma pluralidade de questões ambientais em geral associada às questões comerciais. Uma preocupação típica desse tipo de gestão ambiental é a harmonização das leis ambientais nacionais com vistas a reduzir as assimetrias no tratamento das questões ambientais, para não prejudicar a livre circulação de mercadorias e serviços. O tratamento desigual pode gerar problemas comerciais. Exemplos: exigências legais ambientais muito rigorosas em um país comparativamente aos demais podem funcionar como barreiras à importação dos produtos destes últimos; uma legislação muito frouxa num país pode aumentar a competitividade dos seus produtores diante dos produtores de bens similares de países com legislações rigorosas.

Os impactos ambientais praticados por uma empresa podem ser classificados em impactos internos e externos ao país onde a empresa se situa, embora os limites entre eles nem sempre sejam facilmente estabelecidos. A degradação ambiental que não ultrapasse o território de um país seria apenas um problema de ordem interna. Porém, como as questões concernentes à competitividade das empresas ocorrem em um espaço internacionalizado, esse problema também adquire uma dimensão internacional. Se a degradação ambiental gerada por uma empresa, mesmo quando restrita aos limites de um país, for tolerada devido a uma legislação frouxa ou ausente, os produtos dessa empresa podem apresentar preços mais competitivos diante das empresas de outros países, que arcam com elevados custos ambientais por conta de legislações mais rigorosas. Daí a importância da harmonização de normas ambientais nos blocos econômicos.

Pouco adiantam as iniciativas de gestão globais e regionais se não forem acompanhadas de iniciativas nacionais e locais. É no interior dos Estados nacionais, de suas subdivisões, localidades, comunidades e organizações que ocorrem efetivamente as ações de gestão ambiental. As disposições dos acordos intergovernamentais globais e regionais devem ser incorporadas nas legislações nacionais para gerar efeitos sobre os agentes econômicos, produtores e consumidores. Além disso, cada país e suas subdivisões possuem condições específicas, como as características de seus ambientes físicos, biológicos e sociais, que exigem soluções específicas.

1.5 DESENVOLVIMENTO SUSTENTÁVEL

Além dessas três dimensões, a gestão ambiental aqui proposta busca sintonia com o desenvolvimento sustentável, definido no relatório *Nosso Futuro Comum*, publicado em 1987 pela Comissão Mundial sobre Meio Ambiente e Desenvolvimento (CMMAD), como um modo de desenvolvimento que "atende às necessidades do presente sem comprometer a possibilidade das gerações futuras de atenderem às suas próprias necessidades".[12] Desenvolvimento socioeconômico, ou simplesmente desenvolvimento, refere-se aos processos de promoção da melhoria das condições de vida da população de um país, uma região ou um local específico por meio da transformação das suas estruturas sociais e econômicas para torná-las mais eficientes e mais apropriadas à geração de renda, riqueza e bem-estar para suas populações.

Para que essas condições se estendam de uma geração à outra indefinidamente, a capacidade da Terra de fornecer continuamente os recursos para prover esse bem-estar deve ser protegida, melhorada, conservada e preservada em relação aos componentes críticos do meio ambiente global. Esse é o objetivo primário da gestão ambiental afinada com esse desenvolvimento, ou seja, ajudar a manter a vitalidade dos processos ecológicos que sustentam a vida no Planeta, um dos pilares de sustentação desse modo de desenvolvimento.

O desenvolvimento sustentável resulta de dois pactos geracionais: um pacto *intrageracional*, que se expressa nas preocupações quanto ao atendimento às necessidades básicas de todos os humanos da atual geração quanto ao provimento saúde, alimentação, educação, moradia, transporte, energia, água e saneamento, lazer e outros bens e serviços necessários à vida com qualidade; e um pacto *intergeracional*, que se traduz na preocupação constante com o gerenciamento e a preservação dos recursos para as gerações futuras para que possam prover suas próprias necessidades, o que implica conservar e melhorar a base de recursos produtivos, reorientar a tecnologia e administrar os riscos, e incluir o meio ambiente e a economia no processo decisório.[13]

A busca por padrões sustentáveis de desenvolvimento produziu uma mobilização em escala global, começando pelas Organização das Nações Unidas e suas agências, que iniciaram o debate sobre este tema com propostas de soluções e criação de instrumentos de ação. Um dos principais instrumentos para orientar essa mobilização é a Agenda 2030 para o Desenvolvimento Sustentável, aprovada em 2015, na Cúpula das Nações Unidas sobre o Desenvolvimento Sustentável, realizada em Nova York e aprovada por 193 países, inclusive o Brasil. A Agenda 2030 é um plano de ação para o período de 2016 a 2030 que apresenta visão de futuro, princípios e compromissos, objetivos e indicação sobre os meios para sua implementação, acompanhamento e avaliação. Ela se apoia em cinco dimensões inter-relacionadas, conhecidas como 5Ps:

---

[12] CMMAD, 1991, p. 46.
[13] CMMAD, 1991, p. 53.

1) **pessoas**: erradicar a pobreza e a fome em todas as suas formas e dimensões, e garantir que todos os humanos possam realizar o seu potencial em dignidade e igualdade em um ambiente saudável;

2) **planeta:** proteger o planeta da degradação por meio de modalidades de produção e consumo sustentáveis, gestão sustentável dos recursos naturais e medidas urgentes sobre a mudança climática, para que o planeta possa suportar as necessidades das gerações presentes e futuras;

3) **prosperidade:** assegurar que todos desfrutem de uma vida próspera e plena, e que o progresso econômico, social e tecnológico ocorra em harmonia com a natureza;

4) **paz:** promover sociedades pacíficas, justas e inclusivas, livres do medo e da violência, pois sem desenvolvimento sustentável não há paz e não há paz sem desenvolvimento sustentável; e

5) **parceria:** mobilizar recursos necessários para implementar a Agenda 2030 por meio de uma parceria global, com base em um espírito de solidariedade global concentrada especialmente nas necessidades dos mais pobres e mais vulneráveis e com a participação de todos os países, todas as partes interessadas e todas as pessoas.[14]

A Agenda 2030 contém 17 Objetivos de Desenvolvimento Sustentável representados pelos ícones da Figura 1.3. São os seguintes:

1) Acabar com a pobreza em todas as suas formas e em todos os lugares.

2) Acabar com a fome, alcançar segurança alimentar e melhoria da nutrição e promover a agricultura sustentável.

3) Assegurar uma vida saudável e promover o bem-estar para todos, em todas as idades.

4) Assegurar a educação inclusiva, equitativa e de qualidade, e promover oportunidades de aprendizagem durante toda a vida para todos.

5) Alcançar a igualdade entre gêneros e empoderar todas as mulheres e meninas.

6) Assegurar a disponibilidade e gestão sustentável da água e saneamento para todos.

7) Assegurar o acesso confiável, sustentável, moderno e preço acessível à energia para todos.

8) Promover o crescimento econômico sustentado, inclusivo e sustentável, emprego pleno e produtivo e trabalho decente para todos.

---

[14] UNGA, 2015. Em português, ver em: https://www.undp.org/content/dam/brazil/docs/agenda2030/undp-br-Agenda2030-completo-pt-br-2016.pdf.

9) Construir infraestruturas resilientes, promover a industrialização inclusiva e sustentável e fomentar a inovação.
10) Reduzir a desigualdade dentro dos países e entre eles.
11) Tornar as cidades e os assentamentos humanos inclusivos, seguros, resilientes e sustentáveis.
12) Assegurar padrões de produção e de consumo sustentáveis.
13) Tomar medidas urgentes para combater a mudança climática e seus impactos (reconhecendo que a Convenção Quadro das Nações Unidas sobre Mudança do Clima é o fórum intergovernamental internacional primário para negociar respostas globais à mudança do clima).
14) Conservar e utilizar de forma sustentável os oceanos, mares e recursos marinhos para o desenvolvimento sustentável.
15) Proteger, recuperar e promover o uso sustentável dos ecossistemas terrestres, gerir de forma sustentável as florestas, combater a desertificação, deter e reverter a degradação da terra e deter a perda da biodiversidade.
16) Promover sociedades pacíficas e inclusivas para o desenvolvimento sustentável, proporcionar o acesso à justiça para todos e criar instituições eficazes, responsáveis e inclusivas em todos os níveis.
17) Fortalecer os meios de implementação e revitalizar a parceria global para o desenvolvimento sustentável.[15]

Figura 1.3 Objetivos de Desenvolvimento Sustentável – Ícones

Fonte: Nações Unidas no Brasil. Disponível em: https://nacoesunidas.org/pos2015/agenda2030/. Acesso em: 1 nov. 2022.

---

[15] UNGA, 2015. Em português, ver em: https://www.undp.org/content/dam/brazil/docs/agenda2030/undp-br-Agenda2030-completo-pt-br-2016.pdf.

Os ODS formam um conjunto integrado e indivisível de prioridades para alcançar o desenvolvimento sustentável naquelas cinco dimensões supracitadas. Eles cobrem os três elementos usualmente considerados como componentes do desenvolvimento sustentável: o econômico (uma qualidade de vida elevada ou bem-estar), a sociedade (compartilhamento equitativo) e o meio ambiente (sustentável, respeito aos limites planetários).[16] As propostas de gestão empresarial alinhadas com o conceito de desenvolvimento sustentável apoiam-se em três critérios de desempenho que devem ser considerados simultaneamente, a saber: *eficiência econômica*, *justiça social* e *respeito ao meio ambiente*. Espera-se que a adoção dessas propostas contribua para que as empresas gerem renda e riqueza, que são seus objetivos declarados, ao mesmo tempo que cuidem do meio ambiente e promovam benefícios sociais para tornar a sociedade mais justa.

TERMOS E CONCEITOS IMPORTANTES

- Agenda 2030
- Bens e serviços ambientais
- Desenvolvimento sustentável
- Ecologia
- Ecossistema
- Gestão ambiental
- Indústria ambiental
- Meio ambiente
- Objetivos de Desenvolvimento Sustentável
- Poluentes
- Poluição
- Produtos ambientalmente preferíveis
- Problemas ambientais
- Recursos naturais

REFERÊNCIAS

ACOT, P. *História da ecologia*. 2. ed. Rio de Janeiro: Campus, 1990.

BRASIL. Decreto n. 9.073, de 5 de junho de 2017. Promulga o Acordo de Paris sob a Convenção-Quadro das Nações Unidas sobre Mudança do Clima, celebrado em Paris, em 12 de dezembro de 2015, e firmado em Nova Iorque, em 22 de abril de 2016. Brasília: *DOU*, 6 jun. 2017.

CARSON, R. *Silent spring*. Boston: Houghton Mifflin, 2002. (1. ed. 1962)

COSTANZA, R.; McGLADE, J.; LOVINS, H.; KUBISZEWSKI, I. An overarching goal of the UN Sustainable Development Goals. *Solutions*, vol. 5, Issue 4, Jul.-Aug. 2014. Disponível em: https://thesolutionsjournal.com/2016/02/22/an-overarching-goal-for-the-un-sustainable-development-goals/. Acesso em: 11 jan. 2023.

COMISSÃO MUNDIAL SOBRE MEIO AMBIENTE E DESENVOLVIMENTO (CMMAD). *Nosso futuro comum*. Rio de Janeiro: Fundação Getulio Vargas, 1991.

ODUM, E. P; BARRETT, G. W. *Fundamentos de ecologia*. São Paulo: Thomson Learning, 2007.

---

[16] COSTANZA *et al.*, 2014.

ORGANISATION FOR ECONOMIC CO-OPERATION AND DEVELOPMENT (OECD). *The Environmental Goods & Services industry*: manual for data collection and analysis. Paris: OECD, 1999.

SANDRONI, P. *Dicionário de economia do século XXI*. Rio de Janeiro: Record, 2006.

TIVY, J.; O'HARE, G. *Human impact on the ecosystem*. Edinburg: Oliver & Boyd, 1991.

UNITED NATIONS CONFERENCE ON TRADE AND DEVELOPMENT (UNCTAD). *Environmentally preferable products (ERPs)*: as a trade opportunity for developing countries. Geneva: UNCTAD, report by UNCTAD Secretariat, Doc. UNCTAD/COM/70, 19/12/1995.

UNITED NATIONS GENERAL ASSEMBLY (UNGA). *Transforming our world*: the 2030 Agenda for Sustainable Development. New York: UNGA, 2015. Disponível em: https://sdgs.un.org/sites/default/files/publications/21252030%20Agenda%20for%20Sustainable%20Development%20web.pdf. Acesso em: 11 jan. 2023.

POLÍTICAS PÚBLICAS AMBIENTAIS

A gestão ambiental começou efetivamente com os governos dos Estados nacionais e desenvolveu-se à medida que os problemas surgiam. As primeiras manifestações de gestão ambiental procuravam solucionar problemas de escassez de recursos, pois a poluição não era um problema preocupante antes da Revolução Industrial. Por um longo período, as iniciativas dos governos foram quase exclusivamente de caráter corretivo, só enfrentando os problemas ambientais depois de ocorridos. Esse modo de agir produziu ações fragmentadas apoiadas em medidas pontuais, pouco integradas e de baixa eficácia. A partir da década de 1970, começaram a surgir em vários países políticas governamentais para tratar as questões ambientais de modo articulado e introduzir uma abordagem preventiva.

Gestão ambiental pública é a ação do Poder Público conduzida de acordo com uma política pública ambiental. *Política pública ambiental* é o conjunto de objetivos, diretrizes e instrumentos de ação de que o Poder Público dispõe para produzir efeitos desejáveis no meio ambiente. O envolvimento cada vez mais intenso dos Estados nacionais em questões ambientais e a diversidade dessas questões fizeram surgir uma variedade de instrumentos de políticas públicas ambientais, tanto para evitar novos problemas ambientais quanto para eliminar ou minimizar os existentes. Esses instrumentos podem ser explícitos ou implícitos.

Os instrumentos explícitos são criados para alcançar efeitos ambientais benéficos específicos, enquanto os implícitos alcançam tais efeitos pela via indireta, pois não foram criados para isso. Por exemplo, uma lei para ordenar o trânsito de veículos em uma grande cidade e evitar congestionamentos também contribui para melhorar a qualidade do ar, reduzir o nível de ruído e o consumo de combustíveis, pois os veículos podem trafegar com marchas mais leves. Porém, quando se fala em instrumento de política pública ambiental, geralmente se trata dos explícitos, que por sua vez podem ser classificados em três grandes grupos, como mostra o Quadro 2.1.

2.1 INSTRUMENTOS DE COMANDO E CONTROLE

Também denominados instrumentos de regulação direta, os instrumentos de comando e controle objetivam alcançar as ações que degradam o meio ambiente, limitando ou condicionando o uso de bens, a realização de atividades e o exercício de liberdades individuais em benefício da sociedade como um todo. Trata-se, portanto, do exercício do poder de polícia dos entes estatais e, como tal, se manifesta por meio de proibições, restrições e obrigações impostas aos indivíduos e organizações, sempre autorizadas por normas legais.[1] Os instrumentos de comando e controle mais conhecidos são os que estabelecem padrões ou níveis de concentração máximos aceitáveis de poluentes, a saber: padrões de qualidade ambiental, padrões de emissão e padrões baseados em tecnologia.

Quadro 2.1 Instrumentos de política pública ambiental – Classificação e exemplos

GÊNERO	ESPÉCIES
Comando e controle	» Padrão de qualidade » Padrão de emissão » Padrão de desempenho » Padrões tecnológicos » Proibições e restrições à produção, comercialização e uso de produtos e processos » Licenciamento ambiental » Zoneamento ambiental » Estudo prévio de impacto ambiental » Restrições ao uso do solo
Econômico	» Tributação sobre poluição » Tributação sobre uso de recursos naturais » Incentivos fiscais para reduzir emissões e conservar recursos » Remuneração pela conservação de serviços ambientais » Financiamentos em condições especiais » Criação e sustentação de mercados de produtos ambientalmente preferíveis » Permissões negociáveis » Sistema de depósito-retorno » Poder de compra do Estado

---

[1] Poder de polícia é a atividade da Administração Pública que, limitando ou disciplinando direito, interesse ou liberdade, regula a prática de atos ou abstenção de fato, em razão de interesse público concernente à segurança, à higiene, à ordem, aos costumes, à disciplina da produção e do mercado, ao exercício de atividades econômicas dependentes de concessão ou autorização do Poder Público, à tranquilidade pública ou ao respeito à propriedade e aos direitos individuais e coletivos (Brasil, Lei n. 5.172/1966, art. 78).

Administrativos e outros	» Apoio ao desenvolvimento científico e tecnológico » Educação ambiental » Unidades de conservação » Informações ao público

Fonte: elaborado pelo autor.

Os padrões de qualidade ambiental estabelecem níveis máximos admitidos para os poluentes constantes no meio ambiente, geralmente segmentado em ar, água e solo. Tais níveis são estabelecidos como médias aritméticas ou geométricas de concentração diária ou anual para incorporar as variações do meio ambiente que afetam a dispersão e a concentração dos poluentes. Exemplo: 80 $\mu g/m^3$ (oitenta microgramas por metro cúbico) como o nível máximo de materiais particulados em suspensão na atmosfera. Entende-se, portanto, que a qualidade está normal em relação a esse poluente se sua concentração, medida segundo uma metodologia especificada em normas legais, estiver igual ou abaixo desse nível. Porém, como se trata de uma média, em certos períodos a qualidade do ar poderá ser considerada normal mesmo quando o nível de concentração desse poluente estiver acima desse padrão.

Enquanto os padrões de qualidade ambiental referem-se a um dado entorno ou segmento do meio ambiente, os padrões de emissão referem-se aos lançamentos de poluentes individualizados por fonte de emissão, seja uma fonte fixa ou estacionária, como fábricas, hospitais, armazéns, lojas, ou fontes móveis, como automóveis, caminhões, embarcações e outros veículos. Os padrões de emissão estabelecem uma quantidade máxima aceitável de emissão de um poluente específico por fonte (exemplo: 0,5 mg/l de chumbo) ou uma quantidade máxima de um poluente por unidade de tempo (exemplo: tonelada de CO_2 por dia). Os padrões de qualidade ambiental estão condicionados pelas quantidades e características das emissões das fontes individualizadas, porém a relação entre esses dois tipos de padrão não é simples nem linear, pois as características geográficas do meio ambiente (relevo, clima, direção dos ventos, velocidade dos rios etc.) podem favorecer ou dificultar a assimilação e a dispersão dos poluentes.

O controle da poluição pode ser estabelecido de acordo com padrões tecnológicos das fontes de poluição. O termo *tecnologia* abrange tanto máquinas, instalações, ferramentas, materiais e outros elementos físicos de um estabelecimento ou uma unidade produtiva quanto informações, conhecimentos e práticas administrativas e operacionais, por exemplo, especificação e seleção de materiais, avaliação de fornecedores, métodos de inspeção, roteiro de produção, planejamento da manutenção e treinamento. Há semelhanças entre o padrão de emissão e o baseado em tecnologia, pois ambos se referem a poluentes individualizados. Mas há diferenças substanciais: o primeiro estabelece níveis máximos de poluição para as fontes sem especificar como eles devem ser alcançados, de modo que os gestores responsáveis poderão escolher as opções tecnológicas que estiverem ao seu alcance. Quando o padrão é estabelecido com base em tecnologia, o Poder Público restringe as opções e direciona a escolha de equipamentos, instalações e práticas operacionais e administrativas, o que promove certa uniformização entre os agentes produtivos que atuam em um mesmo segmento.

A definição do padrão tecnológico não é tarefa fácil, seja porque as tecnologias estão em constante evolução, seja porque elas constituem ativos apropriados privativamente pelas organizações que as desenvolvem, de modo que a melhor tecnologia para determinada finalidade nem sempre está disponível para todos os agentes produtivos. Por isso, o padrão a ser adotado deve considerar a disponibilidade da tecnologia. Geralmente, esse tipo de padrão é estabelecido após consultas com especialistas, fornecedores de tecnologia e os responsáveis pelas unidades produtivas, a fim de verificar o estado da arte de determinada atividade e verificar quais tecnologias estão disponíveis.

Há dois critérios básicos para a determinação do padrão tecnológico: Melhor Tecnologia Disponível (BAT) e Melhor Tecnologia Disponível que não Acarreta Custo Excessivo (Batneec).[2] Esse último procura evitar que se adote como padrão uma tecnologia disponível que apresente um resultado adicional muito pequeno em relação às outras, porém com um custo proporcionalmente bem mais elevado. Também procura evitar que o custo adicional da implementação da melhor tecnologia disponível não inviabilize os empreendimentos do ponto de vista econômico. Esse critério é muito utilizado nos Estados Unidos e em vários países da Europa. No Brasil, critérios baseados em tecnologia disponível são usados apenas na ausência de padrões de emissão fixados em normas legais.[3]

São instrumentos de comando e controle as proibições de produção, comercialização ou utilização de produtos prejudiciais ao meio ambiente físico, biológico e social, por exemplo, produtos contendo substâncias que destroem a camada de ozônio. A avaliação de impactos ambientais e o licenciamento ambiental são medidas de comando preventivas que visam assegurar que as condições ambientais estabelecidas em normas legais estejam adequadamente contempladas em empreendimento futuros. As multas pelo não cumprimento de medidas de comando e controle (*non-compliance charges*), por exemplo, por emitir poluentes acima do nível máximo admitido em lei, são complementos das medidas de comando e controle.

---

[2] BAT, do inglês *Best Available Technology*. Barneec, *Best Available Technology not Entailing Excessive Cost*.

[3] Veja, por exemplo, o Decreto n. 8.468/1976, que regulamenta a Lei n. 997/1976 do estado de São Paulo: as fontes de poluição, para as quais não foram estabelecidos padrões de emissão, adotarão sistemas de controle do ar baseados na melhor tecnologia prática disponível para cada caso (Art. 41).

CAPÍTULO 2 POLÍTICAS PÚBLICAS AMBIENTAIS

2.2 INSTRUMENTOS ECONÔMICOS

Os instrumentos econômicos procuram influenciar o comportamento das pessoas e das organizações em relação ao meio ambiente, estabelecendo benefícios ou custos para elas. Eles podem ser de dois tipos: fiscais e de mercado. Os *instrumentos fiscais* se realizam mediante transferências de recursos entre os agentes privados e o setor público, e podem ser tributos ou subsídios. Por *subsídio* se entende qualquer tipo de transferência de receita dos entes estatais em benefício dos agentes privados para que estes promovam ações ambientais desejadas, tais como isenções, reduções e diferimento de impostos; financiamentos em condições especiais; compensações financeiras pela restrição do uso da propriedade com objetivo de proteger o meio ambiente.

Os tributos ambientais transferem recursos dos agentes privados para o setor público em decorrência de alguma questão ambiental. São denominados *impostos e encargos ambientais (environmental taxes and charges)* pela Organização para a Cooperação e o Desenvolvimento Econômico (OCDE), organização que congrega os países mais ricos de economia de mercado e uma das entidades que mais defendem esse tipo de instrumento. As espécies desses tributos mais conhecidas são as seguintes:

a) Tributação sobre emissões de poluentes com base nas características dos poluentes e nas quantidades emitidas pela unidade produtiva. Exemplos: cobrança pela emissão de CO_2, SO_2, N_2O, CH_4 e outros poluentes lançados na atmosfera.

b) Tributação sobre a utilização de serviços públicos de coleta e tratamento de efluentes.

c) Tributação incidente sobre os preços de produtos que geram poluição ao serem utilizados em processos produtivos ou pelo consumidor final, como derivados de petróleo, carvão, baterias, pneus.

d) Tributação incidente sobre produtos supérfluos.

e) Tributação baseada em alíquotas diferenciadas sobre produtos, gravando-os de acordo com o grau de impacto ambiental adverso, com o objetivo de induzir a produção e o consumo dos produtos mais benéficos ao meio ambiente.[4]

Conforme a legislação brasileira, os tributos podem ser impostos, taxas e contribuições de melhoria. *Imposto* é uma contribuição pecuniária compulsória que tem como fato gerador uma situação independente de qualquer atividade estatal

---

[4] Informações extraídas de documentos da OCDE. Ver referências no final deste capítulo.

específica relativa ao contribuinte. *Taxa* é um tributo cujo fato gerador é o exercício regular do poder de polícia ou a utilização, efetiva ou potencial, de serviço público específico e divisível, prestado ao contribuinte ou posto à sua disposição. *Contribuição de melhoria* é um tributo relacionado a uma obra pública que promova a valorização imobiliária em seu entorno. É pouco usado como instrumento de política pública ambiental. Seria o caso da cobrança pela valorização dos imóveis situados em torno de uma lagoa que se tornou aprazível com a construção de obras públicas para despoluí-la.

2.2.1 Princípio do poluidor-pagador

Nas economias de mercado, as decisões sobre o que, como, quanto, quando e onde produzir são feitas considerando os preços dos bens que serão produzidos e seus custos internos de produção e distribuição, como força de trabalho, matérias-primas, energia e depreciação dos equipamentos. Para o empresário, os custos incorridos pela empresa devem ser o mais baixos possível para que ele possa maximizar os lucros. Além dos custos incorridos, as atividades produtivas geram outros custos que, se não forem pagos pela empresa, recaem sobre a sociedade, por isso estes são denominados *custos externos* ou *sociais*, enquanto aqueles são *custos internos* ou *privados*. Os efluentes tóxicos lançados em rio por uma empresa geram custo social para outros usuários do rio, pois terão de gastar recursos adicionais para descontaminar a água antes de poder usá-la. Se o rio fornece água para uma cidade, os custos para tratá-la irão aumentar e serão repassados aos consumidores. Os custos totais da produção dos bens e serviços são, portanto, constituídos pelos custos internos ou privados somados aos custos externos ou sociais: os primeiros são arcados pela empresa; os segundos, pela sociedade.

As ideias sobre tributos ambientais têm suas origens na obra do economista inglês Arthur Cecil Pigou sobre externalidades, do início do século XX.[5] A externalidade é um fenômeno externo ao mercado e que não afeta seu funcionamento. Ela ocorre quando as ações realizadas por agentes econômicos que transacionam no mercado provocam impactos sobre o bem-estar de outras pessoas que não participaram das transações. As externalidades podem ser positivas ou negativas. Estas últimas ocorrem quando tais ações produzem perdas às pessoas não envolvidas nas transações e elas não são compensadas pelo sistema de preço. A poluição gerada por uma empresa é uma externalidade negativa, um efeito adverso que recai sobre a sociedade.

---

[5] PIGOU, 1932.

Uma opção de política pública é forçar a internalização dos custos sociais, obrigando a empresa poluidora a reduzir ou eliminar a poluição e, portanto, seus custos externos. É o que fazem os instrumentos de comando e controle. Outra opção é a cobrança de um imposto ao poluidor que represente os custos externos dessa empresa. A cobrança de um imposto associado à externalidade negativa é o que se denomina *imposto pigouviano*. Esse imposto é um modo de internalizar os custos sociais no sistema de preço do poluidor, afetando desse modo a demanda pelos seus produtos e a realização de lucros.

A Figura 2.1 ilustra de modo simplificado essa questão. Para a produção de certo produto, os custos marginais internos ou privados e os custos externos ou sociais estarão representados pelas curvas CMP e CMS, respectivamente. O dano ao meio ambiente é constante por unidade de produto, o que nem sempre ocorre na realidade pelos seus efeitos cumulativos. A curva dos custos totais (CMT) é a soma desses dois custos. Como mostra a Figura 2.1A, considerando a curva da demanda D, o nível de produção eficiente será Qp a um preço Pp, se o produtor não incluir os custos sociais. Se incluir, esse nível será Qs ao preço Ps maior do que Pp. Assim, o nível de produção diminui e a degradação ambiental também. O Poder Público pode determinar um imposto T, por exemplo, um valor fixo cobrado por unidade produzida, de modo que o custo total para o produtor passa a ser CMP+T, representado na Figura 2.1B pela reta paralela a CMP. Isso reduz o nível de produção para Qt ao preço Pt. O nível de degradação diminui com o nível de produção menor, mas sempre será maior que zero, desde que haja atividade econômica.

Figura 2.1 Custos internos e externos e imposto ambiental

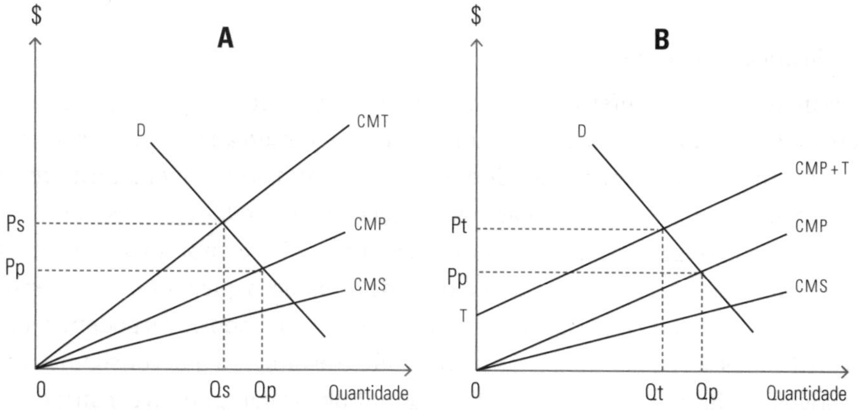

Fonte: elaborada pelo autor com base em Pigou, 1932.

Os impostos ambientais tiveram um amplo desenvolvimento em termos teóricos e práticos. Hoje, há uma diversidade de impostos, taxas e contribuições compulsórias sendo aplicadas em muitos países, inclusive no Brasil. Em princípio, é o poluidor quem deve pagar, embora isso nem sempre ocorra, pois depende de como os produtores e consumidores estão estruturados. Em situações de oligopólio ou monopólio, as empresas certamente repassarão essa taxa aos consumidores. Uma extensão do princípio poluidor-pagador é o do usuário-pagador, um princípio voltado para reduzir a exploração e o uso de certo recurso, como a cobrança pelo uso da água.

O princípio do poluidor-pagador impõe ao Estado o dever de estabelecer um tributo ao agente poluidor. São dois os objetivos esperados da aplicação desse princípio. O primeiro é de natureza fiscal, relacionado com a necessidade de arrecadar receita para custear os serviços públicos ambientais, evitando que os prejuízos causados pelos poluidores privados recaiam sobre a sociedade. O segundo é de natureza extrafiscal; seu papel é interferir nas atividades econômicas para estimular comportamentos socialmente desejados e desestimular os indesejáveis. Não raro, esses dois objetivos caminham juntos, por exemplo, a cobrança de impostos sobre produtos que geram resíduos tóxicos arrecada receita para cobrir os gastos com a gestão pública desse resíduo (coleta, tratamento, disposição em aterros etc.) e, ao mesmo tempo, desestimula o consumo desses produtos. Reduzir ou isentar a tributação de produtos com melhor desempenho ambiental, por exemplo, uma geladeira ou uma lâmpada que consuma menos energia, e aumentar a dos similares com menor desempenho são objetivos extrafiscais. A eficácia da extrafiscalidade se mede pelo declínio da arrecadação, pois significa que o tributo de fato estimulou o comportamento desejável.

2.2.2. Instrumentos de mercado

Esses instrumentos se efetuam por meio de transações entre agentes privados em mercados regulados pelo governo. Um exemplo é o mercado de permissão, pelo qual se transacionam certificados de emissões permitidas de poluentes específicos, que funcionam como títulos ou ativos negociáveis segundo regras estabelecidas pelo governo. As empresas que emitem esses poluentes compram do governo os certificados que correspondem ao seu nível de emissão, o que lhes permite emitir o poluente até a quantidade especificada em seus certificados. Elas podem vender os certificados correspondentes às quantidades de emissão que conseguiu reduzir. Novos produtores poluidores só serão admitidos se comprarem certificados de quem já reduziu suas emissões. O produtor estabelecido que quiser aumentar suas emissões por qualquer razão, por exemplo, para aumentar sua produção, também deverá adquirir certificados. O governo pode estabelecer reduções progressivas no nível geral de emissões ao longo do tempo, o que aumenta o valor dos certificados, tornando as iniciativas para reduzi-las mais atrativas. Esse tipo de instrumento de política pública surgiu nos Estados Unidos no final da década de 1970 para certos poluentes atmosféricos.

Outro exemplo é o mercado que transaciona reduções certificadas de um dado poluente. O mercado de carbono, o mais conhecido, surgiu com a gestão ambiental global relativa à mudança do clima, tendo como base a Convenção da Mudança do Clima de 1992 e o Protocolo de Quioto de 1997, que estabeleceu metas de redução de gases de efeito estufa (GEE) para um conjunto de países. Para o cumprimento dessas metas foram criados diversos instrumentos, entre eles, o comércio de emissão entre países operacionalizados por mercados de carbono regulados por agentes intergovernamentais. Há várias formas de mercado de carbono, porém todas têm como elemento comum o *crédito de carbono*, que representa uma tonelada de GEE que deixou de ser produzida ou foi removida da atmosfera, medida em dióxido de carbono equivalente (CO_{2eq}), que, uma vez reconhecida e certificada por esses agentes, passa a ser um título de crédito negociável, por isso também denominado de Redução de Emissão Certificada (CER, do inglês *Certified Emission Reduction*).

Um exemplo no Brasil é o *crédito de descarbonização* (CBIO), um instrumento instituído pela Política Nacional de Biocombustível, conhecida como *RenovaBio*, que estabelece metas anuais e compulsórias de redução de GEE aos distribuidores de combustíveis fósseis.[6] Cada CBIO corresponde a uma tonelada de CO_{2eq} calculada a partir da diferença entre as emissões de GEE no ciclo de vida de um biocombustível e as emissões de um combustível fóssil substituto.[7] Outro exemplo é o crédito de metano, um instrumento da estratégia nacional de estímulo ao uso sustentável de biocombustível, um ativo financeiro, ambiental, transferível que representa a redução ou remoção de uma tonelada de metano (CH_4), que tenha sido reconhecido e emitido como crédito no mercado voluntário ou regulado.[8]

Outra espécie de instrumento econômico são os sistemas de depósito-retorno. Os valores depositados na aquisição de certos produtos serão devolvidos quando retornarem aos pontos de armazenagem, tratamento ou reciclagem. Em vários países europeus, há esquemas que garantem o fluxo de vasilhames de vidro e plástico de cervejas, refrigerantes, vinhos e outras bebidas. Vários países criaram sistemas de depósitos para a compra de automóveis novos que serão devolvidos ao final de sua vida útil, desde que os veículos sejam entregues em locais predeterminados para proceder ao desmanche e recuperar os materiais. Embora a operação desses

---

[6] BRASIL. Lei n. 13.576/2017 e Decreto n. 9.888/2019.

[7] BRASIL. Lei n. 13.576/2017.

[8] BRASIL. Decreto n. 11.003/2022 e Decreto n. 11.075/2022.

sistemas ocorra entre particulares, empresas e consumidores, o poder público contribui facilitando as transações do ponto de vista fiscal, pois as devoluções são entradas de materiais na empresa passíveis de regimes fiscais especiais.

A sustentação de mercado pelo poder público para os produtos com materiais reciclados ou de baixo impacto ambiental, outra espécie de instrumento econômico, pode ser implementada por meios diversos, como redução de tributos incidentes sobre os produtos acabados e as matérias-primas recicladas. Essa política pode ser impulsionada pela adoção, por parte dos governos, da Responsabilidade Estendida do Produtor (EPR, do inglês *Extended Producer Responsability*), uma abordagem de política pública ambiental na qual a responsabilidade dos produtores e comerciantes é estendida aos estágios de pós-consumo do seu ciclo de vida. A função primária do EPR é transferir a responsabilidade física e financeira da gestão dos resíduos das autoridades governamentais locais e dos pagadores de imposto para os fabricantes e comerciantes. Espera-se, dessa forma, que os produtores passem a considerar as questões ambientais concernentes aos seus produtos desde o momento em que estão sendo desenvolvidos até a sua disposição final.[9]

O uso do poder de compra dos governos para estimular a produção de bens com menores impactos ambientais é uma medida de caráter econômico que permite alcançar três objetivos ambientais. O primeiro visa reduzir os impactos ambientais das atividades do próprio governo, o que não é pouca coisa, dada a extensão e a quantidade dessas atividades. O segundo visa estimular a adoção de melhores práticas ambientais por parte das empresas que pretendem contratar com os governos para vender produtos, prestar serviços e realizar obras. Como os governos são grandes compradores, suas exigências ambientais incentivam a busca de soluções por parte das empresas que pretendem contratar com os agentes públicos. Assim, as compras desempenhariam um objetivo extra-aquisição: premiar os produtores que adotam melhores práticas ambientais. O terceiro objetivo é servir de exemplo para as demais organizações da sociedade e para os cidadãos em geral, para que escolham os melhores bens e serviços do ponto de vista ambiental dentre as alternativas disponíveis.

A melhor compra do ponto de vista ambiental pode ser feita por meio das especificações dos bens e serviços considerados individualmente, por exemplo, definindo padrões de eficiência energética, de consumo de água, as propriedades físico-químicas das matérias-primas e as características dos resíduos pós-consumo. Os critérios ambientais podem referir-se aos processos produtivos, por exemplo, especificando padrões de desempenho desejados em relação ao

---

[9] OCDE, 2001, p. 16.

uso de recursos e aos poluentes. Pode-se ainda adotar critérios que busquem alcançar efeitos sobre as etapas iniciais do processo produtivo, examinando o ciclo de vida do produto desde a extração da matéria-prima até o destino final após o uso do produto.

Diversas iniciativas desse tipo foram implementadas em vários países, como o programa Compra Ambientalmente Preferível (*Environmentally Preferable Purchasing*), administrado pela agência ambiental federal norte-americana, a *United States Environmental Protection Agency* (US EPA). Esse programa tem por objetivo auxiliar as entidades públicas a adquirirem produtos e serviços que gerem impacto menor sobre a saúde e o meio ambiente, comparativamente a outros que atendam aos mesmos propósitos.[10] A União Europeia denomina *Contratos Públicos para um Ambiente Melhor* o "processo pelo qual as autoridades públicas procuram adquirir bens, serviços e obras com um impacto ambiental reduzido em todo o seu ciclo de vida quando comparado com bens, serviços e obras com a mesma função primária que seriam de outro modo adquiridos".[11]

No Brasil, essas iniciativas, denominadas *licitações* ou *contratações públicas sustentáveis*, tiveram algum impulso com a inclusão da promoção do desenvolvimento sustentável como um princípio da licitação em 2010.[12] Assim, um dos objetivos do processo licitatório é o de incentivar a inovação e o desenvolvimento nacional sustentável, e estabelece diversos dispositivos de caráter ambiental a serem obrigatoriamente observados nas propostas dos licitantes.[13] As licitações sustentáveis constituem um dos eixos temáticos da Agenda Ambiental da Administração Pública (A3P), uma iniciativa do Ministério do Meio Ambiente para promover práticas de gestão alinhadas com o conceito de desenvolvimento sustentável.[14]

Empresas que cometem crimes ambientais tipificados estão sujeitas a diversas penas, entre elas a proibição de contratar com o Poder Público, bem como dele obter subsídios, subvenções ou doações.[15] O poder de compra dos governos deve proporcionar oportunidades de cooperação com o setor produtivo e as instituições de ensino e pesquisa, para buscar alternativas viáveis segundo os três eixos que sustentam as abordagens de desenvolvimento sustentável: eficiência econômica, equidade social e proteção do meio ambiente.

---

[10] Saiba mais sobre o programa em: https://www.epa.gov/greenerproducts/about-environmentally-preferable-purchasing-program.

[11] UNIÃO EUROPEIA. *Manual de Contratos Públicos Ecológicos*. 2016. Disponível em: https://ec.europa.eu/environment/gpp/pdf/handbook_2016_pt.pdf. Acesso em: 21 jul. 2022.

[12] BRASIL. Lei n. 12.349/2010.

[13] BRASIL. Lei n. 14133/2021.

[14] Veja mais em: a3p.mma.gov.br/compras-púbicas-sustentáveis/. Acesso em: 21 jul. 2022.

[15] BRASIL. Lei n. 9.605, art. 221, inciso III.

2.3 EFICÁCIA DOS INSTRUMENTOS

Cada tipo de instrumento comentado acima tem suas vantagens e desvantagens, seus defensores e detratores. Os instrumentos econômicos são apontados por defensores de posições neoliberais como mais aptos para induzir um comportamento mais dinâmico por parte dos agentes privados, comparativamente aos de comando e controle. Estes últimos tenderiam a gerar uma atitude acomodada: assim que as exigências regulamentares fossem atendidas, as empresas relaxariam seus esforços e deixariam de aperfeiçoar continuamente seu desempenho ambiental. Os instrumentos econômicos seriam mais eficientes que os de comando e controle para alcançar objetivos ambientais, pois geram custos menores para as empresas. Os instrumentos de comando e controle são criticados pelo peso que representam para os contribuintes, pois sua eficácia depende de um aparato institucional dispendioso que afeta a todos, poluidores ou não. Especificamente quanto aos tributos ambientais, sua grande vantagem é a de trazer receita para os governos investirem no meio ambiente, evitando, com isso, que os gastos para reparar ou evitar a degradação ambiental produzida por indivíduos e organizações sejam socializados.

Na prática, essas vantagens nem sempre são observadas. Não é fácil estabelecer tributos que se transformem em incentivos para mudar o comportamento de empresários e consumidores; se eles forem elevados, podem inviabilizar os negócios, se forem baixos, não provocam as mudanças esperadas. Além disso, para que os tributos sejam justos e eficazes, devem ser estabelecidos de acordo com as características específicas de cada setor econômico. Com isso, sua aplicação não seria tão simples e barata como alegam seus defensores. No caso de tributos sobre produtos, nem sempre o adicional de preço reduz sua demanda se esta for inelástica, como os derivados de petróleo em um país dependente de transporte rodoviário. Uma crítica específica aos tributos ambientais vem do fato de que eles acabam tendo muito mais uma função arrecadadora do que estimuladora de comportamentos ambientais desejáveis. Os subsídios são criticados por serem inconsistentes com o princípio do poluidor-pagador, pois representam uma concessão de prêmios aos poluidores.

Opiniões a favor dos instrumentos de comando e controle também não faltam. A ausência de estímulo para melhorar o desempenho ambiental após atender as exigências legais é um argumento válido apenas nos casos em que elas permaneçam inalteradas por longos períodos. Segundo Porter e Linde, regulamentações ambientais adequadas podem estimular o surgimento de inovações que reduzem os custos ambientais e permitem o uso mais eficiente de recursos, contrariando a visão predominante que proclama a existência de um antagonismo irreconciliável entre economia e ecologia. O problema não é a regulamentação em si, mas o modo como ela é formulada. Para esses autores, a regulamentação é necessária porque:

a) cria pressões que motivam a realização de inovações pelas empresas;
b) melhora a qualidade ambiental quando a inovação não compensa o custo total da conformidade;
c) educa e alerta a empresa a respeito de ineficiências prováveis e de áreas potenciais para melhorias;
d) aumenta a probabilidade de as inovações de produtos e processos serem mais amigáveis ao meio ambiente;
e) cria demanda pelo aprimoramento ambiental, até que as empresas e os clientes sejam capazes de perceber e mensurar a ineficiência dos recursos como fonte de poluição; e
f) ajuda a nivelar o campo do jogo durante o período de transição, assegurando que nenhuma empresa possa ganhar posição por não efetuar os investimentos ambientais.[16]

Os instrumentos de comando e controle podem ser importantes fatores de competitividade das empresas e dos países. Entre estes fatores estão as condições da demanda interna que contribuem para determinar as tendências e as características das inovações tecnológicas a serem realizadas pelas empresas ali instaladas. Estas adquirem vantagens competitivas internacionais se os seus compradores internos forem mais exigentes e sofisticados que os dos demais países e se essas exigências se tornarem precursoras das necessidades desses últimos. Exigências e sofisticações que não se universalizam, ao contrário, enfraquecem a competitividade. Segundo esse raciocínio, uma legislação ambiental rigorosa cumpriria a condição de demanda interna favorável à competitividade em termos mundiais, pois as questões ambientais tendem a se universalizar.[17]

A eficácia dos instrumentos explícitos de política pública ambiental depende dos instrumentos de outras políticas públicas. Se estes contribuírem favoravelmente para a consecução dos instrumentos ambientais, podem ser considerados instrumentos implícitos da política ambiental. Porém, pode ocorrer o contrário, ou seja, a convivência conflituosa entre diversas políticas públicas. Por exemplo: uma política agrícola voltada para a produtividade pode induzir o uso abusivo de água, fertilizantes e agrotóxicos. Subsidiar combustíveis fósseis para ampliar a oferta de energia elétrica ou controlar a inflação pode inviabilizar a utilização de

---

[16] PORTER; LINDE, 1999, p. 384-385.
[17] PORTER, 1990, p. 68.

fontes renováveis de energia. Uma política monetária baseada em altas taxas de juros para conter a alta da inflação dificulta a atualização tecnológica das empresas, obrigando-as a operar equipamentos antigos que poluem mais e consomem mais insumos do que os novos.

Na realidade, não há como prescindir desses dois tipos de instrumentos. Uma política ambiental consistente deve se valer de todos os instrumentos possíveis e estar atenta aos efeitos sobre a competitividade das empresas. Deve ser eficiente para impedir a degradação ambiental emergente por meio de instrumentos de comando e controle, pois sem eles a Terra provavelmente já estaria inabitável. Os instrumentos econômicos, ao atuar sobre a estrutura de custo e benefício das empresas e dos consumidores, incentivam a adoção contínua de soluções que atentem para as causas dos problemas ambientais. No longo prazo, a educação ambiental e o desenvolvimento científico e tecnológico deverão dar as melhores contribuições para a melhoria das práticas empresariais.

2.3.1 O papel das inovações

Inovação é a introdução de novidade em qualquer área ou setor de atividade humana. Nas empresas, ela se apresenta como a implementação de ideias e soluções que se materializam em produtos (bens e serviços), processos, métodos de gestão e modelos de negócio, novos ou aperfeiçoados. É da essência da inovação trazer algo novo, e não necessita ser para o mundo ou para o mercado, basta que seja para a empresa. Uma inovação pode ser algo em uso em outros contextos, por exemplo, em outros países, mercados e empresas.[18] Os resultados esperados de uma inovação para as empresas são os mais diversos, tais como melhorar a qualidade de produtos, atualizar os processos produtivos, cumprir normas legais, criar novos mercados ou expandir os atuais, reduzir custos de produção, substituir uma matéria-prima escassa ou tóxica, melhorar a relação com os membros da cadeia de suprimento, melhorar o ambiente de trabalho, reduzir impactos ambientais adversos.

A poluição e a degradação do meio ambiente físico, biológico e social são resultados não intencionais ou não desejados das inovações. Por exemplo: os clorofluorcarbonos (CFCs), gases de síntese introduzidos a partir da década de 1930, foram considerados benéficos à saúde e ao meio ambiente pela comunidade científica, tecnológica e empresarial, por não serem corrosivos, inflamáveis ou tóxicos, e passaram a ser usados como fluidos para transferência de calor em equipamentos de refrigeração e ar-condicionado, solventes na indústria eletroeletrônica, agentes de expansão para produzir espumas plásticas e propelentes em aerossóis, entre

---

[18] OECD; EUROSTAT, 2018, p. 77.

outras aplicações. Levou quase 40 anos para se verificar que eles causavam danos significativos na camada de ozônio que envolve a Terra e a protege das radiações ultravioleta do Sol. Com o reconhecimento da gravidade desse problema de natureza planetária, em 1985 foi assinada a Convenção de Viena para a Proteção da Camada de Ozônio, e, com o seu Protocolo, assinado em Montreal em 1987, teve início efetivo a gestão ambiental internacional para eliminar as substâncias destruidoras do ozônio estratosférico, começando pelos CFCs. Esse é um dos inúmeros exemplos sobre as incertezas que cercam as inovações quanto aos seus impactos ambientais negativos.[19]

Inovações ambientais ou ecoinovações são "produtos, processos, técnicas e sistemas, novos ou modificados, que evitam ou reduzem danos ambientais".[20] Exemplos: concepção, desenvolvimento e implantação de equipamentos para captar e tratar poluentes gerados em processos produtivos e para recuperar solos degradados e corpos d'água contaminados; melhoria no processo produtivo atual para consumir menos materiais e energia; novos processos para reciclar materiais e reusar água servida; novo método de coleta e triagem de resíduos urbanos; implantação de um sistema de gestão ambiental em uma empresa; revisão do projeto do produto para torná-lo ambientalmente preferível. O que caracteriza essas inovações são os resultados ambientais positivos comparados às alternativas existentes.

Essas alternativas são limitadas aos padrões do setor de atuação da empresa, de modo que as escolhas dos empresários também são restritas. Um processo de inovação, concretamente considerado, depende das características do setor, das oportunidades tecnológicas existentes e percebidas, da acumulação anterior de conhecimentos e de muitos outros fatores internos e externos à empresa, como tamanho, localização, sensibilidade dos clientes ao preço, carteira de produtos. Por exemplo, algumas empresas inovam por meio da aquisição de bens de capital (equipamentos, instalações, instrumentos de controle etc.), enquanto outras desenvolvem internamente parte significativa da tecnologia que utilizam.

Os instrumentos de políticas públicas para o desenvolvimento da ciência e tecnologia são importantes instrumentos implícitos de política ambiental. Essas duas políticas se relacionam reciprocamente, embora as relações entre elas não sejam diretas ou automáticas. Uma política que incentive o desenvolvimento de tecnologias ambientalmente saudáveis pode ser inócua se não houver instrumentos econômicos que incentivem a adoção das soluções encontradas. Uma nova solução desenvolvida por uma empresa pode não estar disponível para as demais, caso ela forneça diferenciais competitivos importantes para a empresa inovadora.

---

[19] EEA, 2001, p. 79. Veja outros casos em EEA, 2013.
[20] KEMP; ARUNDEL, 1998, p. 2-3 (tradução nossa).

GESTÃO AMBIENTAL EMPRESARIAL

Mesmo estando disponível, nem todas as empresas possuem os recursos necessários para adotar essa nova solução, o que retarda ou limita a sua difusão. Vistos sob este ângulo, os instrumentos econômicos, como subsídios e financiamentos em condições especiais aos adotantes, podem promover a difusão dessas novas soluções tecnológicas.

2.3.2 A educação ambiental

Uma política pública ambiental deve contemplar a educação ambiental como um de seus instrumentos essenciais. A Conferência das Nações Unidas sobre o Meio Ambiente Humano, realizada em Estocolmo em 1972, atribuiu atenção especial a esse instrumento de política pública, com o objetivo de preparar o ser humano para viver em harmonia com o meio ambiente. A partir de então, a educação ambiental passou a ser considerada em praticamente todos os fóruns relacionados à temática do desenvolvimento e meio ambiente. Conforme a Carta de Belgrado, aprovada em um desses fóruns, a meta da educação ambiental é desenvolver uma população mundial consciente e preocupada com o meio ambiente para atuar individual e coletivamente na busca de soluções para os problemas atuais e para a prevenção de novos problemas. Seus objetivos são os seguintes:

a) tornar os indivíduos e grupos conscientes e sensíveis em relação ao meio ambiente e aos problemas ambientais;
b) proporcionar conhecimentos sobre o meio ambiente, principalmente quanto às influências do ser humano e de suas atividades;
c) promover valores e sentimentos que motivem as pessoas e grupos a se tornarem participantes ativos na defesa do meio ambiente e na busca de soluções para os problemas ambientais;
d) proporcionar as habilidades que uma participação ativa requer;
e) proporcionar condições para avaliar as medidas tomadas em relação ao meio ambiente e aos programas de educação ambiental;
f) promover o senso de responsabilidade e de urgência com respeito às questões ambientais que estimule as ações voltadas para resolvê-las.[21]

Para o Tratado de Educação Ambiental para Sociedades Sustentáveis e Responsabilidade Global, a educação ambiental é "um processo de aprendizado permanente, baseado no respeito a todas as formas de vida e que contribua para a formação de uma sociedade justa e ecologicamente equilibrada".[22] A educação

---

[21] UNESCO, 1975.
[22] Ver em: portal.mec.gov.br/secad/arquivos/pdf/educacaoambiental/tratados/pdf. Acesso em: 2 jul. 2022.

ambiental deve estimular as pessoas a serem portadoras de soluções, e não apenas de denúncias, embora estas devam ser as primeiras atitudes diante dos desmandos com o meio ambiente. Deve também produzir mudanças nas próprias condutas das pessoas, levando-as a modificar, por exemplo, seus hábitos de consumo.

No Brasil, a educação ambiental foi instituída em todo o território nacional pela Lei n. 9.795, de 1999, fortemente influenciada pela Carta e pelo Tratado. Essa lei define educação ambiental como "processos por meio dos quais o indivíduo e a coletividade constroem valores sociais, conhecimentos, habilidades, atitudes e competências voltadas para a conservação do meio ambiente, bem de uso comum do povo, essencial à sadia qualidade de vida e sua sustentabilidade". Seus objetivos são:

1. desenvolver uma compreensão integrada do meio ambiente em suas múltiplas e complexas relações, envolvendo aspectos ecológicos, psicológicos, legais, políticos, sociais, econômicos, científicos, culturais e éticos;
2. garantir a democratização das informações ambientais;
3. estimular e fortalecer uma consciência crítica sobre a problemática ambiental e social;
4. incentivar a participação individual e coletiva, permanente e responsável, na preservação do equilíbrio do meio ambiente, entendendo-se a defesa da qualidade ambiental como um valor inseparável do exercício da cidadania;
5. estimular a cooperação entre as diversas regiões do país, em níveis micro e macrorregionais, com vistas à construção de uma sociedade ambientalmente equilibrada, fundada nos princípios da liberdade, igualdade, solidariedade, democracia, justiça social, responsabilidade e sustentabilidade;
6. fomentar e fortalecer a integração com a ciência e a tecnologia;
7. fortalecer a cidadania, a autodeterminação dos povos e a solidariedade como fundamentos para o futuro da humanidade.[23]

Pela lei supracitada, a educação ambiental é um componente essencial e permanente da educação nacional, devendo estar articulada em todos os níveis e modalidades do processo educativo, em caráter formal e não formal.[24] Sendo essencial, ela é obrigatória em todos os níveis de ensino, inclusive em atividades de ensino não formais, como de educação continuada para graduados de qualquer curso, projetos e programas de extensão universitária junto a empresas e comunidades, programas de treinamento promovidos pelas empresas. Em outras palavras, de acordo com a legislação, a educação ambiental deve estar presente nos programas

---

[23] BRASIL. Lei n. 7.975/1999, art. 5º.
[24] BRASIL. Lei n. 7.975/1999, art. 2º.

de treinamento e capacitação das empresas de um modo geral, independentemente do assunto de que trata, e com mais razão nos programas que tratam de questões ambientais, como controle e previsão da poluição, desenvolvimento de produtos, compras, logística.

2.4 ACORDOS VOLUNTÁRIOS

Por meio de acordos voluntários, as organizações privadas se comprometem a realizar algum tipo de ação para melhorar seu desempenho ambiental. Há vários tipos de acordos, como mostra a Figura 2.2. A OCDE os considera uma ampla categoria de instrumentos de política ambiental, que resultam do aperfeiçoamento das relações entre órgãos públicos e agentes privados em relação às questões ambientais, por isso são considerados formas de autorregulamentação.

Figura 2.2 Tipos de acordos voluntários

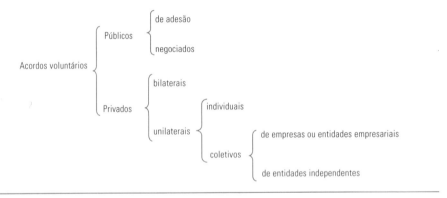

Fonte: adaptada e ampliada de OCDE, 1999.

2.4.1 Acordos voluntários públicos

Os acordos voluntários públicos são contratos firmados entre um agente ambiental governamental representante do poder público nacional ou local e empresas ou entidade empresarial, com o objetivo de resolver problemas ambientais específicos de modo colaborativo. O acordo pode referir-se ao modo de implementar medidas de comando e controle ou a algum tipo de auxílio do órgão governamental à empresa, como o fornecimento de informações técnicas, treinamentos, vistorias e análises técnicas gratuitas, avaliação da conformidade de produtos e processos. Pode ser acordo de adesão ou negociado. No primeiro caso, um órgão governamental cria um programa ambiental e a empresa que aderir deve aceitar os termos do programa. Um exemplo no Brasil é o Programa Nacional de Etiquetagem criado e mantido pelo Inmetro com objetivos de avaliar produtos para informar o usuário ou consumidor de certos produtos sobre eficiência energética, nível de ruído, vibração e outros critérios técnicos.[25]

A forma tradicional de estabelecer medidas de comando e controle não faz distinção entre as empresas; todas são tratadas do mesmo modo, independentemente das enormes diferenças entre elas. Com o acordo negociado entre governo e empresas, os comprometimentos são estabelecidos caso a caso, conforme o tipo de empresa e sua situação em termos ambientais e econômicos. No processo de negociação, há barganhas de ambos os lados. A agência governamental pode, por exemplo, suspender a cobrança de uma taxa ou aceitar um prazo maior para a empresa se ajustar a novos padrões. As empresas e o Poder Público podem negociar acordos para estabelecer padrões diferenciados em razão do tamanho da empresa, da natureza dos poluentes, da sua situação financeira, da idade dos equipamentos, do tipo de tecnologia adotado, entre outras condições. Essas práticas têm sido utilizadas para a redução de poluentes específicos (CO_2, SO_2, NO_x, CFCs, POPs etc.) em diversos países, como Alemanha, Estados Unidos, França, Itália, Japão.

No Brasil, um exemplo desse tipo de acordo é o acordo setorial, um instrumento da Política Nacional de Resíduos Sólidos instituída pela Lei n. 12.305/2010. Esse acordo é um "ato de natureza contratual firmado entre o poder público e fabricantes, importadores, distribuidores ou comerciantes, tendo em vista a implantação da responsabilidade compartilhada pelo ciclo de vida do produto". Esses acordos visam implantar sistemas de logística reversa para atender as obrigações legais a que esses agentes privados estão sujeitos conforme a lei supracitada. Os acordos propostos pelos agentes econômicos citados devem ser submetidos ao Ministério do Meio Ambiente (MMA) e apreciados em consulta pública e por outros órgãos federais relacionados com o produto. Aceita a proposta, com ou sem inclusões decorrentes dessas apreciações, a proposta é convertida num acordo e publicado no Diário Oficial da União.[26]

2.4.2 Acordos voluntários privados

Esses acordos podem ser de dois tipos: iniciativas unilaterais e comprometimentos bilaterais. Estes últimos são contratos firmados entre uma empresa ou um grupo de empresas e as pessoas prejudicadas pelos seus impactos ambientais adversos, como trabalhadores, consumidores, moradores do local onde a empresa se encontra,

---

[25] Veja mais em: https://www.gov.br/inmetro. Acesso em: 2 jul. 2022.
[26] BRASIL. Lei n. 12.305/2010 e Decreto n. 10.936/2022.

a fim de encerrar a fonte de impactos, ressarcir ou compensar prejuízos.[27] Um contrato coletivo de trabalho que inclua cláusulas ambientais que melhorem o local de trabalho é um acordo desse tipo. Acordos para encerrar ações judiciais não são incluídos nessa categoria. A ideia é que a empresa se antecipe ao problema mediante um acordo voluntário antes de chegar às barras dos tribunais.

As iniciativas privadas de caráter unilateral podem ser individuais ou coletivas. A primeira se dá por meio de ações isoladas de uma empresa que procura espontaneamente tratar os problemas ambientais de modo mais rigoroso que o previsto pela legislação à qual está sujeita. Qualquer medida empreendida voluntariamente por uma empresa que faça mais do que a legislação exige é uma iniciativa desse tipo.

Há dois tipos de iniciativas unilaterais coletivas. Um deles são os acordos criados e conduzidos por um grupo de empresas, uma associação de empresas ou uma entidade que as represente. Os objetivos e os meios para alcançá-los são determinados por elas mesmas.[28] Um exemplo é o *Responsible Care*, programa criado pela Associação da Indústria Química do Canadá em 1988, adotado atualmente por cerca de 70 países e supervisionado pelo Conselho Internacional das Associações da Indústria Química (ICCA, em inglês). A Associação Brasileira da Indústria Química (Abiquim) é a responsável por esse programa no Brasil, onde é denominado *Atuação Responsável*. A adesão ao programa é obrigatória para todas as empresas filiadas à Abiquim.[29]

O outro tipo de acordo voluntário privado é promovido por iniciativas de entidades independentes das empresas que aderem ao acordo, como ONGs, organismos de normalização, empresas de consultoria. Enquanto as iniciativas unilaterais do primeiro tipo envolvem questões específicas do setor ou do grupo de empresas, as do segundo abordam questões de caráter geral que podem ser adotadas por empresas de qualquer setor, tamanho e local. Um exemplo são as normas de gestão ambiental criadas pela *International Organization for Standardization* (ISO). A adoção dessas normas é voluntária, mas a organização que as adotar deve atender os seus requisitos, como será mostrado com detalhe no Capítulo 4. Outros exemplos: adesão voluntária aos padrões de comunicação e relato da *Global Reporting Iniciative* (GRI), que será apresentado no Capítulo 8; aos 10 princípios do Pacto Global das Nações Unidas (*United Nations Global Compact*), apresentados no Quadro 2.3; às iniciativas de investimentos ESG (Meio Ambiente, Sociedade e Governança Corporativa[30]).

---

[27] OCDE, 1999, p. 16.

[28] OCDE, 1999, p. 16.

[29] Disponível em: http://www.icca-chem.org e www.abiquim.org.br. Acesso em: 22 jul. 2022.

[30] Em inglês: *Environment, Social and Governance*.

Quadro 2.3 Princípios do Pacto Global das Nações Unidas

ÁREA DE APLICAÇÃO	A EMPRESA DEVE...
Direitos humanos	1. Apoiar, respeitar e proteger os direitos humanos proclamados internacionalmente.
	2. Assegurar-se que não é cúmplice de violações de direitos humanos.
Direitos do trabalho	3. Apoiar e defender a liberdade de associação no trabalho e o direito à negociação coletiva.
	4. Eliminar todas as formas de trabalho forçado ou compulsório.
	5. Abolir efetivamente o trabalho infantil.
	6. Eliminar a discriminação em relação ao emprego e ocupação.
Meio ambiente	7. Apoiar uma abordagem preventiva aos desafios ambientais.
	8. Tomar iniciativa para promover maior responsabilidade ambiental.
	9. Incentivar o desenvolvimento e a difusão de tecnologias ambientalmente preferíveis.
Combate à corrupção	10. Combater a corrupção em todas as suas formas, inclusive extorsão e suborno ou propina.

Fonte: UN Global Compact. Disponível em: https://www.unglobalcompact.org; e também em: https://www.pactoglobal.org.br. Acessos em: 28 set. 2022.

As iniciativas empresariais voluntárias são apresentadas por seus promotores como instrumentos para alcançar a liderança na solução de questões ambientais, mediante uma relação do tipo ganha-ganha entre empresa e meio ambiente. Ir além da legislação ambiental pertinente por conta própria indica uma postura proativa para melhorar o desempenho ambiental, que pode favorecer os objetivos da empresa de ampliar seu mercado, dominar uma tecnologia relevante, aumentar sua reputação junto a clientes, órgãos de imprensa, órgãos governamentais ambientais.

Os acordos voluntários suscitam diversas críticas, como as seguintes: ao se adiantar às normas legais, as empresas estariam indicando os termos das leis futuras e neutralizando as propostas mais rigorosas ou que contrariem os seus interesses; a autorregulação seria uma proposta neoliberal que visa diminuir o papel do Estado na ordem econômica, ambiental e social; seriam mais um lance de publicidade do que um efetivo compromisso com o meio ambiente; essas iniciativas foram desenhadas para grandes empresas, sendo pouco acessíveis às de pequeno e médio porte.

Também são criticados pelo fato de que muitas empresas que aderiram a esses programas de autorregulamentação possuem dois pesos e duas medidas, isto é, seus estabelecimentos ou filiais apresentam diferentes desempenhos ambientais conforme as características da regulamentação pública dos países onde se situam. Ou seja, adotam um comportamento ambiental exemplar e proativo apenas onde a legislação e a sociedade são exigentes e empurram as atividades sujas ou degradante para outros locais onde são toleradas, o que configura uma política do tipo "não em meu quintal", conhecida pela sigla Nimby (do inglês: *Not in my Backyard*). Para muitos, é a regulamentação pública que de fato importa, pois ela estabelece os limites da atuação da empresa. Apesar do mau uso que muitas empresas possam fazer e fazem, os acordos voluntários constituem uma fonte importante de propostas para melhorar a gestão da empresa e, com isso, o seu desempenho econômico, social e ambiental.

2.5 POLÍTICA PÚBLICA AMBIENTAL BRASILEIRA

Até o início do século XX, o campo político e institucional brasileiro não se sensibilizava com os problemas ambientais, embora não faltassem problemas e vozes que os apontassem. A abundância de terras férteis e de outros recursos naturais, enaltecida desde a carta de Pero Vaz de Caminha ao rei de Portugal, tornou-se uma espécie de dogma que impedia enxergar a destruição que vinha ocorrendo desde os primeiros anos da colonização. A degradação de uma área não era considerada um problema ambiental pela classe política, pois sempre havia outras a ocupar com o trabalho escravo. As denúncias sobre o mau uso dos recursos naturais não encontravam eco na esfera política dessa época, embora muitos denunciantes fossem políticos ilustres, como José Bonifácio, Joaquim Nabuco e André Rebouças. Nenhuma legislação explicitamente ambiental teve origem nas muitas denúncias desses políticos, que podem ser considerados precursores dos movimentos ambientalistas nacionais, e que já nas suas origens apresentavam uma tônica social dada pela luta contra a escravatura, a monocultura e o latifúndio.

Somente quando o Brasil começa a dar passos firmes em direção à industrialização inicia-se o esboço de uma política ambiental. Tomando como critério a eficácia da ação pública, e não apenas a geração de leis, pode-se apontar a década de 1930 como o início de uma política ambiental efetiva. Uma data de referência é o ano de 1934, quando foram promulgados os seguintes documentos legais relativos à gestão de recursos naturais: Código de Caça e Pesca, Código Florestal, Código de Minas e Código de Águas. Outras iniciativas governamentais importantes desse período foram: a criação do Parque Nacional de Itatiaia, o primeiro do Brasil, e a organização do patrimônio histórico e artístico nacional.[31]

As políticas públicas dessa fase inicial buscaram alcançar efeitos sobre os recursos naturais por meio de gestões setoriais (água, florestas, fauna e flora e minerais), para as quais foram criados órgãos específicos, como o Departamento

---

[31] Referências ao final deste capítulo.

CAPÍTULO 2 POLÍTICAS PÚBLICAS AMBIENTAIS

Nacional de Água e Energia Elétrica, o Departamento Nacional de Recursos Minerais, entre outros. Os problemas relativos à poluição só seriam sentidos em meados da década de 1960, quando o processo de industrialização já havia se consolidado. Por muito tempo, a poluição industrial foi vista como sinal de progresso, e por isso bem-vinda para muitos políticos, empresários e trabalhadores.

Uma segunda fase da política pública ambiental teve início com a Conferência das Nações Unidas realizada em Estocolmo em 1972, quando as preocupações ambientais se tornaram mais intensas, apesar de nessa ocasião o governo militar brasileiro não ter reconhecido a gravidade dos problemas ambientais e ter defendido uma concepção de desenvolvimento econômico sem preocupações com o meio ambiente e a distribuição de renda. Porém, os estragos ambientais crescentes e a constatação de que muitos problemas ambientais apresentavam dimensões planetárias exigiram uma nova postura dos governantes. Em 1973, o Executivo Federal criou a Secretaria Especial do Meio Ambiente e diversos estados criaram suas agências ambientais especializadas. Os instrumentos de gestão ambiental pública dessa fase procuravam atender a problemas específicos à medida que eram evidenciados, daí resultando pouca ou nenhuma interação entre eles.

2.5.1 A Política Nacional do Meio Ambiente

A Lei n. 6.938, de 31 de agosto de 1981, que instituiu a Política Nacional do Meio Ambiente (PNMA), marca o início da terceira fase. Ela representa uma mudança importante no tratamento das questões ambientais ao procurar integrar as ações governamentais dentro de uma abordagem sistêmica. Essa lei tem por objetivo a preservação, melhoria e recuperação da qualidade ambiental propícia à vida, visando assegurar condições de desenvolvimento socioeconômico, os interesses da segurança nacional e a proteção da dignidade humana, atendendo aos seguintes princípios:

1) ação governamental na manutenção do equilíbrio ecológico, considerando o meio ambiente como um patrimônio público a ser necessariamente assegurado e protegido, tendo em vista o uso coletivo;
2) racionalização do uso do solo, do subsolo, da água e do ar;
3) planejamento e fiscalização do uso dos recursos ambientais;
4) proteção dos ecossistemas, com a preservação de áreas representativas;
5) controle e zoneamento das atividades potencial ou efetivamente poluidoras;
6) incentivos ao estudo e à pesquisa de tecnologias orientadas para o uso racional e a proteção dos recursos ambientais;

7) acompanhamento do estado da qualidade ambiental;
8) recuperação de áreas degradadas;
9) proteção de áreas ameaçadas de degradação;
10) educação ambiental a todos os níveis de ensino, inclusive a educação da comunidade, objetivando capacitá-la para participação ativa na defesa do meio ambiente.[32]

A PNMA tem como objetivos específicos:

1) compatibilizar o desenvolvimento socioeconômico com a preservação da qualidade do meio ambiente e do equilíbrio ecológico;
2) definir áreas prioritárias de ação governamental relativa à qualidade e ao equilíbrio ecológico, atendendo aos interesses da União, dos Estados, do Distrito Federal, dos Territórios e dos Municípios;
3) estabelecer critérios e padrões de qualidade ambiental e de normas relativas ao uso e manejo de recursos ambientais;
4) desenvolver pesquisas e tecnologias nacionais orientadas para o uso racional de recursos ambientais;
5) difundir tecnologias de manejo do meio ambiente, divulgar dados e informações ambientais e formar uma consciência pública sobre a necessidade de preservação da qualidade ambiental e do equilíbrio ecológico;
6) preservar e restaurar os recursos ambientais com vistas à sua utilização racional e disponibilidade permanente, concorrendo para a manutenção do equilíbrio ecológico propício à vida;
7) impor ao poluidor e predador a obrigação de recuperar e/ou indenizar os danos causados e, ao usuário de recursos ambientais, contribuir pela sua utilização com fins econômicos.[33]

Com essa lei foi instituído o Sistema Nacional do Meio Ambiente (Sisnama), responsável pela proteção e melhoria do meio ambiente e constituído por órgãos e entidades da União, dos estados, do Distrito Federal e dos municípios, como mostra o Quadro 2.4. Espelhando-se no Sisnama, os estados criaram os seus sistemas estaduais do meio ambiente para integrar as ações ambientais de diferentes entidades públicas nesse âmbito de abrangência. Outra inovação importante foi o conceito de responsabilidade objetiva do poluidor, pela qual o poluidor fica obrigado,

---

[32] BRASIL. Lei n. 6.939/1981, art. 2º.
[33] BRASIL. Lei n. 6.939/1981, art. 4º.

CAPÍTULO 2 POLÍTICAS PÚBLICAS AMBIENTAIS

independentemente de existência de culpa, a indenizar ou reparar os danos causados ao meio ambiente e a terceiros afetados por suas atividades. Cabe ao Ministério Público da União e dos estados a legitimidade para propor ação de responsabilidade civil e criminal por danos causados ao meio ambiente.[34] Embora aprovada em 1981, sua implementação só deslanchou efetivamente ao final dessa década, a partir da promulgação da Constituição da República Federativa do Brasil de 1988.

Quadro 2.4 Sistema Nacional do Meio Ambiente (Sisnama) – Componentes

» **Órgão Superior:** Conselho de Governo que auxilia o presidente da República na formulação de políticas públicas.

» **Órgão Consultivo e Deliberativo:** Conselho Nacional do Meio Ambiente (Conama), presidido pelo ministro do Meio Ambiente, analisa, delibera e propõe diretrizes e normas sobre política ambiental.

» **Órgão Central:** Secretaria do Meio Ambiente da Presidência da República, com a finalidade de planejar, coordenar, supervisionar e controlar, como órgão federal, a política nacional e as diretrizes governamentais fixadas para o meio ambiente.

» **Órgãos Executores:** Instituto Brasileiro do Meio Ambiente e dos Recursos Naturais Renováveis (Ibama) e o Instituto Chico Mendes de Conservação da Biodiversidade, com a finalidade de executar e fazer executar a política e as diretrizes governamentais fixadas para o meio ambiente, de acordo com as respectivas competências.

» **Órgãos Seccionais:** Órgãos ou entidades estaduais responsáveis pela execução de programas e projetos, e pelo controle e fiscalização de atividades capazes de provocar a degradação ambiental.

» **Órgãos Locais:** Órgãos ou entidades municipais responsáveis pelo controle e fiscalização dessas atividades, nas suas respectivas jurisdições.

Fonte: Brasil, 1981, art. 6º.

2.5.2 Constituição da República Federativa do Brasil de 1988

A Constituição da República Federativa do Brasil de 1988, ou simplesmente Constituição Federal de 1988, representou um avanço considerável em matéria ambiental. Ela estabeleceu a defesa do meio ambiente como um dos princípios a serem observados para as atividades econômicas em geral, como mostra o Quadro 2.5. Como se vê no *caput* do artigo 225, a Constituição incorporou o conceito de desenvolvimento sustentável, reproduzindo quase na íntegra a definição da CMMAD, citada na seção 1.4.1, divulgada em 1987, período em que o Congresso Nacional elaborava a Constituição Federal de 1988.[35]

---

[34] BRASIL. Lei n. 6.939/1981, art. 14, § 1º.

[35] CMMAD, 1991, p. 46.

Quadro 2.5 Constituição Federal de 1988 e Meio Ambiente

Título VIII – Da Ordem Social

Capítulo VI – Do Meio Ambiente

Art. 225. Todos têm direito ao meio ambiente ecologicamente equilibrado, bem de uso comum do povo e essencial à sadia qualidade de vida, impondo-se ao Poder Público e à coletividade o dever de defendê-lo e preservá-lo para as presentes e futuras gerações.

§ 1º Para assegurar a efetividade desse direito, incumbe ao Poder Público:

I. preservar e restaurar os processos ecológicos essenciais e prover o manejo ecológico das espécies e ecossistemas;

II. preservar a diversidade e a integração do patrimônio genético do país e fiscalizar as entidades dedicadas à pesquisa e manipulação de material genético;

III. definir, em todas as unidades da Federação, espaços territoriais e seus componentes a serem especialmente protegidos, sendo a alteração e a supressão permitidas somente através de lei, vedada qualquer utilização que comprometa a integridade dos atributos que justifiquem sua proteção;

IV. exigir, na forma de lei, para a instalação de obra ou atividade potencialmente causadora de significativa degradação do meio ambiente, estudo prévio de impacto ambiental, a que se dará publicidade;

V. controlar a produção, a comercialização e o emprego de técnicas, métodos e substâncias que comportem risco para a vida, a qualidade de vida e o meio ambiente;

VI. promover a educação ambiental em todos os níveis de ensino e a conscientização pública para a preservação do meio ambiente;

VII. proteger a fauna e a flora, vedadas, na forma da lei, as práticas que coloquem em risco sua função ecológica, provoquem a extinção de espécies ou submetam os animais à crueldade;

VIII. manter regime fiscal favorecido para os biocombustíveis destinados ao consumo final, na forma da lei complementar, a fim de assegurar-lhes tributação inferior à incidente sobre os combustíveis fósseis, capaz de garantir diferencial competitivo em relação a estes.[36]

§ 2º Aquele que explorar recursos minerais fica obrigado a recuperar o meio ambiente degradado, de acordo com solução técnica exigida pelo órgão público competente, na forma da lei.

§ 3º As condutas e atividades consideradas lesivas ao meio ambiente sujeitarão os infratores, pessoas físicas ou jurídicas, a sanções penais e administrativas, independentemente da obrigação de reparar os danos causados.

§ 4º A floresta amazônica brasileira, a Mata Atlântica, a Serra do Mar, o Pantanal mato-grossense e a Zona Costeira são patrimônio nacional, e sua utilização far-se-á, na forma da lei, dentro de condições que assegurem a preservação do meio ambiente, inclusive quanto ao uso dos recursos naturais.

§ 5º São indisponíveis as terras devolutas ou arrecadadas pelos estados, por ações discriminatórias, necessárias à proteção dos ecossistemas naturais.

§ 6º As usinas que operem com reator nuclear deverão ter sua localização definida em lei federal, sem o que não poderão ser instaladas.

§ 7º Para fins do disposto na parte final do inciso VII do § 1º deste artigo, não se consideram cruéis as práticas desportivas que utilizem animais, desde que sejam manifestações culturais, conforme o § 1º do art. 215 desta Constituição Federal, registradas como bem de natureza imaterial integrante do patrimônio cultural brasileiro, devendo ser regulamentadas por lei específica que assegure o bem-estar dos animais envolvidos.[37]

Fonte: Constituição Federal de 1988, art. 225.

---

[36] Incluído pela Emenda Constitucional 123 de 2022.

[37] Parágrafo introduzido pela Emenda Constitucional 96 de 2017: conforme o art. 215, § 1º, o Estado protegerá as manifestações das culturas populares, indígenas e afro-brasileiras, e as de outros grupos participantes do processo civilizatório nacional.

CAPÍTULO 2 POLÍTICAS PÚBLICAS AMBIENTAIS

Todos os incisos e parágrafos do artigo 225 da Constituição Federal de 1988 estão regulados ou por normas do Conama ou por leis, algumas anteriores a ela, mas que foram por ela recepcionadas por não colidirem com suas disposições e princípios. Além desse artigo específico sobre o meio ambiente, a Constituição Federal de 1988 ampliou os mecanismos de defesa, conferindo a qualquer cidadão o direito de propor ação popular para proteger o meio ambiente e o patrimônio histórico e cultural. Ampliou a autonomia do Ministério Público na defesa de questões ambientais. Estabeleceu uma distribuição melhor da competência para legislar sobre matéria ambiental entre os entes da federação brasileira. Estabeleceu o respeito ao meio ambiente e o aproveitamento racional dos recursos como um dos requisitos para caracterizar a função social da propriedade rural. Incluiu os sítios ecológicos como elementos do patrimônio cultural. E estabeleceu disposições em defesa de grupos vulneráveis, como povos indígenas, crianças, idosos e deficientes físicos.

2.5.3 Instrumentos de política pública

De acordo com a Lei n. 6.938/1981, são instrumentos da Política Nacional do Meio Ambiente:

I.   o estabelecimento de padrões de qualidade ambiental;
II.   o zoneamento ambiental;
III.   a avaliação de impactos ambientais;
IV.   o licenciamento e a revisão de atividades efetivas ou potencialmente poluidoras;
V.   os incentivos à produção e instalação de equipamentos e a criação ou absorção de tecnologia, voltados para a melhoria da qualidade ambiental;
VI.   a criação de espaços territoriais especialmente protegidos pelo Poder Público federal, estadual e municipal, tais como áreas de proteção ambiental, de relevante interesse ecológico e reservas extrativistas;
VII.   o sistema nacional de informações sobre o meio ambiente;
VIII. o Cadastro Técnico Federal de Atividades e instrumentos de defesa ambiental;
IX.   as penalidades disciplinares ou compensatórias ao não cumprimento das medidas necessárias à preservação ou correção da degradação ambiental;
X.   o Relatório de Qualidade do Meio Ambiente a ser divulgado anualmente pelo Ibama;
XI.   a garantia da prestação de informações relativas ao meio ambiente, obrigando-se o poder público a produzi-las, quando inexistentes;

XII. o Cadastro Técnico Federal de atividades potencialmente poluidoras e/ou utilizadoras de recursos ambientais;

XIII. instrumentos econômicos, como concessão florestal, servidão ambiental, seguro ambiental e outros.[38]

Segundo a tipologia de instrumento de política ambiental apresentada no Quadro 2.1, os instrumentos I, II, III, IV, VI e IX são tipicamente de comando e controle; os instrumentos V e XIII são econômicos, e podem se efetivar nas formas de incentivos fiscais, financiamentos subsidiados e outros benefícios transferidos aos particulares; os instrumentos VII, VIII, X, XI e XII são de caráter administrativo, ligados às atividades dos próprios agentes públicos. Embora os tributos ambientais não estejam expressamente citados na Lei n. 6.938/1981 nem na Constituição Federal de 1988, há várias modalidades desses instrumentos, como os seguintes:

» cobrança pelo lançamento de despejo industrial baseado nas características dos poluentes em diversos estados e municípios;

» exclusão da cobrança do Imposto Territorial Rural (ITR) das áreas de matas nativas, retirando-lhes o caráter de propriedade rural improdutiva;

» Taxa de Controle e Fiscalização Ambiental (TCFA) cobrada pelo exercício do poder de polícia conferido ao Ibama para controle e fiscalização das atividades potencialmente poluidoras e utilizadoras de recursos naturais;

» cobrança pelo uso de recursos hídricos, conforme estabelece a Lei n. 9.433/1997, que instituiu a Política Nacional de Recursos Hídricos.

Os instrumentos fiscais comentados na seção 2.2 representam transferências de recursos do setor público para o privado e vice-versa. Porém, são exemplos especiais deste tipo de instrumento as transferências entre entes federados. É o caso das compensações financeiras feitas pelos estados aos municípios que possuem espaços territoriais especialmente protegidos, pois estes teriam suas receitas fiscais diminuídas em razão das limitações impostas às atividades econômicas nesses espaços. Por exemplo, no estado de São Paulo, da parcela do ICMS dos municípios, 0,5% é destinado aos que possuem espaços territoriais especialmente protegidos pelo estado em seus limites territoriais, como parque estadual, estação ecológica, reserva florestal, reserva extrativista ou outro tipo de unidade de conservação. A Lei n. 9.985, de 2000, que instituiu o Sistema Nacional de Unidades de Conservação (SNUC), define unidade de conservação (UC) como "um espaço territorial e seus recursos ambientais, com características naturais relevantes,

---

[38] BRASIL, 1981, art. 9°.

CAPÍTULO 2 POLÍTICAS PÚBLICAS AMBIENTAIS

legalmente instituído pelo Poder Público, com objetivos de conservação e limites definidos, sob regime especial de administração, ao qual se aplicam garantias adequadas de proteção".[39]

A Lei de Crimes Ambientais (Lei n. 9.605, de 1998) estabelece sanções administrativas e penais derivadas de condutas e atividades lesivas ao meio ambiente. Ela regulamenta um ditame constitucional, no caso, o § 3° do art. 225, mostrado no Quadro 2.5. Essa lei amplia a tipificação dos crimes ambientais e consolida crimes que eram objetos de outras leis, como os códigos de caça, pesca e florestal. A responsabilidade penal da pessoa jurídica não exclui a das pessoas físicas, autoras, coautoras e partícipes do mesmo fato. Além de multas, as pessoas jurídicas estão sujeitas às penas restritivas de direitos e prestação de serviços à comunidade, que podem ser aplicadas de maneira isolada, cumulativa ou alternadamente. As penas restritivas de direitos podem ser: suspensão parcial ou total de atividades; interdição temporária de estabelecimento, obra ou atividade; e proibição de contratar com o Poder Público por um período de três anos, bem como dele obter subsídios, subvenções ou doações.

A Política Nacional de Resíduos Sólidos, instituída pela Lei n. 12.305, de 2010, trouxe inovações em termos de instrumentos de política pública, como o acordo setorial e a responsabilidade compartilhada pelo ciclo do produto, entendida como o "conjunto de atribuições individualizadas e encadeadas dos fabricantes, importadores, distribuidores e comerciantes, dos consumidores e dos titulares dos serviços públicos de limpeza urbana e de manejo dos resíduos sólidos, para minimizar o volume de resíduos sólidos e rejeitos gerados, bem como para reduzir os impactos causados à saúde humana e à qualidade ambiental decorrentes do ciclo de vida dos produtos". Como mostrado na seção 2.4.1, o acordo setorial visa efetivar a responsabilidade compartilhada na consecução da logística reversa, definida como "um conjunto de ações, procedimentos e meios destinados a viabilizar a coleta e a restituição dos resíduos sólidos ao setor empresarial, para reaproveitamento, em seu ciclo ou em outros ciclos produtivos, ou outra destinação final ambientalmente adequada". O acordo setorial e a responsabilidade compartilhada são dois instrumentos que se complementam e uma novidade na política pública ambiental nacional, quase sempre implementada por meio de instrumentos de comando e controle.

---

[39] BRASIL. Lei 9.985/2000, art. 2°.

TERMOS E CONCEITOS IMPORTANTES

- Acordos voluntários
- Comando e controle
- Crimes ambientais
- Educação ambiental
- Gestão ambiental pública
- Inovação ambiental
- Imposto pigouviano
- Logística reversa
- Melhor Tecnologia Disponível
- Padrão de emissão
- Padrão de qualidade ambiental
- Padrão tecnológico
- Poder de compra do Estado
- Política Nacional do Meio Ambiente
- Princípio do poluidor--pagador
- Responsabilidade expandida do produtor
- Responsabilidade compartilhada
- Responsabilidade objetiva
- Responsabilidade penal das empresas
- Sistema Nacional do Meio Ambiente
- Tributos ambientais
- Unidade de conservação

REFERÊNCIAS

BRASIL. *Constituição da República Federativa do Brasil*. Brasília: Senado Federal, 1988.

BRASIL. *Decreto n. 23.672, de 2 de janeiro de 1934*. Aprova o Código de Caça e Pesca. Rio de Janeiro: *DOU*, 15 jan. 1934.

BRASIL. *Decreto n. 23.793, de 23 de janeiro de 1934*. Aprova o Código Florestal. Rio de Janeiro: *DOU*, 11 fev. 1934.

BRASIL. *Decreto n. 24.642, de 10 de julho de 1934*. Decreta o Código de Minas. Rio de Janeiro: *DOU*, 24 set. 1934.

BRASIL. *Decreto n. 24.643, de 10 de julho de 1934*. Decreta o Código de Águas. Rio de Janeiro: *DOU*, 20 jul. 1934.

BRASIL. *Decreto n. 1.713, de 14 de julho de 1937*. Cria o Parque Nacional de Itatiaia. Rio de Janeiro: *DOU*, 18 jul. 1937.

BRASIL. *Decreto-Lei n. 25, de 30 de novembro de 1937*. Organiza a proteção do patrimônio histórico e artístico nacional. Rio de Janeiro: *DOU*, 6 dez. 1934.

BRASIL. *Lei n. 5.172, de 25 de outubro de 1966*. Dispõe sobre o Sistema Tributário Nacional e institui normas gerais de direito tributário aplicáveis à União, Estados e Municípios. Brasília: *DOU*, 27 out. 1966.

BRASIL. *Lei n. 6.938, de 31 de agosto de 1981*. Dispõe sobre a Política Nacional do Meio Ambiente, seus fins e mecanismos de formulação e aplicação e dá outras providências. Brasília: *DOU*, 2 set. 1981.

BRASIL. *Lei n. 9.605, de 12 de fevereiro de 1998*. Dispõe sobre sanções penais e administrativas derivadas de condutas e atividades lesivas ao meio ambiente e dá outras providências. Brasília: *DOU*, 13 fev. 1998.

BRASIL. *Lei n. 9.795, de 27 de abril de 1999*. Dispõe sobre a educação ambiental, institui a Política Nacional de Educação Ambiental e dá outras providências. Brasília: *DOU*, 28 abr. 1999.

BRASIL. *Lei n. 9.985, de 18 de julho de 2000*. Regulamenta o art. 225, § 1º, incisos I, II, III e VII da Constituição Federal, institui o Sistema Nacional de Unidades de Conservação e dá outras providências. Brasília: *DOU*, 19 jul. 2000.

CAPÍTULO 2 POLÍTICAS PÚBLICAS AMBIENTAIS

BRASIL. *Lei n. 12.305, de 2 de agosto de 2010.* Institui a Política Nacional de Resíduos Sólidos e dá outras providências. Brasília: *DOU*, 3 ago. 2010.

BRASIL. *Lei n. 12.349, de 15 de dezembro de 2010*, que altera as Leis n. 8.666, de 21 jun. 1993, n. 8.958, de 20 dez. 1994, e n. 10.973, de 2 dez. 2004; e revoga o § 1º do art. 2º da Lei n. 11.273, de 6 fev. 2006. Brasília: *DOU*, 16 dez. 2010.

BRASIL. *Emenda constitucional n. 96, de 6 de junho de 2017.* Acrescenta o § 7º ao art. 225 da Constituição Federal para determinar que práticas desportivas que utilizem animais não são consideradas cruéis, nas condições que específica. Brasília: *DOU*, 7 jun. 2017.

BRASIL. *Lei n. 14.133, de 1 de abril de 2021.* Lei de licitações e contratos públicos. Brasília: *DOU*, 1º abr. 2021.

COMISSÃO MUNDIAL SOBRE MEIO AMBIENTE E DESENVOLVIMENTO (CMMAD). *Nosso futuro comum.* Rio de Janeiro: Fundação Getulio Vargas, 1991.

EUROPEAN ENVIRONMENT AGENCY (EEA). *Late lessons from early warnings:* science, precaution, innovation. Copenhagen: EEA report 1/2013, 2013.

EEA. *Late lessons from early warnings:* the precautionary principle 1896–2000. Copenhagen: Environment issue report 1/2001, 2001.

ESTADO DE SÃO PAULO. *Lei n. 8.510, de 29 de dezembro de 1993.* Altera a Lei n. 3.201, de 23 dez. 1981, que dispõe sobre a parcela pertencente aos municípios do produto da arrecadação do ICMS. São Paulo: *DOE*, 30 dez. 1993.

KEMP, R.; ARUNDEL, A. *Survey indicators for environmental innovation.* Indicators and Data for European Analysis – IDEA, *Idea Project*, 1998. Disponível em: https://core.ac.uk/download/pdf/52095768.pdf. Acesso em: 27 jul. 2022.

ORGANISATION FOR ECONOMIC CO-OPERATION AND DEVELOPMENT (OECD). *Extended producer responsibility*: a guidance manual for governments. Paris, 2001.

OECD. *Voluntary approaches for environmental policy*: an assessment. Paris, 1999.

OECD. *Environmental taxes and green tax reform.* Paris, 1997.

OECD; STATISTICAL OFFICE OF THE EUROPEAN COMMUNITIES (EUROSTAT). *Oslo Manual 2018.* Guidelines for collecting, reporting and using data on innovation. Paris: OECD, EUROSTAT, 2018.

PARLAMENTO EUROPEU E CONSELHO DA COMUNIDADE EUROPEIA. *Diretiva 2004/18 CF de 30 mar. 2004.* Disponível em: http://europa.eu.int/comm/environment/gpp. Acesso em: 9 jun. 2010.

PIGOU, A. C. *The economics of welfare.* 4. ed. Nova York: MacMillan Publisher, 1932.

PORTER, M. E. *The competitive advantage of nations.* Nova York: The Free Press, 1990.

PORTER, M. E.; LINDE, C. van der. Verde e competitivo: acabando com o impasse. In: PORTER, M. E. *Competição*: estratégias competitivas essenciais. 3. ed. Rio de Janeiro: Campus, 1999.

UNESCO. *Carta de Belgrado.* Seminário Internacional sobre Educação Ambiental 1975. Disponível em: http://www.mec.gov.br. Acesso em: 6 dez. 2010.

UNIÃO EUROPEIA. *Manual de Contratos Públicos Ecológicos.* 2016. Disponível em: https://ec.europa.eu/environment/gpp/pdf/handbook_2016_pt.pdf. Acesso em: 21 jul. 2022.

ABORDAGENS E MODELOS DE GESTÃO AMBIENTAL

A solução dos problemas ambientais, ou sua minimização, exige uma nova atitude dos empresários e administradores, que devem passar a considerar o meio ambiente em suas decisões e adotar concepções administrativas e tecnológicas que contribuam para ampliar a capacidade de suporte do planeta. Em outras palavras, espera-se que as empresas deixem de ser problemas e façam parte das soluções.

Diversas organizações da sociedade e empresas criaram modelos e instrumentos de gestão para enfrentar esses problemas dentro da ideia de ser possível cuidar simultaneamente dos negócios e do meio ambiente. Contribuíram para isso três grandes conjuntos de forças que interagem entre si: o governo, a sociedade e o mercado. A quantidade e a complexidade das legislações ambientais em praticamente todos os países resultam da percepção de problemas ambientais por parte de segmentos da sociedade, que pressionam os políticos, partidos e agentes estatais para vê-los solucionados. As organizações da sociedade civil que atuam nas áreas ambientais e sociais têm se tornado uma influência poderosa que se manifesta por meio de denúncias, da formação de opiniões perante o grande público, de pressões políticas nas instâncias legislativas e executivas e de cooperação com as empresas, inclusive por meio da criação de modelos e instrumentos de gestão.

Embora o mercado seja uma instituição da sociedade, suas influências são tantas e tão específicas que merece ser considerado à parte. As questões ambientais passaram a ter impactos importantes sobre a competitividade dos países e de suas empresas. O surgimento de iniciativas voluntárias de autorregulamentação ambiental se deve em grande parte às dificuldades de proteção de mercados nacionais por meio de barreiras comerciais constantes nos acordos comerciais multilaterais administrados pela Organização Mundial do Comércio (OMC). A intensificação dos processos de abertura comercial, expondo produtores com diferenças pronunciadas de custos ambientais e sociais a uma competição mais acirrada e de âmbito mundial, tem sido uma poderosa força indutora de regulamentação e autorregulamentação socioambientais. Produtores com custos ambientais baixos, devido a uma regulação frouxa ou ausente, praticam *dumping* ambiental comparativamente aos que operam sob legislações ambientais rigorosas, conforme comentado no primeiro capítulo. Uma das consequências esperadas da adoção generalizada dessas iniciativas é o nivelamento dos custos de produção entre empresas produtoras de bens similares situadas em países diferentes com diferentes exigências legais com respeito às questões socioambientais.

Outro tipo de pressão vem do setor financeiro (bancos, seguradoras e investidores), que procura minimizar os riscos ambientais de seus investimentos. Por exemplo, a geração de passivos ambientais pelo não cumprimento da legislação ambiental pode comprometer a rentabilidade futura de uma empresa, pois poderão ser cobrados em alguma data futura, seja por meio de acordos voluntários, seja por meio de ações judiciais. Diversas iniciativas voluntárias de bancos estabeleceram critérios ambientais para os tomadores de créditos, para não financiar obras e empreendimentos que possam causar problemas ambientais que comprometem a solvência do tomador. O setor de seguros tem exercido pressão para que as empresas melhorem seus desempenhos ambientais, uma vez que os sinistros ambientais podem atingir proporções vultosas.

O Programa das Nações Unidas para o Meio Ambiente (UNEP) e grandes bancos, seguradoras e outras empresas da indústria financeira global criaram em 1992 uma iniciativa financeira voluntária (UNEP-FI[1]), que em 2006 criou os Princípios para o Investimento Responsável (PRI), com o objetivo de estimular os membros dessa indústria a criar e adotar práticas de gestão financeira que levem em conta as questões ambientais, sociais e de governança corporativa, apresentados no Quadro 3.1. O PRI é a origem das iniciativas ESG, de Meio Ambiente, Sociedade e Governança Corporativa (do inglês: *Environmental, Social and Governance*)[2], que vem ganhando crescente prestígio no meio empresarial global de modo geral, não apenas entre empresas do setor financeiro.

Posteriormente o UNEP-FI lançou em 2012 os Princípios para Seguros Sustentáveis (PSI) e, em 2019, os Princípios para Bancos Responsáveis (PRB), ambos com adesão de grandes seguradoras e bancos globais. Essas iniciativas têm como pressuposto

---

[1] UNEP-FI = *United Nations Environment Programme Finance Initiative*.
[2] Veja em: http://www.unepfi.org/. Acesso em: 5 ago. 2022.

CAPÍTULO 3 ABORDAGENS E MODELOS DE GESTÃO AMBIENTAL

o fato de que os investidores, bancos e seguradoras também são responsáveis pelos impactos adversos causados pelas obras e empreendimentos apoiados por eles. Com o tempo outras iniciativas ESG foram criadas trazendo uma diversidade de modelos de análise, métricas, índices, relatórios, certificações, entre outros instrumentos para destacar os produtos financeiros com menores riscos ambientais, sociais e societais.

Quadro 3.1 Princípios para Investimentos Responsáveis (PRI)

PRINCÍPIO	ENUNCIADO
1	Iremos incorporar as questões ambientais, sociais e de governança (ESG, de *Environmental, Social and Governance*) na análise de investimentos e nos processos de tomada de decisão.
2	Seremos proprietários ativos e incorporaremos questões ESG em nossas políticas e práticas de propriedade.
3	Buscaremos divulgar as questões ESG de modo apropriado pelas entidades em que investimos.
4	Promoveremos a aceitação e implementação dos Princípios para Investimentos Responsáveis no setor de investimentos.
5	Trabalharemos juntos para aumentar nossa eficácia na implementação desses Princípios.
6	Iremos relatar nossas atividades e progresso na implementação desses Princípios.

Fonte: UNEP. Disponível em: www.unepfi.org/industries/investment. Acesso em: 21 set. 2022.

Outra fonte de pressão sobre as empresas advém do aumento da consciência da população em geral e, sobretudo, dos consumidores, que procuram cada vez mais produtos e serviços ambientalmente saudáveis ou preferíveis (veja Quadro 1.2). Um aspecto visível desse novo tipo de consumidor é a prática de diferenciar produtos e serviços pelo desempenho ambiental. O surgimento de rótulos ou selos verdes em muitos países, Brasil inclusive, é um indicador da importância do desempenho ambiental como critério definidor das escolhas por parte dos consumidores na hora de realizar suas compras. Seu objetivo é atrair consumidores ou usuários que se preocupam com o meio ambiente destacando as qualidades do produto ou serviço em termos ambientais, como biodegradabilidade, durabilidade, reciclabilidade, eficiência energética, o que os torna instrumentos da estratégia de marketing da empresa. Enfim, não faltam pressões para que as empresas adotem medidas de proteção ao meio ambiente.

3.1 ABORDAGENS DE GESTÃO AMBIENTAL

Há três diferentes abordagens de que as empresas podem se valer para lidar com os problemas ambientais relacionados com suas atividades, aqui denominadas de *controle da poluição, prevenção da poluição* e *estratégica*. Elas também podem ser vistas como fases de um processo de implementação gradual de práticas de gestão ambiental em uma dada empresa. O Quadro 3.2 apresenta um resumo dessas diferentes formas de abordar os problemas ambientais, embora os limites entre elas não sejam rígidos e nem sempre nítidos.

3.1.1 Controle da poluição

Esta abordagem se caracteriza pelo estabelecimento de práticas administrativas e operacionais para impedir os efeitos da poluição gerada pela empresa. Essas práticas resultam de uma postura reativa da empresa, na qual suas preocupações ambientais estão prioritariamente focadas em controlar os efeitos negativos de seus produtos, processos produtivos e atividades mediante soluções pontuais. Esse controle é realizado por meio de ações localizadas e pouco articuladas entre si. Essa abordagem, em geral, visa atender às exigências legais estabelecidas nos instrumentos de comando e controle aos quais a empresa está sujeita e às pressões da comunidade.

As soluções tecnológicas típicas dessa abordagem procuram controlar a poluição sem alterar significativamente os processos e os produtos que a produziram, podendo ser de dois tipos: tecnologia de remediação e tecnologia de controle no final do processo (*end-of-pipe*). A primeira procura resolver problemas ambientais que já ocorreram, como as tecnologias para descontaminar o solo ou um corpo d'água degradado por algum tipo de poluente. As tecnologias *end-of-pipe* objetivam capturar e tratar os poluentes resultantes de um processo de produção antes que sejam lançados ao meio ambiente. Para isso, são adicionados novos equipamentos e instalações nos pontos de descarga dos poluentes, tais como estações de tratamento de efluentes, ciclones, precipitadores eletrostáticos, lavadores de gases, filtros, incineradores.

Conforme o tipo e a quantidade dos poluentes, as soluções *end-of-pipe* tornam-se complexas e custosas. Não raro envolvem mais de um tipo de tecnologia, por exemplo, um incinerador de resíduos sólidos perigosos gera gases que precisam ser lavados, e as cinzas resultantes devem ser acondicionadas e dispostas em aterros industriais, instalações construídas especialmente para receber resíduos desse tipo. Além disso, elas nem sempre eliminam os problemas de modo definitivo, ocorrendo muitas vezes a permanência dos poluentes sob novas formas A cinza e o lodo resultantes do tratamento da poluição no final de um processo industrial são transformações de gases e líquidos poluentes em resíduos sólidos. Se esses resíduos contiverem substâncias perigosas, a sua disposição final em condições seguras irá requerer providências específicas, como mostra o Quadro 3.2, que encarecem os custos de produção.

Do ponto de vista empresarial, essa abordagem significa elevação de custos de produção. As soluções *end-of-pipe* requerem serviços de engenharia, construções, aquisições de equipamentos e instrumentos de monitoramento, montagem industrial, contratação de funcionários, treinamentos, testes, licenças para operar que geram

CAPÍTULO 3 ABORDAGENS E MODELOS DE GESTÃO AMBIENTAL

diversos custos diretos (materiais de uso corrente, energia, trabalho etc.) e indiretos, como despesas gerais, seguro, encargos administrativos. Eventualmente, podem gerar receitas com a venda dos resíduos e substâncias capturadas, que em geral não cobrem os custos. Esses custos não agregam valor ao produto; ninguém paga mais porque a empresa controla sua poluição. Além disso, se os custos forem repassados aos preços, esse tipo de solução também não é interessante para os consumidores.

Quadro 3.2 Gestão ambiental na empresa – Abordagens

ABORDAGEM / CARACTERÍSTICAS	CONTROLE DA POLUIÇÃO	PREVENÇÃO DA POLUIÇÃO	ESTRATÉGICA
Preocupação básica	» Cumprimento da legislação e respostas às pressões da comunidade	» Uso eficiente dos insumos	» Competitividade
Postura típica	» Reativa	» Proativa	» Proativa
Ações típicas	» Corretivas » Uso de tecnologias de remediação e de controle da poluição ao final do processo » Aplicação de normas de saúde e segurança do trabalho	» Corretivas e preventivas » Conservação e substituição de insumos » Uso de tecnologias mais limpas	» Corretivas, preventivas e antecipatórias » Antecipação de problemas e captura de oportunidades de médio e longo prazos
Percepção dos empresários e administradores	» Custo adicional	» Redução de custo » Aumento de produtividade	» Redução de custo » Aumento de produtividade » Vantagens competitivas
Envolvimento da Alta Direção	» Esporádico	» Periódico	» Permanente e sistemático
Áreas envolvidas	» Ações ambientais pontuais confinadas nas áreas geradoras de poluição	» Crescente envolvimento de outras áreas, como produção, compras, desenvolvimento de produto e marketing	» Atividades ambientais disseminadas pela organização » Ampliação das ações ambientais para a cadeia de suprimento

Fonte: elaborado pelo autor.

Do ponto de vista ambiental, o controle da poluição é fundamental, mas insuficiente. Sem esse controle, a humanidade e a maioria dos outros seres vivos já teriam perecido. Se os poluentes captados e tratados tivessem sido lançados no meio ambiente, a capacidade de assimilação da Terra teria sido ultrapassada em

GESTÃO AMBIENTAL EMPRESARIAL

muito. É insuficiente porque voltado apenas para um lado do problema ambiental: o da poluição. Suas contribuições para economizar recursos são indiretas, por exemplo, o controle das emissões de gases geradores de precipitações ácidas contribui para reduzir a perda de materiais por corrosão, a fertilidade do solo, entre outras consequências negativas.

Quadro 3.3 Destinação final de resíduos sólidos perigosos

Resíduos são substâncias ou objetos que seus geradores pretendem ou são obrigados a descartar. São sobras de processos de produção e consumo, podendo se apresentar nos estados sólido, líquido ou gasoso. As Prefeituras Municipais são responsáveis pela coleta e destinação dos resíduos sólidos domiciliares (lixo doméstico) e de pequenos estabelecimentos comerciais. A responsabilidade pelos resíduos industriais, hospitalares, portuários, aeroviários e do grande comércio é dos seus geradores.

A norma NBR 10004:2004 classifica os resíduos sólidos conforme os riscos potenciais ao meio ambiente e à saúde pública em duas classes:

» Resíduos Classe I – Perigosos: apresentam periculosidade ou uma das seguintes características: inflamabilidade, corrosividade, reatividade, toxicidade e patogenicidade. Exemplos: óleos lubrificantes usados, resíduos de laboratórios, borras de tintas e de solventes, lodo de estações de tratamento de águas residuárias, pós e fibras de amianto.

» Resíduos Classe II – Não perigosos, divididos em duas subclasses:

– Resíduos Classe II A – Não inertes: não se enquadram como resíduos classe I ou classe II-B. Podem ter propriedades como biodegradabilidade, combustibilidade ou solubilidade em água. Exemplos: materiais orgânicos, plásticos, resíduos têxteis, gesso, fibra de vidro.

– Resíduos Classe II B – Inertes: quando em contato dinâmico e estático com a água destilada ou deionizada, à temperatura ambiente, não apresentam constituintes solubilizados a concentrações superiores aos padrões de potabilidade de água, excetuando-se aspecto, cor, turbidez, dureza e sabor. Exemplos: rochas, tijolos, vidros, plásticos e borrachas.

O armazenamento de resíduos Classe I deve ser feito sem alterar sua quantidade e qualidade e após uma análise prévia de suas propriedades físicas e químicas. O local deve ser tal que o perigo de contaminação ambiental seja mínimo, que seja aceito pela população e esteja de acordo com o zoneamento da região. Deve manter distâncias de mananciais, redes viárias, núcleos habitacionais e logradouros públicos. Deve possuir sistema de isolamento para impedir o acesso de pessoas estranhas e conter sinalizações de segurança. É necessário um plano de emergência e a designação de um funcionário e seu substituto para coordenar todas as medidas de controle. Inspeções semanais devem ser realizadas e seus registros mantidos durante toda a vida útil da instalação de armazenamento. Embora menos severas, a armazenagem de resíduos Classe II exige cuidados especiais para a escolha do local, o acondicionamento dos resíduos e as operações no local de armazenagem.

A produção de resíduos gera custos para os seus geradores e movimenta uma indústria altamente especializada que provê bens e serviços, tais como: análises laboratoriais, laudos periciais, estudos de impacto ambiental, licenciamento ambiental, coleta, transporte, triagem, destinação final, projeto e construção de aterros e incineradores, projeto e produção de equipamentos para captar, embalar, transportar, tratar e dispor os resíduos, entre outros.

Fonte: ABNT NBR 10004 de 2004, 12235 de 1992 e 11174 de 1990.

3.1.2 Prevenção da poluição

Esta é a abordagem pela qual a empresa procura atuar sobre os produtos e processos produtivos para evitar, reduzir ou modificar a geração de poluentes, o que torna a produção mais eficiente. A prevenção da poluição requer mudanças em processos e produtos a fim de reduzir ou eliminar os desperdícios, entre eles os resíduos e poluentes, antes que eles sejam produzidos e lançados ao meio ambiente. Os que ainda sobram, e sempre sobrarão alguns, pois não existe nenhum processo 100% eficiente, são captados, tratados e dispostos por meio de tecnologias de controle da poluição do tipo *end-of-pipe*, comentados na seção anterior.

A prevenção da poluição aumenta a produtividade da empresa, pois a redução de poluentes na fonte significa recursos poupados, o que permite produzir mais bens e serviços com menos insumos. Os resultados esperados de um programa de prevenção da poluição são redução dos custos com materiais e energia, redução dos custos de controle da poluição, redução dos passivos ambientais, melhora geral das condições de trabalho e da imagem da empresa. Algumas práticas de prevenção podem ser realizadas com relativa facilidade e baixo custo, como redesenho dos produtos, revisão do *layout* do chão de fábrica, programa de manutenção preventiva, gestão de estoques e outras práticas conhecidas de administração da produção e operações. Conforme avança, o programa de prevenção pode exigir inovações de produto e processo que representem investimentos elevados e recuperáveis a longo prazo.

Essa abordagem combina dois conjuntos de práticas ambientais básicas: uso sustentável dos recursos e controle da poluição. O primeiro envolve redução do consumo de insumos produtivos (materiais e energia), reúso, reciclagem e recuperação energética, com essa ordem de prioridade, como ilustra a Figura 3.1. A redução do consumo de insumos pode se realizar pela diminuição da massa e/ou volume dos produtos; aumento da eficiência energética dos equipamentos e instalações; substituição de materiais geradores de resíduos e poluição, principalmente os que geram resíduos perigosos, o que reduz o custo do controle da poluição. Para isso, é necessário revisar os produtos e processos, substituir equipamentos e materiais, realizar manutenção preventiva, rever o planejamento, programação e controle da produção e gestão de estoques, entre outras práticas administrativas e operacionais. As práticas de gestão da qualidade que visam eliminar fontes de defeitos em produtos também reduzem a poluição e os resíduos na fonte, ao evitar refugos e retrabalho de peças e produtos fora de especificação. Daí o lema do movimento da qualidade: *fazer certo a coisa certa da primeira vez.*

Figura 3.1 Prevenção da poluição – Prioridades

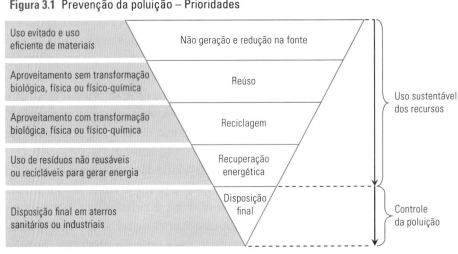

Fonte: elaborada pelo autor com base na PNRS.

Reúso é o retorno de materiais processados em bom estado de conservação, sujeitos apenas a operações de limpeza que não alteram sua forma ou composição original.[3] Por exemplo, uso de restos de matérias-primas gerados no próprio estabelecimento junto com matérias-primas virgens, água servida para esfriar algum equipamento antes de tratá-la, embalagens de transporte usadas para estocar resíduos não perigosos, garrafas retornáveis para embalar as mesmas bebidas.

Reciclagem é o reaproveitamento de resíduos por meio de processos industriais que agem sobre suas propriedades físicas, físico-químicas ou biológicas, transformando-os novamente em matéria-prima para a mesma finalidade ou outra qualquer.[4] Pela reciclagem externa os resíduos de uma unidade produtiva são utilizados em outras. Embora benéfica ao meio ambiente, à medida que reduz as necessidades de matérias-primas originais, também gera problemas ambientais se não for realizada de modo adequado. Os processos de reciclagem requerem energia e outros materiais originais e geram poluentes como a produção de qualquer outro produto, inclusive tóxicos, como os resíduos da despigmentação de papel e as borras ácidas resultantes dos processos de reciclagem de óleos lubrificantes usados.

A empresa geradora de resíduos de produção geralmente não os recicla, pois se trata de uma atividade especializada que requer outra planta produtiva, cuja

---

[3] ASSOCIAÇÃO BRASILEIRA DE NORMAS TÉCNICAS (ABNT). *NBR 9198:2010*. Embalagens e acondicionamentos – Terminologia. Rio de Janeiro: ABNT, 2010. Confirmada em 2018.
[4] BRASIL. Lei n. 12.305/2010, art. 3º, XIV.

CAPÍTULO 3 ABORDAGENS E MODELOS DE GESTÃO AMBIENTAL

viabilidade econômica e operacional exige uma capacidade produtiva muito além das quantidades de resíduos geradas por ela. Para que a reciclagem seja feita externamente, os resíduos gerados precisam ser coletados, selecionados, acondicionados e estocados em locais adequados até formar uma quantidade que compense seu transporte até o estabelecimento reciclador. Quanto maior a periculosidade dos resíduos, maiores as exigências para manuseá-los, estocá-los e transportá-los, como mostrado no Quadro 3.3. O atendimento dessas exigências gera custos para a empresa geradora de resíduos em geral não compensados com a sua venda. Por isso a prioridade deve ser sempre a redução dos resíduos na fonte.

Como nem todo resíduo pode ser reusado ou reciclado, uma terceira alternativa é o reaproveitamento do seu poder calorífico para geração de energia, caso seja possível. Os rejeitos, isto é, os resíduos que não servem para reúso, reciclagem ou recuperação energética, devem ser encaminhados para disposição final de modo seguro, para não causar problemas ao meio ambiente e à saúde humana. Espera-se que a quantidade de rejeitos seja mínima. A prevenção da poluição não elimina completamente a abordagem de controle, mas reduz sua necessidade e seu custo.

3.1.3 Abordagem estratégica

Nessa abordagem, os problemas ambientais são tratados como questões estratégicas da empresa e, portanto, relacionadas com a busca de uma situação vantajosa no seu negócio atual ou futuro, tais como lucratividade, participação em mercados, domínio de tecnologias relevantes, acesso a capitais, reputação, entre outras. Além das práticas de controle e prevenção da poluição, a empresa procura aproveitar oportunidades mercadológicas e neutralizar ameaças decorrentes de questões ambientais existentes ou que poderão ocorrer no futuro. São exemplos as ações de adaptação à mudança climática que ameaça as infraestruturas produtivas devido à intensificação dos eventos climáticos extremos e as ações que vão ao encontro do aumento da procura por produtos ambientalmente preferíveis.

O envolvimento das empresas com os problemas ambientais adquire importância estratégica à medida que aumenta o interesse da opinião pública pelas questões ambientais, bem como dos grupos interessados nesses problemas, como trabalhadores, consumidores, investidores e grupos ambientalistas. Ou seja, os estímulos para uma abordagem estratégica são muitos e variados. A gestão ambiental pode proporcionar os seguintes benefícios estratégicos:

a) melhoria da imagem institucional;
b) renovação do portfólio de produtos;
c) aumento da produtividade;
d) maior comprometimento dos funcionários e melhores relações de trabalho;

e) criatividade e abertura para novos desafios;
f) melhores relações com autoridades públicas, comunidade e grupos ambientalistas ativistas;
g) acesso assegurado aos mercados externos; e
h) maior facilidade para cumprir os padrões ambientais.[5]

A gestão ambiental estratégica busca vantagens competitivas para a empresa na medida em que consegue proporcionar maior valor econômico aos seus clientes em comparação com as empresas concorrentes e maiores benefícios aos seus proprietários ou acionistas, investidores, trabalhadores, comunidade vizinha dos seus empreendimentos, entre outras partes interessadas. Assim, estratégia ambiental significa tratar sistematicamente as questões ambientais, a fim de proporcionar valores reconhecidos pelas partes interessadas da empresa, diferenciando-a dos seus concorrentes e dotando-a de vantagem competitiva sustentável ao longo do tempo.

A abordagem estratégica ambiental baseia-se em estudos prospectivos sobre os fatores externos que condicionam a competitividade da empresa, com vistas a aproveitar oportunidades e neutralizar ameaças externas que poderão ocorrer no futuro. A identificação das ameaças e oportunidades que afetam os fatores externos pode ser realizada mediante avaliações das demandas da sociedade manifestadas ou latentes, de previsões tecnológicas, do acompanhamento dos projetos de leis e de normas nacionais e internacionais, dos debates e propostas apresentadas nas Conferências das Partes e dos acordos ambientais multilaterais. Para isso são úteis os instrumentos de análise estratégica convencionais, tais como: benchmarking, análise SWOT, análise de stakeholders, matriz BCG, canvas, matriz de Ansoff e outros que desde há muito mostraram ser eficientes e adaptáveis para incluir novas considerações, inclusive as ambientais, como o exemplo da Figura 3.2.

A competitividade de uma empresa não é obra só dela; depende de outros agentes com quem se relaciona para produzir e entregar bens e serviços aos seus clientes, o que a leva a expandir suas ações estratégicas para a cadeia de suprimento, ou seja, para os estágios de produção, distribuição e utilização desses bens e serviços, realizados por fornecedores, empreiteiros, transportadores, varejistas, prestadores de serviços de assistência técnica pós-venda, usuários ou consumidores, entre outros. Essa expansão visa alcançar efeito sobre os membros da cadeia de suprimento para minimizar os problemas ambientais gerados nos diferentes estágios de produção, distribuição e uso.

---

[5] NORTH, 1997, p. 204.

Figura 3.2 Análise ambiental da cadeia de valor

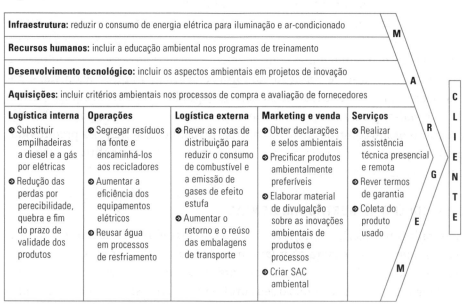

Fonte: baseada em Porter, 1989, p. 35-40.

A empresa que se antecipa no atendimento das novas demandas ambientais por meio de ações legítimas e verdadeiras acaba criando um importante diferencial estratégico. É importante ressaltar as palavras *legítimas* e *verdadeiras*, pois são frequentes os casos de empresas que usam o prestígio que as questões ambientais adquiriram perante as populações de muitos países para obter benefícios sem dar uma contribuição efetiva para reduzir os problemas ambientais. *Lavagem verde* e *maquiagem verde* são expressões que indicam práticas de gestão para se apropriar indevidamente do discurso ambiental. Constitui lavagem verde esconder deliberadamente os impactos ambientais adversos mediante ações paliativas que gerem uma imagem falsa da empresa quanto ao seu real envolvimento com as questões ambientais. Não deve ser confundida com a prática de abordar os problemas ambientais por aproximações sucessivas, seguindo um plano de ação com metas de melhorias especificadas. O que caracteriza a lavagem verde é a intenção deliberada de cuidar mais da imagem da empresa do que do meio ambiente.

Nem todas as empresas têm necessidade de implementar uma abordagem estratégica ambiental, pois ela só faz sentido se houver ameaças ou oportunidades significativas e a empresa tiver condições de mobilizar recursos financeiros, humanos e tecnológicos para ir ao encontro desses desafios. Se não houver, as

GESTÃO AMBIENTAL EMPRESARIAL

abordagens de controle e de prevenção da poluição em conjunto são suficientes para tratar adequadamente os problemas ambientais.

Em organizações complexas, é possível verificar as três abordagens simultaneamente, em diferentes aspectos das suas áreas de atuação. É o caso de uma empresa que realiza melhorias continuamente em seus processos e produtos para minimizar a geração de poluição, conforme a abordagem prevencionista. A poluição em quantidades cada vez menores é captada e tratada em equipamentos do tipo *end-of-pipe*. A redução do consumo de matérias-primas por unidade de produção, assim como do custo de controle da poluição, aumenta a produtividade da empresa e permite que ela pratique preços mais competitivos, caso seus clientes sejam sensíveis aos preços.

3.2 MODELOS DE GESTÃO AMBIENTAL

As abordagens descritas anteriormente são modos diferentes de tratar os problemas ambientais. A palavra *abordar* tem, entre outros significados, o de investir contra ou atacar alguma coisa, no caso, atacar os problemas ambientais controlando seus efeitos, prevenindo o seu surgimento ou transformando-os em oportunidades de negócio. A primeira abordagem, a do controle da poluição, não gera modelo de gestão por abordar os problemas ambientais pontualmente, isso é, apenas onde e quando ocorrem, e em geral para atender à legislação de comando e controle, à moda do bombeiro apagando fogo. As abordagens preventiva e estratégica, por serem proativas, requerem implementações planejadas e orientadas por princípios, objetivos declarados, expectativas de resultados e instrumentos de gestão aplicados de modo consistente ao longo do tempo.

Um modelo de gestão é um conjunto de conceitos, princípios, normas e práticas que orientam a tomada de decisão em uma organização, harmonizando os diferentes modos de ver as mesmas questões, o que confere coerência na realização de atividades desenvolvidas por diferentes pessoas em diversos momentos e locais. Embora representem uma simplificação da realidade empresarial, os modelos orientam as decisões sobre como, quando, onde e com quem abordar os problemas ambientais e como essas decisões se relacionam com as demais questões empresariais. As empresas podem criar seus próprios modelos de gestão ambiental, como muitas fizeram, ou se valer dos diversos modelos genéricos disponíveis na literatura sobre gestão ambiental, como os exemplos descritos a seguir.

3.2.1 Gestão da Qualidade Ambiental Total

Administração ou Gestão da Qualidade Ambiental Total (TQEM, do inglês: *Total Quality Environmental Management*) combina gestão ambiental com os princípios e práticas da Gestão da Qualidade Total (TQM – de *Total Quality Management*), uma concepção de administração que surgiu com o movimento da qualidade das últimas décadas do século XX. A sua criação se deve à *Global Environmental Management Initiative* (Gemi), organização criada em 1990 por 21 grandes empresas multinacionais, como IBM, Procter & Gamble e DuPont.[6] A ideia dessa organização era proporcionar um meio pelo qual uma empresa que praticasse uma gestão da qualidade baseada no TQM pudesse facilmente incorporar as questões ambientais pertinentes à empresa a partir de uma perspectiva estratégica e com base nos seus princípios, a saber: foco nos clientes, processos como unidade de análise, liderança da Alta Direção, participação de todo o pessoal, trabalho em equipe, decisão baseada em evidências, parcerias com os clientes e fornecedores e melhoria contínua.[7]

O modelo TQEM é o TQM que ampliou seu escopo para incluir as questões ambientais. Ambos consideram o atendimento das expectativas dos clientes a base do sucesso empresarial. A qualidade no TQM é definida como a produção de bens e serviços que atendam ou superem as expectativas dos clientes; a qualidade ambiental no TQEM é a superação das expectativas dos clientes internos e externos em termos ambientais. Defeito zero é uma meta do TQM; poluição zero é a do TQEM. A eliminação de qualquer tipo de desperdício é um conceito central do TQM e do TQEM. Uma ação típica de ambos é a eliminação das causas ocultas nas atividades de rotina, como as perdas de materiais decorrentes da variabilidade dos processos, a geração de resíduos devido ao desenho das peças, o consumo adicional de energia para o transporte de materiais em função de layouts disfuncionais, o retrabalho de peças fora de especificação.

Esses modelos enfatizam a realização de melhorias contínuas em todas as instâncias da empresa, mediante a participação de todo o pessoal, independentemente de função ou cargo, incluindo fornecedores e clientes, para resolver problemas ambientais e atender às demandas por qualidade, preço e variedade de produtos com a rapidez e a confiabilidade das entregas que o padrão de competitividade exige. Ambos rejeitam a ideia de níveis de desempenho fixos, como níveis aceitáveis de defeitos, de prazo de entrega, de reclamação, de poluição. Para alcançar um desempenho cada vez mais elevado, se valem de ferramentas da qualidade, como os exemplos da Figura 3.3.

---

[6] Veja em: http://www.gemi.org. Acesso em: 22 jul. 2022.
[7] GEMI, 1993.

Figura 3.3 Ferramentas da qualidade – Exemplos

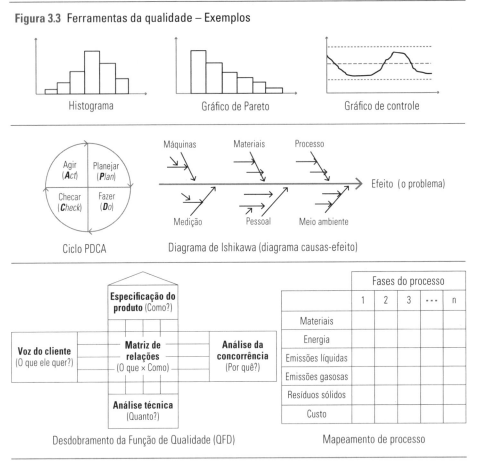

Obs.: QFD = Desdobramento da Função de Qualidade.
Fonte: elaborada pelo autor.

A identificação dos custos da qualidade é uma preocupação central do TQM. Esses custos são classificados em quatro classes: custos de prevenção (CP), custos de avaliação (CA), custos de falhas internas (CFI) e custos de falhas externas (CFE). Os dois primeiros são custos da qualidade (CQ), pois decorrem das atividades para atender às exigências dos clientes e evitar problemas; os dois últimos são custos da não qualidade (CnQ), pois decorrem de atividades para resolver problemas causados pela sua ausência ou deficiência, como refugos, devoluções, recalls, indenizações.

Edward Deming, Josef Juran, Shigeo Shingo, Phillip B. Crosby, Kaoru Ishikawa e outros mestres do movimento da qualidade gostavam de dizer que a qualidade não custa nada; o que custa é a falta de qualidade. Essa afirmação contrariava a ideia convencional à época de que o aumento crescente da qualidade gera crescimento exponencial dos custos, enquanto o valor da qualidade para o consumidor cresce a taxa decrescente, acompanhando a lei dos rendimentos decrescentes. Assim, os gestores deveriam encontrar um nível de qualidade que equilibre valor e custo, como o nível 2 da Figura 3.4(A).

Para os adeptos do TQM, o consumidor sempre irá valorizar a melhoria da qualidade, de modo que não faz sentido basear-se na lei do rendimento decrescente. O argumento é o seguinte: o CQ cresce com o aumento do nível de qualidade e, com isso, diminui as falhas de qualidade, o que reduz o CnQ, como mostra a Figura 3.4(B). Note que um nível de qualidade inferior, nível 1, tem um custo total semelhante ao de um nível superior, o nível 3; o que muda são as classes de custo. Assim, o certo é trocar CnQ por CQ. Além disso, o aumento contínuo da qualidade e o aprendizado resultante acabam por reduzir todos os custos (Figura 3.4(C)). É esse o sentido das expressões: *a qualidade não custa nada* ou *a qualidade é gratuita*, entre os adeptos do movimento da qualidade. A propósito, essas expressões tornaram-se populares após a publicação do livro *Quality is free*, de Philip B. Crosby,[8] um destacado autor desse movimento.

Figura 3.4 Custos e valor da qualidade

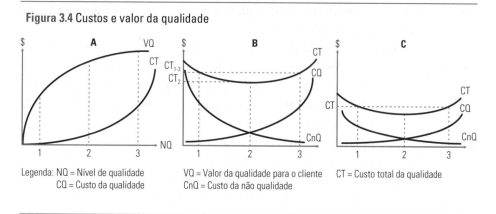

Legenda: NQ = Nível de qualidade
CQ = Custo da qualidade
VQ = Valor da qualidade para o cliente
CnQ = Custo da não qualidade
CT = Custo total da qualidade

Fonte: elaborada pelo autor.

No TQEM, vale o mesmo argumento da Qualidade. Os custos ambientais são classificados como mostra o Quadro 3.4. Os custos de prevenção (CP) estão associados às ações para evitar problemas ambientais futuros; e os custos de avaliação (CA), às ações para verificar a situação da organização quanto ao cumprimento das normas legais, dos objetivos e programas de melhorias estabelecidos pela

---

[8] CROSBY, 1979.

administração da empresa, das reivindicações de partes interessadas sobre questões ambientais. Os custos de falhas internas (CFI) decorrem das ações para controlar e reparar os impactos ambientais adversos que ocorrem dentro da empresa; os custos de falhas externas (CFE), com as ações para controlar, reparar e mitigar impactos produzidos fora dela. A gestão ambiental busca eliminar ou reduzir as falhas por meio de práticas de controle e preventivas, acreditando que os clientes internos e externos sempre irão valorizar a melhoria contínua ambiental.

O TQM como modelo de gestão sobrevive hoje em poucas empresas; ele foi substituído por outros modelos que o incorporaram parcial ou completamente sob novas configurações e perspectivas. São exemplos os modelos de excelência empresarial (BEM, de *business excelente models*), como o do prêmio Malcolm Baldrige[9] dos Estados Unidos e o Modelo de Excelência da Gestão criado pela Fundação Nacional da Qualidade (FNQ),[10] no Brasil. A Produção Enxuta *(Lean Production)*, um modelo de gestão de operações e produção, é uma evolução do TQM, centrado na eliminação de todo tipo de desperdícios, pois geram custos e não agregam valor aos clientes. O sistema de gestão da qualidade (SGQ) criado e mantido conforme as normas de gestão da qualidade elaboradas pela *International Organization for Standardization* (ISO), a partir de 1987, adota na íntegra os princípios do TQM mencionados acima.[11] E não para por aí; a riqueza do movimento da qualidade continua dando frutos.

De forma análoga, o TQEM também foi sendo incorporado em outros modelos. A organização que o criou, Gemi, deixou de difundi-lo, substituindo-o por um Sistema de Informação em Saúde, Segurança e Meio Ambiente, e mais recentemente dedica-se a temas da sustentabilidade. Os modelos de excelência em gestão passaram a incluir o meio ambiente; por exemplo, o da FNQ trata desse tema no critério desenvolvimento sustentável, que concerne ao compromisso da organização pelos impactos de suas decisões e atividades na sociedade e no meio ambiente, e pela melhoria das condições de vida por meio de um comportamento ético e transparente. O Sistema de Gestão Ambiental baseado em normas de gestão da ISO, assunto do próximo capítulo, incorpora alguns daqueles princípios citados, como liderança da Alta Direção, melhoria contínua, envolvimento de todos que atuam sob controle da organização.

---

[9] Veja em: Malcolm Baldrige National Quality Award | NIST. Disponível em: https://en.wikipedia.org/wiki/Malcolm_Baldrige_National_Quality_Award. Acesso em: 7 jul. 2022.

[10] Veja em: https://fnq.org.br/sobre-a-fnq/.

[11] ASSOCIAÇÃO BRASILEIRA DE NORMAS TÉCNICAS (ABNT). NBR ISO 9001:2015. Sistema de gestão da qualidade – Requisitos. Rio de Janeiro: ABNT, 2015.

Quadro 3.4 Custos da qualidade e custos ambientais

CUSTOS	CUSTOS DA QUALIDADE	CUSTOS AMBIENTAIS
De prevenção (CP)	Custos para atender requisitos e evitar defeitos. Exemplos: custo para identificar as causas dos defeitos, treinar pessoal, instruir fornecedores, reprojetar os produtos, adquirir novos equipamentos, realizar manutenção preventiva.	Custos para reduzir futuros impactos ambientais adversos. Exemplos: custo para identificar as causas de problemas ambientais, treinar pessoal, instruir fornecedores, adquirir novos equipamentos, substituir materiais tóxicos, realizar manutenção preventiva.
De avaliação (CA)	Custos para assegurar que os produtos, processos e atividades atendem aos requisitos da qualidade. Exemplos: custo para realizar inspeções, testes, auditorias, certificações.	Custos para assegurar que os produtos, processos e atividades atendem às normas legais, às especificações técnicas e às boas práticas operacionais. Exemplos: custo para realizar inspeções, testes, auditorias e certificações.
De falhas internas (CFI)	Custos devido aos problemas de qualidade localizados no interior da unidade produtiva. Exemplos: custo adicionais aos previstos devido à produção de refugos, retrabalhos, consertos emergenciais, programação da produção interrompida, compras urgentes.	Custos devido aos problemas ambientais dentro da empresa. Exemplos: custo do desperdício de materiais e energia, da coleta e segregação de resíduos, tratamento de águas residuais, recuperação de áreas degradadas da própria empresa, ações corretivas após vazamentos e desastres internos, atendimento médico e indenizações aos trabalhadores afetados por problemas ambientais.
De falhas externas (CFE)	Custos devido aos problemas de qualidade após a entrega do bem ou serviço ao cliente e dentro do prazo de garantia. Exemplos: custo para atender reclamações, realizar consertos, substituir peças com defeito antes do prazo previsto, retirar produtos do mercado antes ou depois de vendidos, indenizar, informar clientes sobre produtos com defeitos detectados após a venda.	Custos devido aos problemas ambientais fora da empresa. Exemplos: ressarcimento por danos ambientais a terceiros, recuperação de áreas degradadas de terceiros, taxas e impostos ambientais, multas e penalidades pelo não cumprimento de normas legais ambientais, programas ambientais compensatórios realizados em comunidades afetadas por problemas ambientais gerados pela empresa.

Fonte: elaborado pelo autor.

3.2.2 PRODUÇÃO MAIS LIMPA

Produção Mais Limpa (*cleaner production*) é um modelo baseado na abordagem preventiva aplicada a processos, produtos e serviços para minimizar os impactos sobre o meio ambiente. Esse modelo foi desenvolvido pelo Programa das Nações Unidas sobre Meio Ambiente (Unep) e pela Organização das Nações Unidas para o Desenvolvimento Industrial (Onudi/Unido) dentro do esforço para instrumentalizar os conceitos e objetivos do desenvolvimento sustentável. Nas suas origens, encontram-se propostas correlatas estimuladas pela Conferência de Estocolmo de 1972, como o conceito de tecnologia limpa (*clean technology*), que deveria alcançar três propósitos distintos, porém complementares: lançar menos poluição ao meio ambiente, gerar menos resíduos e consumir menos recursos naturais, principalmente os não renováveis.

Posteriormente, a Unido formulou o conceito de Desenvolvimento Industrial Ecologicamente Sustentável (Dies): um modelo de industrialização que amplia as contribuições econômicas e sociais da indústria para as gerações presentes e futuras sem degradar os processos ecológicos básicos. Para isso, esse modelo deve atender aos seguintes critérios: usar com eficiência os recursos não renováveis, conservar os renováveis e não ultrapassar a capacidade do meio ambiente de assimilação de resíduos.[12] Essa é a origem próxima da Produção mais Limpa (P+L) introduzida pela Unep em 1989. De acordo com a Declaração Internacional sobre Produção Mais Limpa, a P+L é uma "estratégia de gestão ambiental preventiva, que promove a eliminação de resíduos antes de serem criados para reduzir sistematicamente a geração global de poluição e melhorar a eficiência do uso de recursos".[13] Entre os resultados esperados para a empresa da aplicação da P+L estariam os seguintes: (1) aumento da produtividade pelo uso mais eficiente de matérias-primas, energia e água; (2) melhor desempenho ambiental por meio da redução de emissões e resíduos na fonte; e (3) redução dos impactos ambientais dos produtos ao longo do seu ciclo de vida por meio da concepção e desenvolvimento de produtos ambientalmente amigáveis e de baixo custo.[14]

A P+L é estimulada e difundida pela parceria entre Unido e Unep por meio dos Centros Nacionais de Produção mais Limpa (CNPL) em cerca de 50 países, inclusive no Brasil,[15] que auxiliam as empresas a implementar a P+L por meios diversos, tais como assessorias, manuais e instruções para setores específicos, treinamento do pessoal, relatos de casos de sucesso, mecanismos de cooperação entre praticantes, avaliações periódicas.

Essa parceria criou posteriormente a Rede Global para a Eficiência de Recursos e Produção Mais Limpa (RECPnet), que difunde o conceito de Produção Eficiente de Recursos e Mais Limpa (RECP, em inglês), uma evolução da P+L, definido como "a aplicação contínua de estratégias ambientais preventivas aos processos, produtos e serviços, a fim de aumentar a eficiência e reduzir os riscos para os seres humanos e o meio ambiente". O RECP aborda três dimensões do desenvolvimento sustentável de forma individual e sinérgica, a saber: (1) *produção eficiente* a fim de aperfeiçoar o uso produtivo dos recursos naturais; (2) *proteção ambiental* pela minimização

---

[12] UNIDO, 1991, p. 14.
[13] Veja em: https://www.unep.org/resources/report/international-declaration-cleaner-production-implementation-guidelines. Acesso em: 9 jul. 2022. Tradução nossa.
[14] UNIDO, 2002, p. 12.
[15] Centro Nacional de Tecnologias Limpas (CNTL) vinculado ao SENAI-Rio Grande do Sul.

dos impactos sobre o meio ambiente; e (3) *aprimoramento social* pelo apoio às comunidades".[16] A RECP é a P+L estendida para além da área produtiva da empresa, considerando os resultados ambientais positivos tanto no entorno da empresa quanto no meio ambiental global.

A Figura 3.5 apresenta os diferentes níveis de Produção Mais Limpa. As alternativas do nível 1 constituem a prioridade máxima e envolvem modificações em produtos e processos a fim de reduzir as emissões e os resíduos na fonte, bem como para eliminar ou reduzir a sua toxicidade. As modificações nos produtos visam torná-los mais amigáveis ao meio ambiente, considerando o seu ciclo de vida, envolvendo tanto a introdução de novos produtos quanto mudanças nos produtos atuais, como revisão das suas especificações para reduzir a sua massa ou volume, aumentar a sua vida útil e melhorar sua manufaturabilidade para reduzir o consumo de materiais e energia durante a sua produção. As mudanças nos processos objetivam reduzir todo tipo de perda nas fases de produção, e se realizam por meio de:

» *boas práticas operacionais* (*housekeeping*): ações para tornar o ambiente de trabalho mais limpo, seguro, organizado e produtivo. Exemplos: organização do local de trabalho, limpeza, manutenção de equipamentos, providências para evitar acidentes nos deslocamentos de materiais, coleta e separação de resíduos, padronização de atividades, elaboração e atualização de manuais e fichas técnicas, treinamento de pessoal, entre outros;
» *substituição de materiais*: ações para selecionar materiais que geram menores impactos ambientais adversos, como substituir materiais e energia de fonte não renovável por renováveis, solventes químicos por solventes à base de água, matérias-primas que gerem menos resíduos;
» *mudanças de tecnologia*: introdução de inovações tecnológicas para melhorar o desempenho operacional e ambiental do processo produtivo, como instalar sensores em equipamentos em uso, adquirir novos equipamentos e instalações e outros componentes do processo.

---

[16] *RECPnet brochure*; ver em: leaflet5.indd (recpnet.org). Acesso em: 12 jun. 2022. Tradução nossa.

Figura 3.5 Produção Mais Limpa – Níveis de intervenção

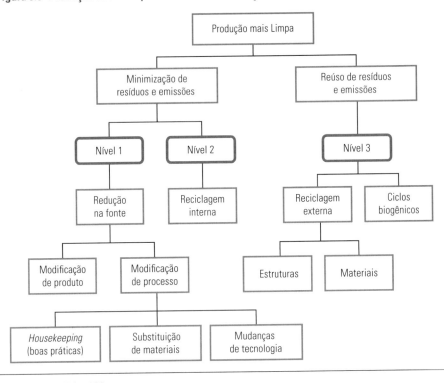

Fonte: Senai/CNTL, 2003, item 3.3.3.

Como todo modelo de gestão, este também é orientado por princípios e implementado por esquemas previamente elaborados, informando as considerações a serem observadas pela organização em cada etapa da sua implementação. São seis os princípios:

a) *liderança*: atrair e convencer as partes interessadas em sua área de influência para que adotem práticas de produção e consumo sustentável;

b) *conscientização, educação e treinamento*: construir capacitação, desenvolvendo programas internos de conscientização, educação e treinamento, e encorajando a inclusão dos conceitos da P+L nos *curricula* de todos os níveis de ensino;

c) *integração*: incentivar a integração de estratégias preventivas em todos os níveis da organização e no seu Sistema de Gestão Ambiental, usando instrumentos como avaliação do desempenho ambiental, do ciclo de vida do produto, contabilidade ambiental, avaliação das práticas P+L;

d) *pesquisa e desenvolvimento* (P&D): criar soluções inovadoras, promovendo mudança de prioridade baseada no controle da poluição (*end-of-pipe*) para a abordagem preventiva nas atividades de P&D e apoiando o desenvolvimento de bens e serviços ambientalmente eficientes que atendam às necessidades dos consumidores;

e) *comunicação*: compartilhar as experiências fomentando o diálogo sobre a implementação das estratégias preventivas e informando as partes interessadas externas sobre seus benefícios;

f) *implementação*: tomar medidas para adotar a P+L, definindo metas desafiadoras e relatando regularmente seu progresso, incentivando o financiamento e investimento em opções tecnológicas preventivas, promovendo a cooperação e transferência de tecnologias ambientais adequadas entre países.[17]

As emissões e os resíduos que continuam sendo gerados devem ser reutilizados internamente (segundo nível de prioridade), se for possível, e não comprometer a qualidade do produto final. O Nível 3 ocorre quando a emissão ou o resíduo produzido não tem como ser aproveitado pela própria unidade produtiva que o gerou. Nesse caso, a alternativa é a reciclagem externa por meio de venda ou doação dos resíduos para quem queira utilizá-los. Os rejeitos, isto é, os resíduos que não podem ser reciclados ou reusados por alguma limitação técnica ou econômica, devem ser tratados para serem assimilados ao meio ambiente por meio de ciclos biogênicos, como a compostagem, ou encaminhados à destinação final segura em aterros ou incineradores. Ou seja, a P+L prioriza o aumento da eficiência dos processos para minimizar a geração de resíduos e emissões e a melhoria dos produtos para torná-los mais amigáveis ao meio ambiente ou ambientalmente preferíveis. As reciclagens interna e externa são opções secundárias.

A implementação da P+L é feita por etapas segundo metodologias que em geral são variações das apresentadas inicialmente pelo programa Unep-Unido. Ao atuarem em diferentes contextos, os CNPL criaram metodologias próprias, inclusive para setores econômicos específicos, o que enriqueceu o arsenal de métodos e instrumentos para criar, manter e melhorar a P+L. A Figura 3.6 apresenta uma sequência de etapas genéricas com as principais atribuições de cada uma delas, a serem conduzidas por equipes dedicadas. Embora a abordagem preventiva seja o foco das atenções, ela adquire uma perspectiva estratégica na medida em que envolve a organização inteira a partir do comprometimento da Alta Direção.

---

[17] Veja em: https://www.unep.org/resources/report/international-declaration-cleaner-production-implementation-guidelines. Acesso em: 9 jul. 2022. Tradução nossa.

Figura 3.6 Implementação da P+L – Sequência de etapas

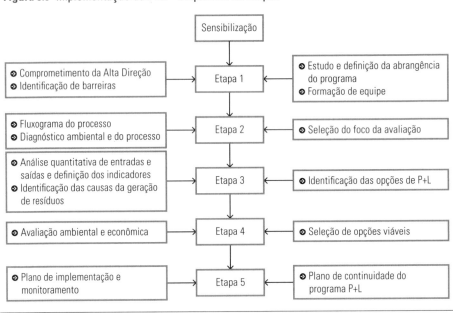

Fonte: Senai/CNTL, 2003.

3.2.3 Ecoeficiência

Ecoeficiência é um modelo de gestão ambiental empresarial introduzido em 1992 pelo *World Business Council for Sustainable Development* (WBCSD), que junto com a OCDE são os promotores mais atuantes dessa proposta de gestão ambiental. Esta última define ecoeficiência como a "eficiência com que os recursos ecológicos são usados para atender às necessidades humanas".[18] Para o WBCSD, a ecoeficiência é uma abordagem estratégica de gestão que combina os desempenhos financeiro e ambiental para criar mais valor com menos impacto ambiental adverso. E que se alcança pela entrega de produtos e serviços com preços competitivos que satisfaçam as necessidades humanas e melhorem a qualidade de vida, enquanto reduzem progressivamente os impactos ecológicos e a intensidade dos recursos ao longo de seu ciclo de vida para, no mínimo, manter a capacidade de carga estimada do planeta. Uma empresa se torna ecoeficiente por meio de práticas para:

a) minimizar a intensidade de materiais nos produtos e serviços;
b) minimizar a intensidade de energia nos produtos e serviços;

---

[18] OCDE, 1998, p. 7.

c) minimizar a dispersão de qualquer tipo de material tóxico pela empresa;
d) aumentar a reciclabilidade dos seus materiais;
e) maximizar o uso sustentável dos recursos renováveis;
f) aumentar a durabilidade dos produtos da empresa; e
g) aumentar a intensidade dos serviços nos seus produtos e serviços.[19]

A ecoeficiência baseia-se na ideia de que a redução de materiais e energia por unidade de produto ou serviço aumenta a competitividade da empresa, ao mesmo tempo que reduz as pressões sobre o meio ambiente, seja como fonte de recurso, seja como depósito de resíduos. É um modelo de produção e consumo sustentável, pois ressalta a produção de bens e serviços necessários e que contribuam para melhorar a qualidade de vida. O modelo pressupõe que a empresa promova uma nova relação com os consumidores para reduzir os impactos ambientais negativos do consumo, assumindo, por exemplo, a responsabilidade estendida do produtor, comentada no capítulo anterior.

O progresso na implantação das práticas recomendadas pelo modelo da ecoeficiência é medido pelo valor do produto ou serviço por unidade de influência ambiental ou de recursos consumidos, ou seja, pela seguinte relação:

$$Ecoeficiência = \frac{Valor\ do\ produto}{Influência\ ambiental} \tag{3.1}$$

na qual o *valor do produto* (bem ou serviço) e a *influência ambiental* ou impacto ambiental podem ser expressos pelos indicadores exemplificados no Quadro 3.5.

Quanto maior a ecoeficiência calculada pela Fórmula 3.1, maior a capacidade da empresa de criar valor econômico com a mínima influência ambiental, tanto em relação ao uso de recursos quanto à geração de poluentes ou resíduos. O lema da ecoeficiência é produzir mais com o menor impacto ambiental adverso. Para isso, há várias rotas alternativas que podem ser trilhadas concomitantemente, por exemplo: reduzir o consumo de materiais, água e energia por unidade produzida, considerando o ciclo do produto; aumentar a quantidade de materiais reutilizados como insumos produtivos; reduzir ou eliminar o lançamento de poluentes de qualquer tipo no meio ambiente; aumentar a durabilidade dos produtos de uso continuado; aumentar a parcela de serviços em relação aos bens materiais no pacote de valor entregue ao cliente.

---

[19] WBCSD, 2000, p. 15, 16 e 23. Tradução nossa.

GESTÃO AMBIENTAL EMPRESARIAL

Um fator aplicado à ecoeficiência obtida no último período, calculada pela Fórmula 3.1, pode ser usado para estabelecer metas a serem alcançadas em horizontes de planejamento definidos. Usando o primeiro exemplo do Quadro 3.4, aplicar um fator 4 como meta para os próximos quatro anos significa alcançar ao final desse período uma ecoeficiência igual a R$ 40.000 de receita por tonelada de materiais (4 × R$ 10.000). Essa meta pode ser obtida de muitas formas: quadruplicando a receita e mantendo o consumo de materiais, mantendo a mesma receita e reduzindo o consumo a um quarto, duplicando a receita e reduzindo o consumo pela metade, ou alguma outra combinação intermediária.

Quadro 3.5 Ecoeficiência – Exemplos de componentes e de cálculos

VALOR DA PRODUÇÃO (NUMERADOR)	INFLUÊNCIA OU IMPACTO AMBIENTAL (DENOMINADOR)
Receita operacional líquida (em R$)	Consumo total de energia
Quantidades vendidas (unidades, quilos, litros etc.)	Consumo total de materiais
Lucro bruto (em R$)	Consumo total de água
Lucro líquido (em R$)	Quantidade de solo usado
Margem líquida (em R$)	Emissão de gases de efeito estufa
Valor adicionado (em R$)	Emissão de Compostos Orgânicos Voláteis
Preço unitário de venda do bem ou serviço (em R$)	Efluentes líquidos
Exemplos:	**Exemplos:**
Receita total = R$ 50 milhões	Consumo de materiais diversos = 5.000 toneladas
Quantidade de produtos vendidos = 2 milhões	Consumo de água = 5.000 m³

Resultados da aplicação da fórmula 3.1:

Ecoeficiência do consumo de materiais:
- R$ 50 milhões/5.000 t = R$ 10.000 por tonelada de materiais
- 2 milhões de unidades/5.000 t = 400 unidades por tonelada de materiais

Ecoeficiência do consumo de água
- R$ 50 milhões/5.000 m³ de água = R$ 10.000 por m³ de água
- 2 milhões de unidades/5.000 m³ = 400 unidades por m³ de água

Fonte: adaptado de WBCSD, 2000.

O conceito de fator foi popularizado pelo livro *Factor four* (Fator quatro), que mostrou ser possível ganhar dinheiro aumentando a eficiência energética, ou, como diz o subtítulo do livro: *Duplicando a riqueza e reduzindo à metade o uso dos recursos*.[20] O *Factor 10 Club* e o *Factor 10 Institut* popularizaram a ideia de um fator 10 como uma metáfora para o objetivo econômico estratégico de alcançar a sustentabilidade por meio do aumento da produtividade total dos recursos em 10

---

[20] WEIZSÄCKER; LOVINS; LOVINS, 1998.

vezes nos países industrializados até o ano de 2050.[21] Fatores iguais ou superiores a 10 indicam processos radicais de redução de insumos, também denominados *processos de desmaterialização*. Considerando o exemplo anterior, a aplicação de um fator 10 gera uma ecoeficiência igual a R$ 100.000 de receita por tonelada de materiais (10 × R$ 10.000), que representa uma redução de 90% de materiais para a mesma quantidade de receita (100 mil – 10 mil/100 mil = 0,90).

A ecoeficiência como medida do desempenho econômico e ambiental comporta várias abordagens de cálculos, análises e usos. Por exemplo, a empresa química BASF criou um método conhecido por EEA (de *eco-efficiency analysis*) pelo qual avaliou mais de 600 produtos, visando aperfeiçoá-los em valor aos clientes e benefícios ambientais.[22] A Siemens criou o *Eco-Care-Matrix* (ECM), um método de avaliar a ecoeficiência dos produtos com base em múltiplos critérios.[23]

A aplicação do modelo de gestão avançou para a gestão da cadeia de suprimento em busca da ecoeficiência coletiva, pois a geração de valor ao cliente depende da participação dos membros da cadeia empenhados em otimização do uso dos recursos produtivos. Um dos principais instrumentos de gestão ecoeficiente é a Avaliação do Ciclo de Vida, que será apresentada no Capítulo 6, e os que decorrem dele, como Custo do Vida do Produto e Custo Total do Produto. Apesar da ênfase em competividade, uma preocupação empresarial, o modelo ou seus critérios têm sido aplicados com sucesso na administração pública local de vários países, principalmente em áreas específicas, como transporte urbano, manutenção predial, gestão de resíduos urbanos.

A ecoeficiência e a P+L têm muitos pontos em comum, como a minimização da intensidade de materiais e energia. Mas há diferenças substanciais, a reciclagem interna e externa é muito valorizada pela ecoeficiência, diferentemente da P+L, na qual essa é opção de segundo e terceiro níveis de intervenção, respectivamente. A preocupação com os produtos na P+L visa reduzir a poluição no processo de produção, no uso e descarte, enquanto na ecoeficiência ela vai além, ao enfatizar a criação de valor e sua contribuição à competitividade da empresa.

3.2.4 Projeto para o Meio Ambiente

Projeto para o Meio Ambiente (DFE, DfE ou D4E – do inglês, *Design for Environment*) é um modelo de gestão centrado no desenvolvimento de produtos e de seus respectivos processos de produção, distribuição e utilização. Segundo Joseph Fiksel,

---

[21] Ver www.factor10-institute.org. Acesso em: 12 abr. 2015.
[22] Disponível em: https://www.basf.com/global/en/who-we-are/sustainability/we-drive-sustainable-solutions/quantifying-sustainability/eco-efficiency-analysis.html. Acesso em: 8 ago. 2022.
[23] WEGENER *et al.*, 2011, p. 187-188.

um dos seus formuladores, esse modelo surge no início da década de 1990, em resposta às preocupações de algumas empresas e suas associações, que estavam tentando incluir as preocupações ambientais nos seus esforços de desenvolvimento de produtos, com destaque para *American Electronics Association*. O DFE procura integrar um conjunto de atividades e disciplinas que historicamente sempre foram tratadas separadamente, tanto em termos operacionais quanto estratégicos, como saúde e segurança dos trabalhadores e consumidores, conservação de recursos, prevenção de acidentes e gestão de resíduos. Assim, DFE pode ser entendido como método sistemático para melhorar o desempenho do projeto em relação ao meio ambiente, à saúde, à segurança e aos objetivos de sustentabilidade ao longo do ciclo de vida do produto e processo.[24]

O DFE baseia-se em inovações de produtos e processos que (1) reduzam a poluição e geração de resíduos em todas as fases do ciclo de vida do produto, enquanto (2) asseguram que as pessoas não sejam expostas a substâncias perigosas, e que (3) o uso de recursos naturais não ameace a sua disponibilidade para as gerações futuras.[25] Inovações desse tipo exigem a participação de todos os segmentos da empresa, bem como de fornecedores e outros membros da cadeia de suprimento. Por isso, pode-se considerá-lo um modelo de gestão, pois não se trata da realização de atividades isoladas nem episódicas.

Enquanto modelo de gestão, o DFE exige novos arranjos organizacionais para reduzir ou solucionar conflitos entre os diferentes segmentos da organização envolvidos com a inovação, como pesquisa, produção, compras, marketing e finanças. A ideia básica é atacar os problemas ambientais na fase de projeto, pois as dificuldades e, consequentemente, os custos para efetuar modificações crescem após a conclusão do processo de inovação, bem como as limitações para implementar melhorias. Ou seja, o modelo prepara a organização para realizar inovações de modo sistemático, procurando sempre eliminar os problemas ambientais na fase de projeto de desenvolvimento do produto e seu processo de produção.

Enquanto projeto de inovação específico, o DFE se desdobra em diferentes possibilidades conforme os objetivos ambientais a serem alcançados, tais como: aumentar a quantidade de material reciclado no produto, reduzir o consumo de energia para o cliente, facilitar a manutenção, favorecer a separação de materiais pós-uso. Para organizar as atividades de DFE diante das muitas e variadas possibilidades, Fiksel apresenta quatro estratégias principais, e cada qual se realiza por meio de projetos específicos exemplificados na Figura 3.7, a saber:

---

[24] FIKSEL, 2009, p. 6.
[25] Idem, p. 6.

1. **Projeto para desmaterialização**: procura reduzir a quantidade necessária de materiais de um produto, assim como a energia correspondente, considerando o seu ciclo de vida.
2. **Projeto para desintoxicação**: procura reduzir ou eliminar a toxicidade, periculosidade e outras características prejudiciais de um produto e seus processos de produção, incluindo o fluxo de resíduos que impactam adversamente os seres humanos e o meio ambiente.
3. **Projeto para revalorização**: procura recuperar, reciclar e reutilizar resíduos materiais e energia gerados em cada fase do ciclo de vida do produto, eliminando, dessa forma, o desperdício e reduzindo a necessidade de recursos naturais virgens.
4. **Projeto para a renovação e proteção do capital**: procura garantir a segurança, integridade, vitalidade, produtividade e continuidade dos recursos humanos, naturais e econômicos necessários para manter o ciclo de vida do produto.[26]

Figura 3.7 As principais estratégias do DFE

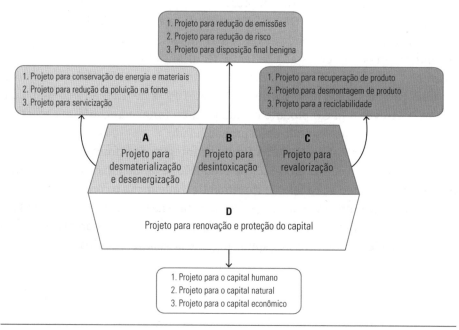

Fonte: Fiksel, 2009, p. 119.

---

[26] FIKSEL, 2009, p. 119.

Cada projeto específico centra a atenção em poucas questões ambientais específicas, como os exemplos do Quadro 3.6. Isso amplia a possibilidade de encontrar soluções apropriadas com mais rapidez, porém torna necessário realizar outros projetos, pois qualquer produto ou processo de produção envolve uma variedade de questões ambientais que devem ser consideradas em algum momento, quando não simultaneamente, às quais se somam questões tecnológicas, mercadológicas, financeiras, operacionais, legais, sociais.

O DFE é compatível com o Projeto para X (DFX, DfX ou D4X, de *Design for X*), um conjunto de métodos para desenvolver novos produtos e melhorar os existentes, com foco em qualidade, custo, flexibilidade e outros objetivos de desempenho do produto, por isso também é denominado projeto para a excelência (*design for eXcellence*). Esse é um meio efetivo para implementar a engenharia simultânea ou concorrente,[27] um modelo de processo de inovação no qual as atividades são realizadas em paralelo pelos diferentes grupos de trabalho envolvidos (P&D, Marketing, Produção etc.), auxiliados por tecnologias de informação e automação como CAD, CAE e CAM. Há quem entenda que o DFE é uma modalidade de DFX, na qual X = E (de *environment*). Isso é correto quando as questões ambientais são consideradas estratégicas pela alta direção da empresa.

Da mesma forma que o DFE, o DFX envolve uma variedade de projetos para poder alcançar a complexidade dos sistemas industriais. Assim, o X é substituído por outras letras referentes ao objetivo a ser alcançado, por exemplo: DFA (A de *assembly*), projeto para facilitar a montagem do produto; DFM (M de *manufacturability*), para facilitar o processo de fabricação; DFR (R de *reliability*/confiabilidade), para assegurar que o produto ou sua peça irá funcionar conforme esperado durante certo período segundo dada probabilidade.

O DFE pode ser visto como uma forma de integrar os esforços de desenvolvimento de produtos e seus processos de produção, levando em conta as questões ambientais ao longo da cadeia de suprimento, o que inclui o consumidor final. É apropriado para empresas que competem com base na diferenciação e diversificação de produtos, como é o caso das que atuam nas indústrias automotiva, aeroespacial, eletroeletrônica, bens de capital, higiene pessoal, alimentos.

---

[27] HUANG, 1996, p. 1.

Quadro 3.6 Projeto para o Meio Ambiente – Exemplos

ESTRATÉGIA	PROJETO PARA	EXEMPLOS DE PRÁTICAS
Desmaterialização	Conservação de energia e materiais	» Reduzir a intensidade de recursos ao longo do ciclo de vida do produto » Especificar material reciclado ou de fonte renovável » Remanufaturar ou reformar componentes » Aumentar as funções do produto » Aumentar a durabilidade do produto
Desintoxicação	Para redução de emissões	» Substituir componentes tóxicos em produtos » Eliminar resíduos tóxicos gerados nos processos de produção » Usar solventes, tintas e outros produtos à base de água » Assegurar a disposição segura de resíduos perigosos
Revalorização	Desmontagem	» Simplificar as conexões entre peças » Evitar peças incrustadas » Minimizar o uso de soldas e adesivos » Reduzir o número de peças diferentes » Projetar peças multifuncionais » Utilizar peças comuns a diferentes produtos
Renovação e proteção do capital	Capital natural	» Eliminar operações intensivas em água ou reciclar a água utilizada » Substituir fontes de energia não renovável por fontes renováveis » Eliminar ou reduzir as emissões de gases de efeito estufa » Eliminar o uso de substâncias que destroem a camada de ozônio

Fonte: Fiksel, 2009, p. 124-133.

3.2.5 *Natural Step*

O modelo de gestão denominado *Natural Step* (passo ou transição natural), criado pelo oncologista sueco Karl-Henrik Robèrt, baseia-se em considerações científicas sobre o funcionamento dos ecossistemas, como as leis da termodinâmica, e no conceito de metabolismo social, as trocas de materiais e energia entre a natureza e a sociedade humana. O modelo propõe quatro condições sistêmicas, resumidas no Quadro 3.7, para alcançar uma sociedade sustentável, aquela cujos fluxos de materiais e energia são equilibrados, ou não tanto desequilibrados, a ponto de colocar em risco os ecossistemas e, pela via das consequências, os seres humanos. As três primeiras condições visam manter e melhorar o meio ambiente, que envolve a sociedade e seus sistemas produtivos; a quarta, atender às necessidades básicas da sociedade, tornando os sistemas produtivos mais eficientes e distribuindo melhor o esforço comum.[28]

As quatro condições sistêmicas fornecem uma estrutura conceitual sobre o que seria uma sociedade sustentável ou menos insustentável, pois partem da ideia de como o meio ambiente com seus ecossistemas e ciclos naturais envolve a sociedade

---

[28] ROBÈRT *et al.*, 1997.

GESTÃO AMBIENTAL EMPRESARIAL

e define os limites da sua atuação. Essa estrutura busca reduzir a complexidade dos temas, como o próprio entendimento sobre desenvolvimento sustentável passível de muitas interpretações e objeções. Ela fornece orientações para enxergar os problemas ambientais e suas relações de interdependências, fazer perguntas pertinentes e propor soluções sistêmicas baseadas em conhecimentos científicos relevantes e revisados permanentemente pela comunidade científica e tecnológica. E estimula a busca de soluções necessárias, evitando a perda de foco em questões não essenciais, o que leva à proliferação de supostas soluções e com muitas contradições entre elas.

Quadro 3.7 *Natural Step*: condições sistêmicas de uma sociedade sustentável – Resumo

CONDIÇÃO SISTÊMICA		SIGNIFICADO	AÇÕES PRÁTICAS SUGERIDAS (EXEMPLOS)
1ª	As substâncias extraídas da litosfera não devem aumentar sistematicamente na ecoesfera	Combustíveis fósseis, metais e outros minerais não devem ser extraídos e dispersados em ritmo mais veloz do que o da sua reposição e reintegração na crosta terrestre.	» Reduzir radicalmente o uso de combustíveis fósseis. » Reduzir a mineração, principalmente dos elementos escassos que já se acumulam sistematicamente.
2ª	As substâncias produzidas pela sociedade não devem aumentar na ecoesfera	As substâncias não devem ser produzidas e dispersadas em ritmo mais veloz do que o da sua decomposição e assimilação nos ciclos naturais na crosta terrestre.	» Diminuir a produção de substâncias naturais que se acumulam sistematicamente. » Eliminar gradualmente as substâncias não naturais persistentes.
3ª	As bases físicas da produtividade da natureza não devem ser sistematicamente deterioradas	Não se deve cultivar ou manipular o ecossistema de um modo que deteriore sistematicamente sua biodiversidade e capacidade produtiva.	» Promover mudanças radicais no uso da terra produtiva, por exemplo, na agricultura, silvicultura etc. » Diminuir a dependência de atividades que invadem áreas produtivas da natureza.
4ª	Uso equitativo e eficiente dos recursos para atender as necessidades humanas	As necessidades básicas da sociedade devem ser satisfeitas com o uso dos métodos mais eficientes possíveis e devem ter precedência sobre o consumo de luxo.	» Aumentar a eficiência técnica e operacional em todo mundo. » Adotar um estilo de vida mais eficiente no uso de recursos, principalmente nos segmentos sociais mais ricos.

Fonte: resumido de Robèrt *et al.*, 1997, p. 85-88.

A aplicação das condições sistêmicas é o modelo de gestão *Natural Step*, operacionalizado por meio da abordagem conhecida por ABCD (do inglês, *Awareness & vision, Baseline analysis, Creative solutions, Decide on priorities*) e do *backcasting*, como ilustra a Figura 3.8. A palavra *backcasting* não tem uma tradução razoável em português. Ela refere-se a um modo de estudo sobre o futuro a fim de descrever cenários normativos para explorar a viabilidade e as implicações de alcançar certas situações finais desejadas, em contraste com os estudos de previsão que fornecem as condições futuras mais prováveis. São duas as razões básicas para o uso do *backcasting* e não a previsão baseada em dados do passado:

1. a capacidade de prever o futuro é fortemente limitada devido à incerteza fundamental sobre eventos futuros, decorrentes de (a) falta de conhecimentos sobre as condições do sistema e dinâmicas subjacentes, (b) perspectivas de inovação e surpresa, e (c) natureza intencional da tomada de decisão humana; e

2. mesmo que o futuro seja previsível, para os problemas sociais de longo prazo, como a sustentabilidade, o futuro mais provável pode não ser o mais desejável, de modo que, em tal situação, é importante explorar a conveniência e a viabilidade de futuros alternativos desejáveis, não apenas probabilisticamente previsíveis.[29]

O futuro desejável, que a organização quer criar e é visualizado pelo *backcasting*, é o ponto de partida para a aplicação do método de análise ABCD, constituído por:

A. conscientização sobre o que significa sustentabilidade e insustentabilidade para a organização, a sociedade e a Terra, como isso afeta a organização considerando as quatro condições sistêmicas, e qual a visão de futuro desejável;

B. análise para identificar como a organização se encontra no presente quanto às condições sistêmicas para identificar lacunas em relação ao futuro pretendido, ou seja, os problemas críticos, aqueles que violam essas condições, tornando a organização insustentável;

C. desenvolvimento de soluções criativas para superar as lacunas, ou seja, soluções inovadoras sobre como as atividades, os produtos e os processos da organização deveriam ser no futuro desejável;

D. desenvolvimento de um plano para implementar as soluções criativas selecionadas com base em prioridades identificadas em B e C.[30]

---

[29] ROBINSON, 2003, p. 841-842.
[30] THE NATURAL STEP. Approach. *TNS*, [s. d]. Disponível em: https://thenaturalstep.org/approach/. Acesso em: 11 jan. 2023.

Figura 3.8 Abordagem ABCD e *backcasting*

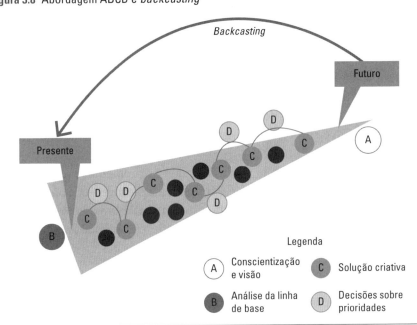

Fonte: The Natural Step International (TNS International). Disponível em: https://thenaturalstep.org/approach/. Acesso em: 8 ago. 2022.

O método utiliza a metáfora do funil para identificar a posição da organização diante de duas forças poderosas que condicionam seus movimentos atuais e futuros: a disponibilidade decrescente de recursos e a demanda social crescente por recursos (Figura 3.9(A)). Assim, se a empresa mantiver o padrão de produção e consumo insustentável, ou seja, que viola as condições sistêmicas, em algum momento se chocará com as paredes do funil, comprometendo seu futuro. A visão de um ou mais futuros desejados orienta a proposição de soluções, que num primeiro momento deve ser livre de censura à moda de um *brainstorm*. Essas soluções são avaliadas pelo seu potencial de reduzir as violações às condições sistêmicas, isoladas ou em interação, como ocorre quase sempre. As selecionadas farão parte do plano estratégico a ser implementado em diversos horizontes de planejamento; é a medida da sua necessidade e urgência, tendo em vista o futuro almejado (Figura 3.9(B)).

Figura 3.9 Funil dos recursos do *Natural Step*

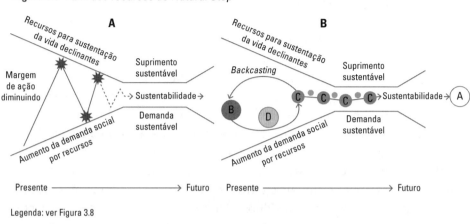

Legenda: ver Figura 3.8

Fonte: adaptados de The Natural Step Framework. Disponível em: https://web.stanford.edu/class/me221/readings/NaturalStepOverview.pdf. Acesso em: 8 ago. 2022.

The Natural Step (TNS) tornou-se a denominação de uma organização não governamental internacional voltada para melhorar e difundir o modelo e auxiliar as organizações a implementá-lo. Ela conta com centros em vários países, entre eles Alemanha, Canadá, China, Itália, Suécia, Portugal. Dezenas de centenas de empresas, órgão públicos, prefeituras, organizações não governamentais adotaram suas propostas ou seus instrumentos, como a metodologia do *backcasting* e o método de avaliar o ciclo de vida dos produtos quanto ao atendimento às condições sistêmicas.

3.3 MODELOS INSPIRADOS NA NATUREZA

Diversos modelos de gestão foram criados a partir de conceitos extraídos da ecologia, como *ecologia industrial*, *metabolismo industrial* e *simbiose industrial*. Esses modelos de gestão ambiental têm em comum a tentativa de aproximar os sistemas de produção humanos do que ocorre com os organismos em um ecossistema. A alimentação é o elemento de ligação entre os organismos que formam uma comunidade biológica. Os organismos extraem alimentos do seu meio e devolvem os restos, que são alimentos de outros organismos. Um conjunto de empresas poderia formar uma comunidade empresarial na qual os resíduos de produção de uns seriam insumos para outros.

Ecologia industrial (*industrial ecology*) é um modelo de gestão ambiental cuja ideia central é a identificação dos sistemas industriais com os sistemas naturais, o que significa conceber sistemas industriais juntamente com o meio ambiente circundante, e não de forma isolada.[31] Ela é definida como "uma estrutura para melhorar a eficiência dos sistemas industriais por meio da imitação de aspectos dos ecossistemas naturais, inclusive a transformação cíclica de resíduos em insumos materiais", sendo que o seu conceito mais importante é a rejeição aos desperdícios, como nos sistemas biológicos.[32] O conceito de sistema industrial implica uma diversidade de agentes envolvidos na produção de bens e serviços, desempenhando múltiplas funções em interações combinadas e coordenadas.[33]

A palavra *metabolismo* refere-se ao conjunto de processos físico-químicos que transforma os compostos orgânicos em energia para as atividades biológicas dos organismos. De modo análogo, *metabolismo industrial* (*industrial metabolism*) é um conjunto de transformações físico-químicas que converte biomassa, combustíveis minerais, metais e outros materiais em produtos manufaturados, estruturas produtivas e resíduos. Não se trata de um modelo de gestão, mas um programa de estudos sobre os fluxos de materiais em diferentes níveis de abrangência, como um país, uma região, uma bacia hidrográfica. A ideia é confrontar com os fluxos de materiais e energia da natureza e se inspirar neles para desenvolver meios tecnológicos, sociais e organizacionais para emular os fluxos naturais.

A Figura 3.10(A) representa o fluxo de materiais da natureza que se caracteriza por ser um ciclo fechado, pois não há resto que não desempenhe uma função. A Figura 3.10(B) representa o fluxo de um sistema industrial que se caracteriza por ser um ciclo aberto e, portanto, insustentável, pois os recursos extraídos do ambiente natural, os nutrientes desse sistema, retornam para o ambiente como resíduos que não são completamente reciclados. Há apenas dois destinos para os resíduos materiais no longo prazo: a maior quantidade é reciclada ou reusada, mas uma parte menor será dissipada no meio ambiente, representando perdas que devem ser repostas por fontes de materiais virgens. Como sempre ocorrem perdas nos sistemas industriais, sempre haverá a necessidade de extrações adicionais de recursos para manter o nível de produção.[34]

---

[31] GRAEDEL; ALLENBY, 2003, p. 19. Tradução nossa.

[32] FIKSEL, 2009, p. 380. Tradução nossa.

[33] FIKSEL, 2009, p. 18-20.

[34] AYRES; SIMONIS, 1994, p. 12.

Figura 3.10 Ciclos biogeoquímicos e ciclos de materiais industriais

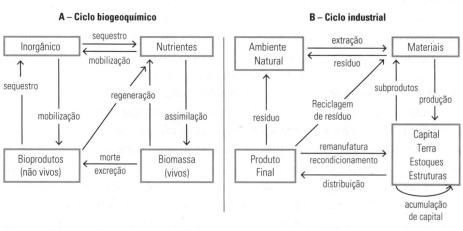

Fonte: Ayres; Simonis, 1994, p. 7-8.

A implementação dos modelos inspirados na natureza requer a reestruturação dos sistemas produtivos de um conjunto de empresas em intensa articulação para que os resíduos de uma unidade produtiva sejam usados por outras, imitando tanto quanto possível os ciclos biogeoquímicos de um ecossistema em que todos os resíduos acabam sendo absorvidos de alguma forma. A proposta é formar uma comunidade de empresas integradas em termos ambientais, à semelhança de uma comunidade biológica. Os resíduos e excedentes de uma unidade produtiva convertem-se em insumos para outras. Economia de recursos naturais e melhoria da qualidade ambiental são os resultados desse modelo, cuja implementação não seria possível sem a integração entre as empresas.

O parque industrial de Kalundborg na Dinamarca é um dos exemplos mais citados para demonstrar que tais modelos não são utopias. Nesse parque, esquematizado na Figura 3.11, encontram-se diversas empresas integradas, como a *Statoil*, a maior refinaria de petróleo da Dinamarca e a maior geradora de energia elétrica, a usina termoelétrica *Asnæs*, que produz milhares de toneladas de cinzas resultantes da queima de carvão, usadas como insumos pela fábrica de cimento local e para pavimentos em estradas. O gesso resultante do processo de remoção do SO_2, um dos principais poluentes atmosféricos dessas atividades, é usado pela *Gyproc* na fabricação de painéis para a indústria de construção civil. A energia excedente na forma de calor da *Asnæs* é transferida para a rede municipal de aquecimento. A empresa farmacêutica *Novo Nordisk* gera resíduos ricos em fósforo e nitrogênio que são transformados em fertilizantes pelos agricultores locais. O aproveitamento da água usada proporciona uma redução significativa da sua demanda, o que representa milhões de metros cúbicos por ano que deixam de ser retirados do lago Tissø. Economias significativas de energia são obtidas com o calor, vapor e água quente produzidos em excesso por umas empresas e usados por outras, e que de outra forma seriam lançados no meio ambiente se não houvesse quem e como aproveitá-los.[35]

O exemplo de Kalundborg é muito significativo para os promotores de modelos baseados na natureza pelo fato de que a integração dos fluxos de materiais e energia entre as unidades desse parque foi sendo formada ao longo de décadas de modo espontâneo. Essa experiência tem sido denominada *simbiose industrial* (*industrial symbiosis*). *Simbiose* é outra expressão extraída da biologia que, simplificadamente, significa qualquer relacionamento ou associação de longa duração entre organismos de diferentes espécies, por exemplo, o comensalismo, no qual as espécies convivem sem se prejudicarem, ou o mutualismo, no qual a convivência é benéfica para as espécies. No caso da simbiose industrial, espera-se construir um relacionamento permanente e harmônico entre empresas de diferentes segmentos do processo produtivo situadas em um parque ou distrito industrial, de modo análogo ao mutualismo, no qual as espécies dependem umas das outras para sobreviverem.

Figura 3.11 Parque Industrial de Kalundborg (Dinamarca)

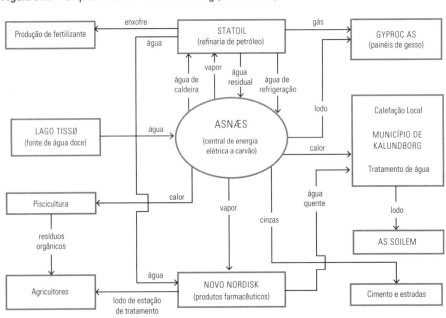

Fonte: Fiksel, 2009, p. 163.

---

[35] FIKSEL, 2009, p. 162-163.

CAPÍTULO 3 ABORDAGENS E MODELOS DE GESTÃO AMBIENTAL

Os parques ou distritos industriais criados à semelhança de um ecossistema, os ecoparques industriais (*eco-industrial parks*), em que as sobras de uma unidade produtiva são aproveitadas por outras, dependem da existência de unidades produtivas de setores diferentes para que os resíduos de umas sirvam para outras. As economias decorrentes da especialização estimulam a criação de distritos que produzem bens próximos entre si e, consequentemente, geram resíduos do mesmo tipo. Atrair para esses distritos empresas de outros setores para aproveitar tais resíduos pode não ser econômica e ambientalmente vantajoso caso essas empresas necessitem de outros insumos em grande quantidade que precisem ser transportados por longas distâncias, ou o produto acabado tenha de ser transportado até mercados consumidores afastados.

Há ecoparques industriais que não são formados para aproveitar resíduos e sobras de energia umas das outras, como as empresas que se juntam para produzir e usar energia solar cooperativamente. Também têm sido chamados de *ecoparques* os distritos industriais que fornecem bens e serviços ambientalmente preferíveis às empresas nelas localizadas, como energia solar, transporte interno e de funcionários movido à biocombustíveis, coleta seletiva de resíduos e encaminhamento para recicladores, tratamento de rejeitos. Essas configurações de parques deixam a desejar em termos de aproximação com os sistemas naturais, apesar dos benefícios ambientais que proporcionam e que as empresas não seriam capazes de proporcionar isoladamente.

Os cinco primeiros modelos apresentados neste capítulo podem ser adotados por uma empresa de modo isolado, enquanto os inspirados na natureza são aplicáveis a um conjunto de empresas, formando uma comunidade empresarial que procura assemelhar-se a uma comunidade biológica. Nos modelos de adoção individual, os resíduos são encarados como problemas, enquanto nos modelos baseados na natureza eles podem ser o início da solução, pois é por meio deles que se processam as articulações entre as diferentes unidades produtivas. Para a ecologia industrial, a simbiose industrial e outros modelos assemelhados, os resíduos serão eliminados muito mais pela sua circulação nos sistemas produtivos, de modo análogo aos ciclos dos nutrientes no ambiente natural, do que pelas práticas de prevenção da poluição e controle no fim do processo. Daí a grande importância que atribuem à reciclagem e ao reúso externos às fontes geradoras, para os quais dedicam especial atenção no sentido de ampliar os conhecimentos a respeito das suas possíveis utilizações.

Todos os modelos apresentados podem ser vistos de uma forma evolutiva, conforme ilustra a Figura 3.12. O eixo vertical refere-se à escala espacial em um intervalo que vai do produto à sociedade como um todo; o eixo horizontal, à escala temporal, que vai do tempo de vida do produto até o período de uma civilização.

93

Cada um dos cinco segmentos dessa figura representa um modo de lidar com as questões ambientais. O controle e a prevenção da poluição são intervenções na escala de um produto ou processo de produção existente. O DFE intervém nos estágios de projeto para eliminar os impactos ambientais de famílias de produtos, ou reduzir a um mínimo. A ecologia industrial gera ainda mais benefícios ambientais ao procurar aproximar os sistemas industriais dos sistemas naturais. A ideia é caminhar em direção ao desenvolvimento sustentável como um projeto civilizatório de longo alcance que reflete aspirações positivas sobre a construção de um mundo melhor para todos os humanos desta e das gerações futuras. Segundo uma de suas muitas definições, desenvolvimento sustentável é a "integração de objetivos de alta qualidade de vida, saúde e prosperidade com justiça social e manutenção da capacidade da Terra de suportar a vida em toda a sua diversidade".[36]

Figura 3.12 Modelos de gestão em relação à escala de tempo e espaço

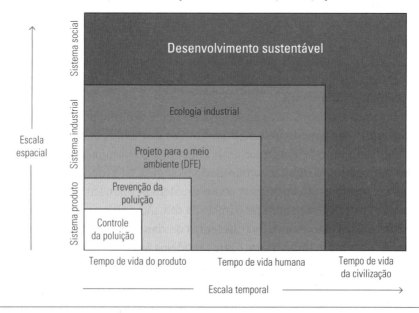

Fonte: adaptada de Ashby, 2013, p. 321.

---

[36] NBR ISO 2010, definição 2.23.

TERMOS E CONCEITOS IMPORTANTES

- *Backcasting*
- Cadeia de suprimento
- Ciclo de vida do produto
- Controle da poluição
- Custos ambientais
- Desenvolvimento sustentável
- *Design for Environment*
- *Design for X*

- ESG (Meio Ambiente, Sociedade e Governança)
- Ecoeficiência
- Ecologia industrial
- Ecoparque
- Estratégia empresarial
- Lavagem verde
- Metabolismo industrial
- Modelos de gestão

- *Natural Step*
- Parques industriais
- Prevenção da poluição
- Produção enxuta
- Produção Mais Limpa
- Reciclagem e reúso
- Resíduo e rejeito
- Simbiose industrial
- Uso sustentável
- Vantagem competitiva

REFERÊNCIAS

ASHBY, M. F. *Materials and environment*: eco-informed material choice. 2. ed. Waltham, Mass (USA): [s.n.], 2013.

ASSOCIAÇÃO BRASILEIRA DE NORMAS TÉCNICAS (ABNT). *NBR 9198:2010*. Embalagens e acondicionamentos – Terminologia. Rio de Janeiro: ABNT, 2010.

ABNT. *NBR ISO 9001:2015*. Sistemas de gestão da qualidade – Requisitos. Rio de Janeiro: ABNT, 2015.

ABNT. *NBR ISO 9001:2015*. Sistemas de gestão ambiental: requisitos com orientações para uso. Rio de Janeiro: ABNT, 2015.

ABNT. *NBR ISO 26000:2010*. Diretrizes sobre responsabilidade social. Rio de Janeiro: ABNT, 2010.

AYRES, R. U.; SIMONIS, U. E. Industrial metabolism: theory and policy. In: AYRES, R. U.; UDO, E. S. *Industrial metabolism*: restructuring for sustainable development. Tokyo: United Nations University Press, 1994.

FIKSEL, J. *Design for environment*: a guide to sustainable product development. 2. ed. Nova York: McGraw-Hill, 2009.

GRAEDEL, T. E.; ALLENBY, B. R. *Industrial ecology*. Nova Jersey: Prentice Hall, 2003.

HUANG, G. Q. *Design for X*: concurrent engineering imperatives. Nova York: Springer, 1996.

NORTH, K. *Environmental business management*: an introduction. Management Development Series nº 30, 2. ed. Genebra: International Labor Office (ILO), 1997.

ORGANISATION FOR ECONOMIC CO-OPERATION AND DEVELOPMENT (OECD). *Eco-efficiency*. Paris, 1998.

PORTER, M. *Vantagem competitiva*: criando e sustentando um desempenho superior. Rio de Janeiro: Ed. Campus, 1989.

ROBÈRT, K-H; DALY, H; HAWKEN, P.; HOLMBERG, J. A compass for sustainable development. In: *The International Journal of Sustainable Development & World Ecology*, vol. 4, n. 2, p. 79--92, 1997.

ROBINSON, J. Future subjuctive: backcasting as social learning. *Futures*, vol. 35, p. 829-856, 2003. Disponível em: www.sciencedirect.com. Acesso em: 28 jan. 2023.

SERVIÇO NACIONAL DE APRENDIZAGEM INDUSTRIAL (SENAI)/CENTRO NACIONAL DE TECNOLOGIAS LIMPAS (CNTL). Implementação de Programas de Produção mais Limpa. *SENAI*, 2003. Disponível em: https://www.senairs.org.br/documentos/implementacao-de-programas-de-producao-mais-limpa. Acesso em: 16 jan. 2023.

UNITED NATIONS ENVIRONMENT PROGRAMME (UNEP/PNUMA). *Cleaner production world-wide*. Paris: UNEP/Industry and Environment Programme Activity Centre, 1993.

UNITED NATIONS INDUSTRIAL DEVELOPMENT ORGANIZATION (UNIDO). *Proceedings of the conference on ecologically sustainable industrial development*. Copenhague, Dinamarca, 14-18 out. 1991. Viena: Unido, 1991.

UNIDO. *Manual on the development of cleaner production Policies*: approaches and instruments guidelines for National Cleaner Production Centres and Programmes. Viena: Unido/ Cleaner Production Programme, 2002.

WEGENER, D.; FINKBEINER, M.; HOLST, J.C.; OLSEN, S.I.; WALACHOWICZ, F. Improving Energy Efficiency in Industrial Solutions – Walk the Talk. In: Risø International Energy Conference, 2011 – Proceedings. Risø National Laboratory for Sustainable Energy e Technical University of Denmark; pp. 187-196, outubro de 2011.

WEIZSÄCKER, E; LOVINS, A. B.; LOVINS, L. H. *Factor four*: doubling wealth, halving resource use. Londres: Earthscan, 1998.

WORLD BUSINESS COUNCIL FOR SUSTAINABLE DEVELOPMENT (WBCSD). *Eco-efficiency*: creating more value with less impact. Paris: WBCSD, 2000.

SISTEMAS DE GESTÃO AMBIENTAL

Sistema de Gestão Ambiental (SGA) é um conjunto de atividades administrativas e operacionais inter-relacionadas para abordar os problemas ambientais atuais ou para evitar o seu surgimento. A realização de ações ambientais pontuais, episódicas ou isoladas, não configura um sistema de gestão ambiental propriamente dito, mesmo quando elas exigem recursos vultosos, por exemplo, a instalação e manutenção de equipamentos para controlar emissões hídricas e atmosféricas.

SGA não se confunde com modelo de gestão ambiental; o primeiro é um instrumento do segundo, que é um modo de conduzir uma organização com base em certo entendimento particular sobre sua relação com o meio ambiente, do qual extrai princípios, políticas, objetivos e práticas. Por exemplo, Produção Mais Limpa (P+L), um modelo baseando-se na prevenção da poluição, centra o esforço gerencial na redução de poluição na fonte, enquanto o *Natural Step* (NS), na observância das condições sistêmicas.[1] Assim, o SGA de uma organização torna-se diferente se ela vier a adotar um ou outro modelo, pois cada um tem modos diferentes de determinar os aspectos e impactos ambientais, os requisitos legais e outros requisitos, os recursos e as competências, entre outros pontos. Exemplo: para o P+L, o uso de materiais metálicos, assim como de qualquer material, só é um problema ambiental se produz resíduos e poluentes difíceis de serem controlados e prevenidos; para o NS, o uso de qualquer quantidade de metal, ainda que diminuta e bem gerida, é um problema ambiental em si pelo aumento da sua concentração, favorecendo a

---

[1] Veja mais sobe esses modelos no Capítulo 3.

violação da primeira condição sistêmica. Assim, o P+L preocupa-se em otimizar o uso do metal para reduzir desperdícios na forma de sucata, resíduos e poluentes, enquanto o NS, em reduzir a dependência de metais e buscar substitutos melhores para a condição sistêmica.

Um SGA requer a formulação de política, definição de objetivos, coordenação de atividades e avaliação de resultados. Requer o envolvimento de diferentes segmentos da empresa para tratar das questões ambientais de modo integrado com as demais atividades empresariais, a começar pelo envolvimento direto da Alta Direção ou dos proprietários. Tal envolvimento facilita a integração das áreas da empresa e permite a disseminação das preocupações ambientais entre funcionários, fornecedores, prestadores de serviços, clientes e comunidade vizinha. Um bom SGA é aquele que consegue integrar o maior número de partes interessadas para tratar as questões ambientais.

Criar e manter um SGA em operação é um tipo de acordo voluntário privado unilateral no qual a empresa se compromete a alcançar um desempenho superior ao exigido pela legislação ambiental a que está sujeita. O SGA deve contribuir para que a organização atue conforme a legislação e promova melhorias que a levem gradualmente a superar as exigências legais; e consiga mais resultados ambientais positivos com menos recursos em decorrência de ações planejadas e coordenadas, o que facilita a aplicação da abordagem ambiental estratégica com vistas a obter vantagens competitivas.

4.1 INICIATIVAS PIONEIRAS

A necessidade de criar um SGA começou a ser sentida com mais intensidade ao final dos anos 1980, devido à complexidade do tratamento das questões ambientais refletida em normas legais e acordos voluntários e ao entendimento de que o conjunto dessas questões deveria ser tratado como uma dimensão estratégica da empresa. Surgiram então modelos de SGA propostos por várias organizações com a finalidade de orientar as empresas a criar seus próprios sistemas. Um exemplo é o modelo criado pela *International Chamber of Commerce* (ICC), organização não governamental dedicada ao comércio internacional.

Como mostra a Figura 4.1, esse modelo é constituído por processos administrativos inter-relacionados e integrados à gestão empresarial global mediante uma política ambiental coerente com sua política global. É a política ambiental que dará sentido às incontáveis ações a serem realizadas pelas diferentes áreas da empresa. Os ciclos de retroalimentação estabelecidos a partir das atividades de controle trazem implicitamente uma proposta de melhoria contínua do SGA e do desempenho ambiental da organização.

Muitos outros modelos de SGA foram criados, porém entraram em desuso com o surgimento de modelos baseados em normas de gestão ambiental, contendo requisitos auditáveis e, portanto, passíveis de certificação. Essas normas começaram a ser elaboradas no início da década de 1990. O seu surgimento deve-se aos seguintes fatores: crescimento vigoroso da legislação ambiental; influência do ativismo das ONGs em questões ambientais; aumento do contingente de consumidores que procuram por produtos ambientalmente saudáveis; intensificação dos processos de abertura comercial, expondo produtores com diferenças pronunciadas em termos de custos ambientais a uma competição mais acirrada e internacional; e restrições à criação de barreiras técnicas para proteger mercados dentro da lógica da globalização.

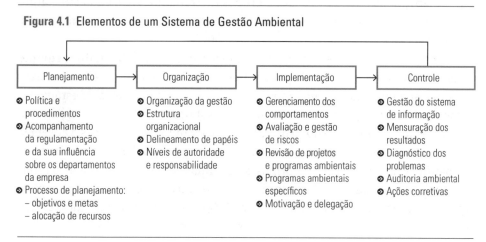

Figura 4.1 Elementos de um Sistema de Gestão Ambiental

Fonte: adaptada de ICC, 1991, p. 6-7.

A primeira norma sobre SGA certificável foi a BS 7750, criada pela *British Standards Institution* (BSI) em 1992. Essa norma define SGA como estrutura organizacional, responsabilidades, práticas, procedimentos, processos e recursos para implementar o gerenciamento ambiental. Gerenciamento ambiental é uma parte da função de gerenciamento global que determina e implementa a política ambiental. Política ambiental foi definida com uma declaração pública sobre as intenções e os princípios de ação da organização sobre suas questões ambientais.[2] Embora não mais aplicada, sua importância histórica é inquestionável, não só por ter sido a primeira passível de certificação, mas principalmente porque serviu de exemplo e inspiração para diversas normas voluntárias sobre SGA criadas

---
[2] BSI, 1992.

em outros países. Ela foi cancelada pela BSI em 1997, após a publicação da norma ISO 14001 sobre SGA pela *International Organization for Standardization* (ISO) em 1996, cuja primeira versão foi marcadamente influenciada por ela.

4.2 A FAMÍLIA DE NORMAS ISO 14000

A ISO é uma instituição formada por órgãos nacionais de normalização, criada em 1947, com o objetivo de desenvolver a normalização e atividades relacionadas para facilitar as trocas de bens e serviços no mercado internacional e a cooperação entre os países nas esferas científica, tecnológica e produtiva.[3] Em setembro de 2022, contava com a participação de 167 órgãos nacionais.[4] As normas de gestão ambiental começaram a ser elaboradas em 1993 pelo Comitê Técnico 207 (TC 207), seus subcomitês (SC) e grupos de trabalho (WG). Cada subcomitê é independente e administrado por uma entidade nacional de normalização, membro da ISO.

O desenvolvimento de uma norma internacional pela ISO é feito mediante estágios sucessivos, começando por um item de trabalho preliminar e terminando com a sua publicação, como mostra o Quadro 4.1. Cada avanço de estágio representa uma evolução na busca de consenso sobre o tema tratado. Consenso na ISO não é aprovação por maioria de votos nem por unanimidade, mas a ausência de oposição sustentada por argumentos pertinentes no debate sobre a matéria em pauta.[5] Pelo fato de serem normas construídas com elevado consenso internacional, elas não são consideradas barreiras técnicas ao comércio. Isso explica o grande sucesso das normas de gestão da ISO, cuja primeira experiência se deu no campo da gestão da qualidade com as normas da série ISO 9000.

O processo de revisão de uma norma passa por todos os estágios mencionados no Quadro 4.1. Cada nova versão cancela a anterior. A definição de um período de transição para a organização que possui certificações com base na versão cancelada é uma decisão conjunta do Fórum Internacional de Acreditação (IAF) e do Comitê sobre Avaliação da Conformidade da ISO/CASCO.[6]

---

[3] A sigla ISO não é um acrônimo da denominação desse órgão, mas sim o termo grego *iso*, que quer dizer "igual". Ver mais em www.iso.org.

[4] Veja mais e quais são em: https://www.iso.org/about-us.html. Acesso em: 2 set. 2022.

[5] ABNT, *ISO/IEC Guia 2:1988*, Definição 1.7.

[6] IAF, 2015.

CAPÍTULO 4 SISTEMAS DE GESTÃO AMBIENTAL

Quadro 4.1 Estágios do desenvolvimento de uma norma internacional pela ISO

ESTÁGIO	NOME DO PRODUTO OU DOCUMENTO RESULTANTE DO ESTÁGIO	SIGLA
Preliminar	Item de trabalho preliminar – projeto (*Preliminary Work Item-project*)	PWI
Proposta	Proposta de novo item de trabalho (*New Proposal for a Work Item*)	NP
Preparatório	Rascunho de Trabalho (*Working Draft*)	WD
Comitê	Rascunho de Comitê (*Committee Draft*)	CD
Consulta	Rascunho de Norma Internacional (*Draft International Standard*)	DIS
Aprovação	Rascunho Final de Norma Internacional (*Final Draft International Standard*)	FDIS
Publicação	Norma Internacional (*International Standard*)	IS

Fonte: ISO, 2005, p. 11.

O Quadro 4.2 apresenta os subcomitês do TC 207, com suas respectivas áreas temáticas e exemplos de normas de gestão ambiental já com seus títulos traduzidos. Elas são independentes e podem ser aplicadas a qualquer organização de forma isolada. A Associação Nacional de Normas Técnicas (ABNT), por meio do seu Comitê Brasileiro de Gestão Ambiental (ABNT/CB 38), tem adotado todas as normas do TC 207 na íntegra, tornando-as uma norma brasileira (NBR).

Sistema de gestão é um conjunto de elementos inter-relacionados ou interativos de uma organização para estabelecer políticas, objetivos e processos e para alcançar esses objetivos. Inclui a estrutura da organização, papéis e responsabilidades, práticas, planejamento e operações, avaliação de desempenho e melhorias. Há três tipos de normas de sistema de gestão criadas pela ISO: o tipo A são normas que especificam requisitos para criar, manter e aperfeiçoar o sistema de gestão; o tipo B são normas guias ou de diretrizes para orientar a implementação de requisitos; e o tipo C, sobre temas específicos auxiliares. As normas NBR ISO 14001 e 14004 são exemplos dos tipos A e B, respectivamente; a NBR ISO 14031, sobre avaliação do desempenho ambiental, do tipo C.[7]

Requisito é uma necessidade ou expectativa que é declarada, e *requisito especificado* é aquele que é declarado. As normas do tipo 1 enunciam os requisitos usando a forma verbal "deve" (em inglês: *shall*). Isso significa que sua observância é obrigatória; não cabe à organização decidir se atende ou não ao requisito. Se não atender, está apresentando uma *não conformidade* em relação à norma. *Conformidade* é o atendimento de um requisito.[8] As normas de diretrizes (tipo 2) e as auxiliares (tipo 3), bem como os anexos informativos constantes nas normas de requisitos (tipo 1), utilizam a expressão "convém que" (*should*) para fazer recomendações. Uma

---

[7] ISO; IEC, 2015, Annex SL, Appendix 2.
[8] ABNT, NBR ISO 14001:2015, p. xi.

101

recomendação na forma positiva indica que determinado modo de agir é preferível, mas não é obrigatório; na forma negativa, indica que é desaconselhável, mas não proibido. A forma verbal "pode" indica uma possibilidade ou capacidade (*can*) ou uma permissão (*may*).[9]

Quadro 4.2 Normas publicadas pelo Comitê 207 da ISO por subcomitê – Exemplos

SUBCOMITÊ	ÁREA TEMÁTICA	NORMAS PUBLICADAS
SC 1	Sistemas de Gestão Ambiental (SGA)	» NBR ISO 14001:2015 – Sistemas de gestão ambiental – requisitos com orientações para uso. » NBR ISO 14004:2016 – Sistema de gestão ambiental – diretrizes gerais sobre a implementação.
SC 2	Auditoria ambiental e investigações relacionadas	» NBR ISO 14015:2022 – Gestão ambiental – diretrizes para avaliar a *due diligence* ambiental. » NBR ISO 14016:2016 - Gestão ambiental – diretrizes para garantia de relatórios ambientais.
SC 3	Rotulagem ambiental	» NBR ISO 14020:2000 – Rótulos e declarações ambientais – princípios gerais. » NBR ISO 14021:2016 – Rótulos e declarações ambientais – reivindicações de autodeclarações ambientais – rotulagem ambiental tipo II.
SC 4	Avaliação do desempenho ambiental	» NBR ISO 14031:2021– Avaliação do desempenho ambiental – diretrizes. » NBR ISO 14034:2016 –Verificação da tecnologia ambiental.
SC 5	Avaliação do ciclo de vida	» NBR ISO 14040:2006 – Avaliação do ciclo de vida – princípios e estruturas. » NBR ISO 14044:2006 – Avaliação do ciclo de vida – requisitos e guia.
SC 7	Gestão de gases de efeito estufa e atividades relacionadas	» NBR ISO 14064:2018 – Gases de efeito estufa: especificações com guia para quantificar e relatar as emissões e remoções no nível da organização. » NBR ISO 14090:2019 – Adaptação às mudanças climáticas: princípios, requisitos e diretrizes.

Fonte: elaborado com dados da TC/ISO 207. Disponível em: http://www.iso.ch. Acesso em: 10 jul. 2022.

4.2.1 Introdução à norma NBR ISO 14001

Essa norma contém os requisitos de um SGA e um anexo informativo com orientação para o uso da norma. Ela foi publicada pela primeira vez em 1996 e passou por dois processos de revisão: um iniciado em 1999 e concluído em 2004, e outro iniciado em 2011 e concluído em setembro de 2015. A norma atual adota a estrutura de alto nível (HLS – *High Level Structure*), elaborada pela ISO, para ser aplicada

---

[9] Ibid., 2015, p. xi.

em todas as suas normas do tipo 1. A HSL estabelece regras para criar normas de sistema de gestão e um conjunto de elementos comuns para facilitar a compatibilidade e integração entre elas, como textos idênticos, termos e definições comuns e mesma estrutura de requisito.[10]

A norma pode ser aplicada a qualquer organização, pública ou privada, independentemente do tamanho ou setor de atuação, que queira criar e manter um SGA, entendido como a parte do sistema de gestão de uma organização usado para gerenciar aspectos ambientais, cumprir requisitos legais e outros requisitos, e abordar riscos e oportunidades. O SGA pode ser criado e implementado para alcançar diversos objetivos.

O SGA pode ser criado e implementado para alcançar diversos objetivos. A norma ISO 14001 aplica-se a qualquer organização que deseje (a) estabelecer, implementar, manter e aprimorar um SGA; (b) assegurar-se da conformidade com sua política ambiental definida; e (c) demonstrar conformidade com essa norma ao:

1. fazer uma autoavaliação ou autodeclaração;
2. buscar confirmação da sua conformidade por partes interessadas na organização, como os clientes e acionistas;
3. buscar confirmação de sua autodeclaração por meio de uma organização externa; ou
4. buscar certificação ou registro do seu SGA por uma organização externa.[11]

A norma é prover às organizações uma estrutura de requisitos para a proteção do meio ambiente e possibilitar respostas às mudanças das condições ambientais de modo equilibrado com as necessidades socioeconômicas. O tratamento sistemático das questões ambientais pode prover informações para o sucesso em longo prazo da organização e criar alternativas para o desenvolvimento sustentável, por meio de:

» proteção do meio ambiente pela prevenção ou mitigação de impactos adversos;
» mitigação de potenciais efeitos adversos das condições ambientais na organização;
» auxílio no atendimento dos requisitos legais e outros requisitos;
» aumento do desempenho ambiental;
» controle ou influência sobre os produtos e serviços da organização com base na perspectiva do ciclo de vida;

---

[10] ISO; IEC, 2015, Annex SL, Appendix 2.
[11] ABNT, NBR ISO 14001:2015, subseção 05.

» benefícios financeiros e operacionais que podem resultar da implementação de alternativas ambientais que reforçam a posição da organização no mercado; e
» comunicação de informações ambientais às partes interessadas.[12]

O SGA fundamenta-se no ciclo Planejar-Fazer-Checar-Agir (PDCA, do inglês *Plan-Do-Check-Act*), desenvolvido por Walter Shewhart na década de 1930 e popularizado por Edward W. Deming, dois autores importantes do movimento da qualidade. Esse ciclo tornou-se uma metodologia básica para realizar melhorias em qualquer área ou questão organizacional e consta de todas as normas de gestão da ISO. Como indicado pelas setas da Figura 4.2, assim que uma melhoria é alcançada, o ciclo se repete, inicialmente para sustentá-la, depois para superá-la. Daí sua associação com o conceito de melhoria contínua, definida na norma como "atividade recorrente para aumentar o desempenho".[13]

Figura 4.2 Ciclo PDCA genérico

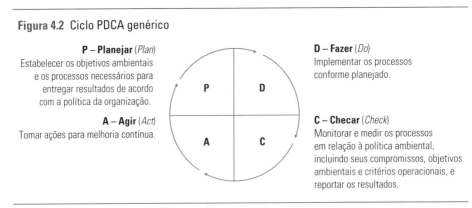

P – Planejar (*Plan*)
Estabelecer os objetivos ambientais e os processos necessários para entregar resultados de acordo com a política da organização.

A – Agir (*Act*)
Tomar ações para melhoria contínua.

D – Fazer (*Do*)
Implementar os processos conforme planejado.

C – Checar (*Check*)
Monitorar e medir os processos em relação à política ambiental, incluindo seus compromissos, objetivos ambientais e critérios operacionais, e reportar os resultados.

Fonte: texto extraído de ABNT, NBR ISO 14001:2015, p. ix.

O ciclo PDCA pode ser aplicado tanto à totalidade do SGA quanto a cada um dos seus componentes individuais. A própria estrutura do SGA baseia-se no ciclo PDCA, como mostra a Figura 4.3. Os círculos no interior da figura referem-se aos requisitos especificados pela norma, interligados pela liderança. A figura reflete a ideia de que a aplicação da abordagem do ciclo PDCA promove a melhoria contínua do SGA de modo que a organização possa alcançar os resultados ambientais pretendidos pela sua política e objetivos ambientais.

---

[12] ABNT NBR ISO 14001:2015, subtítulo 02.
[13] ABNT NBR ISO 14001:2015, definição 3.4.5.

Figura 4.3 Relação entre o Ciclo PDCA e a Estrutura da Norma ISO 14001

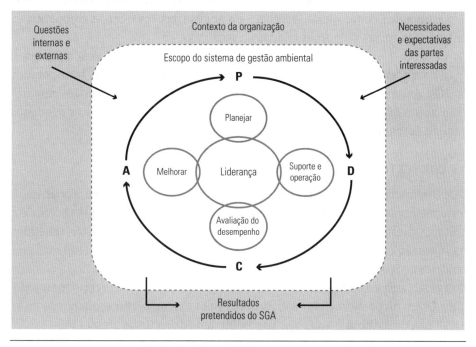

Fonte: ABNT, NBR ISO 14001:2015, Introdução.

4.3 ESTRUTURA DE REQUISITOS DO SGA

O Quadro 4.3 apresenta a estrutura de requisitos de um SGA. Alguns não existiam na versão anterior, e os que existiam foram modificados significativamente. A norma atual enfatiza os resultados ambientais alcançados pela organização por meio do SGA, enquanto a anterior enfatizava os procedimentos. Assim, o SGA passou a ter uma dimensão estratégica mais explícita do que antes, o que aumenta o envolvimento da Alta Direção na sua criação e manutenção. Dar mais atenção aos resultados do que aos processos amplia a liberdade de escolha dos dirigentes, mas requer deles maior conhecimento sobre a organização e seu contexto, o que inclui as implicações dos seus produtos, processos e atividades sobre o meio ambiente físico, biológico e social. O que leva a considerar riscos e oportunidades relacionados à gestão ambiental de modo integrado e alinhado com as demais prioridades estratégicas da organização. Para a norma, *riscos* são ameaças ou efeitos potenciais adversos e *oportunidades* são efeitos potenciais benéficos.[14] Como a organização

---
[14] NBR ISO 14001:2015, definição 3.2.11.

identificará os riscos e oportunidade ao nível estratégico é uma questão em aberto; por exemplo, ela pode utilizar qualquer uma das incontáveis ferramentas de análise estratégica, como a análise SWOT[15] e a análise das cinco forças competitivas, entre muitas outras, algumas citadas na seção 3.3.

Os requisitos da norma podem ser implementados de uma só vez ou por fases, mas, para efeito de declaração de conformidade, todos devem ser incorporados ao SGA. A norma de gestão ABNT NBR ISO 14005:2022 fornece diretrizes para implantar um SGA em fases, o que é particularmente importante para as pequenas e médias organizações.

4.4 CONTEXTO DA ORGANIZAÇÃO

O conhecimento da organização e seu contexto é a base conceitual para criar, manter e melhorar continuamente o seu SGA (Quadro 4.3, subseção 4.1). O contexto abrange questões internas e externas pertinentes aos seus propósitos, refletidos na sua visão e missão, e que afetem sua capacidade de alcançar os resultados pretendidos do SGA, incluindo as condições ambientais. *Condição ambiental* é o estado ou a característica do meio ambiente, conforme determinado em certo momento, que afetem ou possam afetar a organização, por exemplo: clima, qualidade do ar e da água, contaminação do solo, disponibilidade de recursos ambientais.

As condições ambientais são questões externas, assim como a política ambiental nacional, estadual e municipal, o nível de escolaridade da população, a situação econômica do país, os hábitos e costumes da população local, a disponibilidade e acesso a tecnologias relevantes. Exemplos de questões internas:

» governança e estrutura organizacional;
» *status* e tendências do atendimento aos requisitos legais e outros requisitos;
» política, estratégia e objetivos e recursos para alcançá-los;
» tamanho, capacidade e aptidão da força de trabalho;
» sistemas de informação e comunicação;
» sistemas de gestão existentes (qualidade, energia, segurança e saúde etc.);
» modelos de gestão em uso, incluindo modelos de gestão ambiental;
» atividades, produtos, ativos produtivos;
» natureza da organização (familiar, pública, sociedade anônima etc.);
» cultura, estilo de liderança e processos de tomada de decisão;
» contratos: formas, conteúdo e extensão das relações contratuais.[16]

---

[15] Do inglês *Strengths* (forças), *Weaknesses* (fraquezas), *Opportunities* (oportunidades) e *Threats* (ameaças).
[16] ABNT, NBR ISO 14004, cláusula 4.1.

CAPÍTULO 4 SISTEMAS DE GESTÃO AMBIENTAL

Quadro 4.3 Estrutura de requisitos da norma NBR ISO 14001 – Seções e subseções

Nº DA SEÇÃO	TÍTULO DA SEÇÃO	Nº DA SUBSEÇÃO	TÍTULO DA SUBSEÇÃO
4	Contexto da organização	4.1.	Entendendo a organização e seu contexto
		4.2.	Entendendo as necessidades e expectativas de partes interessadas
		4.3.	Determinando o escopo do sistema de gestão ambiental (SGA)
		4.4.	Sistema de gestão ambiental (SGA)
5	Liderança	5.1.	Liderança e comprometimento
		5.2.	Política ambiental
		5.3.	Papéis, responsabilidades e autoridades organizacionais
6	Planejamento	6.1.	Ações para abordar riscos e oportunidades
		6.2.	Objetivos ambientais e planejamento para alcançá-los
7	Apoio	7.1.	Recursos
		7.2.	Competência
		7.3.	Conscientização
		7.4.	Comunicação
		7.5.	Informação documentada
8	Operação	8.1.	Planejamento e controle operacionais
		8.2.	Preparação e resposta a emergências
9	Avaliação do desempenho	9.1.	Monitoramento, medição, análise e avaliação
		9.2.	Auditoria interna
		9.3.	Análise crítica pela direção
10	Melhoria	10.1.	Generalidades
		10.2.	Não conformidade e ações corretivas
		10.3.	Melhoria contínua

Fonte: ABNT, NBR ISO 14001:2015.

Faz parte do contexto da organização o entendimento das necessidades e expectativas das partes interessadas (subseção 4.2), entendidas como pessoa ou organização que pode afetar, ser afetada ou se perceber afetada por uma decisão ou atividade da organização, tais como: clientes, trabalhadores, fornecedores, moradores da vizinhança da organização, agentes públicos, movimentos sociais, imprensa, organizações ambientalistas. Para isso, a organização deve determinar: (1) as partes interessadas pertinentes ao SGA; (2) as necessidades e expectativas dessas partes, como os exemplos do Quadro 4.4; e (3) quais delas se tornam requisitos legais e outros requisitos. As necessidades e expectativas não amparadas na legislação não são obrigatórias, mas, se a organização as acolher voluntariamente, elas tornam-se requisitos do SGA e, portanto, passam a ser obrigatórias.[17]

---

[17] ABNT, NBR ISO 14001:2015, cláusula 4.2, anexo A, seção A.4.2, definição 31.6.

GESTÃO AMBIENTAL EMPRESARIAL

Quadro 4.4 Partes interessadas e suas necessidades de expectativas – Exemplos

RELACIONAMENTO	PARTE INTERESSADA	NECESSIDADES E EXPECTATIVAS
Por responsabilidade	Investidores	Esperam que a organização gerencie seus riscos e oportunidades que possam afetar seus investimentos
Por influência	Organizações não governamentais	Precisam da cooperação da organização para atingir suas metas ambientais
Por proximidade	Vizinhos, comunidade	Esperam desempenho ambiental e social aceitável, honestidade e integridade
Por dependência	Empregados	Esperam trabalhar em um ambiente seguro e saudável
Por representação	Organizações do setor ou da indústria	Necessitam colaboração em questões ambientais
Por autoridade	Agências reguladoras e órgãos governamentais	Esperam uma demonstração do atendimento aos requisitos legais e outros requisitos

Fonte: ABNT, NBR ISO 14004, seção 4.2.32.

4.4.1 Escopo do SGA

O escopo do SGA refere-se ao seu campo de aplicação e abrangência (subseção 4.3). Para estabelecê-lo, a organização deve considerar as questões internas e externas; os requisitos legais e outros requisitos; suas unidades organizacionais, funções e limites físicos; suas atividades, produtos e serviços; e sua autoridade e capacidade de exercer controle e influência. O escopo deve ser mantido como informação documentada e disponível para as partes interessadas.[18] Ele se apresenta como uma declaração real e representativa das operações da organização incluídas nos limites do SGA, por meio de descrições escritas, mapas, organogramas, fluxogramas, manuais, páginas na *web*.

Embora a organização possua liberdade e flexibilidade para definir o escopo do seu SGA, convém que ela não use dessa prerrogativa para excluir atividades, produtos, unidades e funções organizacionais que apresentem ou possam apresentar aspectos ambientais significativos, bem como para excluir requisitos legais e outros requisitos.[19] Ou seja, a definição do escopo não deve ser usada pela organização para evitar o enfrentamento de problemas ambientais significativos decorrentes de sua atuação e, com isso, se acomodar em uma zona de conforto.

Com base nos conhecimentos sobre o contexto, a organização estabelece, implementa e melhora continuamente o SGA a fim de alcançar os resultados ambientais pretendidos (subseção 4.4). As considerações sobre o contexto da organização como um requisito do SGA impedem ou no mínimo dificultam que soluções adotadas

---

[18] ABNT, NBR ISO 14001:2015, cláusula 4.3.
[19] ABNT, NBR ISO 14001:2015, anexo 1, A.4.3.

por uma organização sejam copiadas por outras. A versão anterior da ISO 14001 facilitava essa prática de modo não intencional, pois o seu foco eram os processos e estes podem ser especificados sem levar em conta o contexto no qual serão aplicados. Esse tipo de distorção prejudicou a credibilidade de muitos SGA e consequentemente da própria norma.

Ao basear-se em seu próprio contexto, o SGA torna-se específico dessa organização, pois não há duas organizações que possuam o mesmo contexto, ainda que produzam o mesmo bem ou serviço e sejam vizinhas na mesma rua. Diversas questões internas e externas certamente não são as mesmas, pois são outras pessoas, outros estilos de liderança, outros relacionamentos e partes interessadas e, consequentemente, os riscos e oportunidades também são diferentes. O nível de detalhe e a complexidade do SGA variam conforme o contexto da organização, o escopo do SGA, os requisitos legais e outros, a natureza das atividades e dos produtos e serviços da organização, bem como dos aspectos e impactos ambientais relacionados.

4.5 LIDERANÇA

A criação, implementação e melhoria do SGA inscrevem-se no âmbito das decisões estratégicas da organização, atribuições típicas da Alta Direção, que deve demostrar liderança e comprometimento:

a) responsabilizando-se por prestar contas pela eficácia do SGA;
b) assegurando que a política ambiental e os objetivos ambientais sejam estabelecidos e compatíveis com o direcionamento estratégico e o contexto da organização;
c) assegurando a integração dos requisitos do SGA nos processos de negócios da organização;
d) assegurando que recursos necessários para o SGA estejam disponíveis;
e) comunicando a importância de uma gestão ambiental eficaz e conforme os requisitos do SGA;
f) assegurando que o SGA alcance os resultados pretendidos;
g) dirigindo e apoiando pessoas a contribuírem para a eficácia do SGA;
h) promovendo melhoria contínua;
i) apoiando outros papéis pertinentes da gestão que demostrem como sua liderança se aplica às áreas sob sua responsabilidade (subseção 5.1).[20]

---

[20] ABNT, NBR ISO 14001:2015, cláusula 5.1.

A Alta Direção assume a responsabilidade direta com a eficácia do SGA, o que significa que ela deve fazer o que é certo e necessário para alcançar os objetivos pretendidos. Ela pode delegar suas responsabilidades concernentes ao requisito em pauta, mas continua responsável por prestar contas para assegurar que as ações necessárias sejam realizadas.[21] Convém que ela assegure que o SGA: não seja gerenciado de forma isolada ou separado da estratégia principal da organização, seja considerado nas decisões estratégicas, esteja alinhado aos objetivos da organização, seja beneficiado por um nível de recursos apropriados aos seus propósitos, forneça valor real à organização e melhore continuamente.[22]

4.5.1 Política ambiental

Cabe à Alta Direção estabelecer, implementar e manter uma *política ambiental*, isto é, as intenções da organização relacionadas ao seu desempenho ambiental, expressa formalmente por ela (subseção 5.2). Dentro do escopo do SGA, a política ambiental deve:

a) ser apropriada ao propósito e ao contexto da organização, incluindo a natureza, escala e impactos ambientais das suas atividades, produtos e serviços;

b) prover uma estrutura para o estabelecimento dos objetivos ambientais;

c) incluir um comprometimento com a proteção do meio ambiente, a prevenção da poluição e outros compromissos específicos pertinentes ao contexto da organização, por exemplo: uso sustentável de recursos, mitigação e adaptação à mudança climática, proteção à biodiversidade e aos ecossistemas;

d) incluir um comprometimento com o atendimento dos requisitos legais e outros requisitos;

e) incluir um comprometimento com a melhoria contínua do SGA para aumentar o desempenho ambiental.[23]

Como se vê, há três compromissos básicos que devem constar da política ambiental: proteger o meio ambiente, atender aos requisitos legais e outros requisitos, e melhorar continuamente o SGA para aumentar o desempenho ambiental da organização. A prevenção da poluição, citada no item *c*, é definida como o uso de processos, práticas, técnicas, materiais, produtos, serviços ou energia para evitar, reduzir ou controlar, de forma separada ou combinada, a geração, emissão ou descarga de qualquer tipo de poluente ou rejeito, para reduzir os impactos ambientais adversos.

---

[21] ABNT, NBR ISO 14001:2015, definição 3.4.6 e anexo A, seção A5.1.

[22] ANBT, NBR ISO 14004:2018, cláusula 5.1.

[23] ABNT, NBR ISO 14001:2015, cláusula 5.2.

No âmbito das organizações, as políticas são diretrizes ou orientações para a tomada de decisão e que se expressam por enunciados escritos ou padrões de decisão estabelecidos informalmente. A política ambiental deve ser explicitada em documentos e referir-se a propostas positivas que orientem as decisões sempre no sentido de melhorar o SGA e o desempenho ambiental da empresa. Ela deve ser documentada, comunicada na organização e estar disponível para as partes interessadas.[24]

Convém que a política seja apresentada na forma de uma declaração não muito longa para facilitar a sua divulgação em diferentes meios de comunicação, para ser conhecida, compreendida e lembrada pelos membros da organização e de partes interessadas. Convém que ela não transmita uma mensagem genérica que vale para qualquer tipo de organização, por exemplo: *nossa empresa se compromete a proteger o meio ambiente*. E evite o uso de palavras que possam ser interpretadas como evasivas ou que indiquem um comprometimento *pro forma* apenas para dar uma satisfação às partes interessadas. A organização que concebe uma política desse modo está praticando a maquiagem ou lavagem verde.

4.5.2 Papéis, responsabilidades e autoridades

O requisito da liderança não estaria completo sem que a Alta Direção assegure que as responsabilidades e autoridades para papéis pertinentes ao SGA sejam atribuídas e comunicadas (subseção 5.3), para (1) assegurar que o SGA esteja conforme os requisitos da norma e (2) relatar o desempenho do SGA e o desempenho ambiental da organização. Convém que as responsabilidades ambientais não se restrinjam às funções técnicas específicas de gestão ambiental, pois elas interessam a todas as áreas da organização, embora algumas possam ter um envolvimento mais intenso que as demais, como mostra o Quadro 4.5. E que a Alta Direção designe um ou mais representantes ou funções com autoridade, conscientização, competência e recursos suficientes para: (1) assegurar a implementação e manutenção do SGA, em todos os níveis aplicáveis da organização; e (2) relatar a ela sobre o SGA e o desempenho ambiental da organização e as oportunidades de melhoria.

4.6 PLANEJAMENTO

Ao planejar o SGA, a organização deve considerar as questões internas e externas que afetam a sua capacidade de alcançar os resultados pretendidos, as necessidades e expectativas de partes interessadas e o escopo do seu SGA conforme determinado pela Alta Direção (subseção 6.1). Deve determinar os riscos e oportunidades relacionados aos seus aspectos ambientais, requisitos legais e outros requisitos, e

---

[24] ABNT, NBR ISO 14001:2015, cláusula 5.2.

outras questões relacionadas ao contexto da organização que precisam ser abordados para que o SGA possa alcançar os resultados pretendidos, prevenir ou reduzir efeitos indesejáveis e alcançar a melhoria contínua.[25] Dentro do escopo do SGA, a organização deve determinar potenciais situações de emergência, devendo ainda manter informação documentada de riscos e oportunidades que precisam ser abordados. O atendimento desse requisito requer a determinação dos aspectos ambientais de suas atividades, produtos e serviços os quais possa controlar e aqueles que possa influenciar, considerando uma perspectiva do ciclo de vida,[26] a fim de determinar os objetivos ambientais e planejar as ações para alcançá-los.

Quadro 4.5 Papéis e responsabilidade de um SGA

RESPONSABILIDADES AMBIENTAIS	RESPONSÁVEIS TÍPICOS
Estabelecer o direcionamento geral (resultados pretendidos)	Presidente, diretor executivo, conselho de administração
Desenvolver a política ambiental	Presidente, diretor executivo e outros
Desenvolver objetivos e processos ambientais	Gerentes pertinentes
Monitorar o desempenho geral do SGA	Gerente do Meio Ambiente
Considerar os aspectos ambientais durante o processo do projeto	Projetista de produtos e serviços, arquitetos, engenheiros
Monitorar o desempenho do SGA	Gestor ambiental
Assegurar o atendimento a requisitos legais e outros	Todos os gestores
Promover a melhoria contínua	Todos os gestores
Identificar as expectativas dos clientes	Equipe de vendas e marketing
Identificar requisitos para fornecedores e critérios para aquisição	Departamento de compras, equipe de compras
Desenvolver e manter processos de contabilidade	Gerentes de finanças e contabilidade
Promover conformidade com os requisitos do SGA	Todos os que trabalham ou agem em nome da organização
Estar em conformidade com os requisitos do SGA	Todos que realizam trabalhos sob o controle da organização
Analisar criticamente a operação do SGA	Alta Direção

Fonte: ABNT, NBR ISO 14.004:2018, p. 20.

4.6.1 Aspectos ambientais

Aspecto ambiental é um "elemento das atividades, produtos ou serviços de uma organização que interage ou pode interagir com o meio ambiente".[27] *Efeito* e *impacto ambiental*, termos usados como sinônimos na linguagem coloquial, possuem

---

[25] ABNT, NBR ISO 14001:2015, cláusula 6.1.
[26] ABNT, NBR ISO 14001:2015, cláusula 6.1.2.
[27] ABNT, NBR ISO 14001:2015, definição 3.3.2.

CAPÍTULO 4 SISTEMAS DE GESTÃO AMBIENTAL

significados diferentes na norma: o primeiro descreve o resultado de uma mudança para a organização, e o segundo, os resultados da mudança para o meio ambiente. Ou seja, *impacto ambiental* é "uma modificação no meio ambiente, adversa ou benéfica, total ou parcialmente resultante dos aspectos ambientais da organização".[28] Um aspecto ambiental pode interagir com o meio ambiente de diferentes modos, gerando diferentes impactos ambientais, como mostra o Quadro 4.6.

Os aspectos ambientais resultam do uso de água, matérias-primas, energia, espaço e outros recursos produtivos e do uso do meio ambiente como receptáculo de resíduos dos processos de produção e consumo. Eles podem ser diretos ou indiretos. Os primeiros são os associados às atividades, produtos e serviços da organização sobre cuja gestão ela detém o controle, como as suas emissões atmosféricas, descargas em corpos d'água, processamento de materiais, uso de energia, entre outros. Os indiretos são aqueles dos quais a organização não possui controle integral, por exemplo, o comportamento ambiental de empreiteiros, fornecedores e clientes.

Quadro 4.6 Exemplos de aspectos e impactos ambientais

EXEMPLO DE:		ASPECTO AMBIENTAL	IMPACTO AMBIENTAL
Atividade	Operação em caldeira a óleo	Uso de óleo de aquecimento	» Depleção de recurso natural não renovável
		Emissão de dióxido de enxofre (SO_2), dióxido de carbono (CO_2) e óxidos de nitrogênio (NO_x)	» Impactos respiratórios nos residentes locais » Impacto de chuva ácida em água superficial » Aquecimento global e mudança climática
		Descarga de água aquecida	» Mudança na qualidade da água; por exemplo, temperatura
Produto	Aparelho de ar-condicionado (operação pelo consumidor)	Consumo de eletricidade	» Depleção de recursos
		Uso de refrigerantes	» Aquecimento global » Depleção da camada de ozônio, quando ocorrem vazamentos
		Geração de resíduos sólidos	» Aumento de resíduos em aterros
Serviço	Operação de frota	Consumo de combustível	» Depleção de recursos não renováveis, no caso de combustíveis fósseis
		Emissão de NOx	» Poluição do ar » Aquecimento global
		Geração de ruídos	» Desconforto ou inconveniência a moradores locais
	Embalagem	Devolução de embalagens	» Redução de resíduos para aterros » Conservação de recursos

Fonte: ABNT, NBR ISO 14004:2018, Informativo A-1.

---

[28] ABNT, NBR ISO 14001:2015, Anexo A, seção A3.

O consumo de matérias-primas nas operações da organização é um aspecto direto, pois se espera que ela tenha ou venha a ter controle de sua gestão. Aquisição de matérias-primas é um aspecto indireto se a organização não tiver controle sobre as operações do seu fornecedor. A organização pode, no entanto, influenciar o fornecedor por meio de incentivos e pressões para que este controle seus aspectos, por exemplo, exigindo dos fornecedores a criação de um SGA, a adoção de normas ambientais em produtos, rótulos ambientais e outras práticas que comprovem um envolvimento ativo do fornecedor na proteção do meio ambiente. O mesmo ocorre com os clientes da organização: o que eles fazem com os produtos comprados ou com o que resta deles após o consumo ou uso é um aspecto indireto, em geral fora do controle da organização. Nesses casos, a organização determina a extensão do controle que tem condições de exercer e dos aspectos que ela pode influenciar.

A identificação do aspecto requer considerar a *perspectiva* do ciclo de vida. A palavra *perspectiva* indica uma preocupação com o ciclo de vida, o que não quer dizer que a determinação do aspecto ambiental seja feita com base em análise detalhada, usando a avaliação do ciclo de vida completa conforme as normas de gestão desenvolvidas pelo SC5 do ISO TC 207, exemplificadas no Quadro 4.2. A norma requer que sejam considerados os estágios do processo produtivo que a organização controla ou influencia. Uma abordagem adequada é considerar apenas os estágios do ciclo com maior grau de controle da organização, pois são os que oferecem maior oportunidade para reduzir impactos.

Na identificação dos aspectos, deve-se considerá-los tanto em condições operacionais normais ou rotineiras quanto em condições anormais ou em situações de emergências razoavelmente previsíveis.[29] Os seguintes elementos podem ser considerados na determinação dos aspectos ambientais: emissões atmosféricas, efluentes, lançamentos ao solo, uso de materiais e energia, emissões de energia (calor, radiação, vibração, ruído, luz), geração de rejeitos e subprodutos, uso de espaço. O Quadro 4.7 apresenta possíveis fontes de informações para determinar os aspectos e impactos ambientais. Convém considerar tanto os produtos e atividades em curso quanto os projetos em andamento de inovação, ampliação ou desativação.

---

[29] ABNT, NBR ISO 14001:2015, cláusula 6.1.2 e anexo A.

Quadro 4.7 Possíveis fontes de informação para determinar aspectos e impactos ambientais – Exemplos

» Documentos de informações gerais como brochura, catálogos e relatórios anuais.
» Manuais de operação, fluxogramas de processos ou planos de qualidade e produtos.
» Relatórios de auditorias, avaliações ou análises ambientais anteriores, como análises críticas ambientais iniciais ou avaliação do ciclo de vida.
» Informações de outros sistemas de gestão, tais como o de qualidade ou saúde e segurança ocupacional.
» Relatórios de dados técnicos, análises ou estudos publicados, listas de substâncias tóxicas.
» Requisitos legais aplicáveis e outros subscritos pela organização.
» Códigos de práticas, políticas nacionais e internacionais, diretrizes e programas.
» Dados de aquisições.
» Especificações de produtos, dados de desenvolvimento de produtos, Fichas de Dados de Segurança de Materiais e Produtos Químicos (FISPQ) ou dados de balanço de energia e material.
» Inventário de resíduos.
» Dados de monitoramento.
» Pedidos de licença e permissões ambientais.
» Opiniões, pedidos ou acordos com as partes interessadas.
» Relatórios sobre situações de emergência.

Fonte: ABNT, NBR ISO 14.004:2018, p. 28-9.

A organização deve determinar os aspectos ambientais que têm ou podem ter impactos ambientais significativos. Isto impede que a organização selecione aspectos insignificantes só para mostrar que está fazendo alguma coisa, o que caracterizaria uma prática de lavagem verde. Um SGA, conforme a norma em questão, não combina com esse tipo de prática. A norma não define o que é um aspecto significativo nem indica métodos e/ou critérios específicos para avaliá-los, o que é correto, pois cada atividade, produto ou serviço apresenta aspectos específicos para cada organização em particular e o seu contexto. É a organização que escolhe os métodos e critérios para determinar os aspectos e impactos significativos, devendo documentar e comunicar essas escolhas.

O Quadro 4.8. apresenta exemplos de critérios para avaliar a importância do aspecto ou impacto a fim de considerá-los no SGA. Esses critérios podem ser aplicados aos aspectos ambientais, aos impactos associados ou a ambos. Avaliações com base em um só critério geram distorções; por exemplo, usando apenas o critério gravidade, a organização poderá dedicar muito esforço para controlar um aspecto de alta gravidade, mas com probabilidade de ocorrência desprezível, quase nula, e não dar a atenção devida a um com gravidade leve ou moderada com elevada probabilidade de ocorrência.

GESTÃO AMBIENTAL EMPRESARIAL

Quadro 4.8 Critérios de avaliação de aspectos e impactos ambientais – Exemplos

CRITÉRIO	O QUE AVALIA?
Abrangência	Extensão espacial dos impactos causados ao meio ambiente.
Gravidade	Grau de intensidade dos impactos ao meio ambiente e aos ativos produtivos da organização.
Probabilidade de ocorrência	Probabilidade de ocorrência de um evento gerador de um aspecto ou impacto.
Frequência da ocorrência	Número de ocorrências do evento durante certo período de tempo.
Reversibilidade do efeito	Tempo necessário para o meio ambiente assimilar os impactos em meses, anos, décadas.
Sensibilidade do meio ambiente	Grau de vulnerabilidade do meio ambiente aos impactos ambientais.
Detecção do evento	Capacidade da organização para detectar antecipadamente o surgimento de um aspecto ou impacto significativo.
Conformidade	Grau de atendimento aos requisitos legais e outros requisitos.
Ação gerencial	Capacidade da organização de agir sobre o impacto. Existência ou não de normas internas e de pessoal treinado para tratar do aspecto ou impacto ambiental.
Partes interessadas	Grau de preocupação de partes interessadas quanto ao aspecto ou impacto ambiental.

Fonte: elaborado pelo autor.

Quadro 4.9 Critérios de avaliação de aspecto e impacto ambiental – Exemplos

CRITÉRIO	CLASSIFICAÇÃO	DESCRIÇÃO RESUMIDA	NOTA
Abrangência	Interna	O aspecto ou impacto ambiental afeta um local específico da organização, por exemplo, o pátio de movimentação de carga.	1
	Local	Afeta um estabelecimento inteiro da organização e sua vizinhança próxima, como um bairro ou município.	2
	Regional	Afeta áreas mais amplas, como um ou mais municípios, estados da federação ou uma bacia hidrográfica.	3
	Global	Afeta o planeta como um todo. Gera problemas objetos de acordos intergovernamentais multilaterais, como a Convenção do Clima.	4
Gravidade	Desprezível	O aspecto ou impacto não produz dano ambiental ou o dano é assimilado pelo meio ambiente rapidamente.	1
	Baixa	O aspecto ou impacto produz danos leves e reparáveis em curto prazo e com baixo custo.	2
	Moderada	Produz danos moderados, reparáveis ou reversíveis em médio prazo que requerem medidas de mitigação e compensação prolongadas.	3
	Alta	Produz danos elevados irreversíveis ou reversíveis em longo prazo e requerem medidas de mitigação e compensação permanente.	4
Probabilidade de ocorrência	Quase nula	Probabilidade próxima de zero. Evento raro.	1
	Baixa	Probabilidade de ocorrer pelo menos uma vez no ano.	2
	Moderada	Probabilidade de ocorrer mais de duas vezes no ano.	3
	Alta	Alta probabilidade. Ocorre rotineiramente ou sempre que a atividade ou operação está em curso.	4

Fonte: elaborado pelo autor.

A fim de obter uniformidade no processo de avaliação, convém descrever cada modo de manifestação do critério, como exemplificado no Quadro 4.9. As escalas de mensuração dos critérios podem ser qualitativas, por exemplo: probabilidade baixa, moderada, alta, muito alta; ou quantitativas com notas associadas à gradação da manifestação do aspecto ou impacto ambiental, como valores de 1 a 4, em que 1 indica baixa probabilidade de ocorrência do aspecto ou impacto ambiental, e 4, muito alta.

O Quadro 4.10 exemplifica de modo resumido a avaliação para determinar o grau de significância de um aspecto e seu impacto, considerando três critérios. As notas de cada aspecto em relação a um critério variam de 1 a 4; e a soma das notas dos três critérios varia de 4 a 12. A nota de corte é uma decisão da organização, assim como todo o processo de avaliação de aspectos e impactos ambientais. Por exemplo, aspectos ou impactos com soma de notas igual ou inferior a 5 são considerados não significativos. À medida que aumenta o número de critérios, a avaliação melhora e fica mais confiável, mas requer métodos mais complexos. O uso de filtros ajuda a determinar o grau de significância, o que pode ser feito respondendo *sim* ou *não* às perguntas:

a) O aspecto ou impacto ambiental é objeto de legislação ambiental específica?
b) Refere-se a uma necessidade ou expectativa manifestada por alguma parte interessada?
c) O aspecto ambiental alguma vez saiu do controle da organização e causou acidentes graves?
d) O aspecto está relacionado com problemas de dimensão regional ou global, como mudança do clima, depleção da camada de ozônio, desertificação, perda de biodiversidade?[30]

O aspecto e impacto ambiental que recebeu pelo menos uma resposta *sim* a essas perguntas é potencialmente significativo, o que leva a uma das duas situações: confirmar que o aspecto ou impacto avaliado pelos critérios adotados é significativo, ou tornar significativo o que não fora considerado como tal pelos critérios de avaliação adotados.

---

[30] ROBERTS; ROBINSON, 2003, p. 100-101.

GESTÃO AMBIENTAL EMPRESARIAL

Quadro 4.10 Descrição das manifestações de critérios de avaliação – Exemplos

ATIVIDADE, PRODUTO OU SERVIÇO	ASPECTO	IMPACTO	CRITÉRIOS	AVALIAÇÃO	NOTA	SIGNIFICATIVO SIM, SE S≥ 6
Transporte de produtos acabados	Consumo de combustível fóssil	Emissão de gases de efeito estufa	A - Abrangência	Global	4	Sim
			G - Gravidade	Alta	4	
			P - Probabilidade	Alta	4	
			$S = A + G + P$		12	
Serviços de manutenção e lubrificação de equipamentos	Derrame acidental de óleos e graxas	Contaminação do solo	A - Abrangência	Interna	1	Não
			G - Gravidade	Baixa	2	
			P - Probabilidade	Baixa	2	
			$S = A + G + P$		5	
Operação em caldeira	Lançamento de água aquecida	Poluição hídrica	A - Abrangência	Local	2	Sim
			G - Gravidade	Baixa	2	
			P - Probabilidade	Alta	4	
			$S = A + G + P$		8	

Fonte: elaborado pelo autor.

Como a norma ISO 14001 enfatiza a mentalidade de riscos e as oportunidades a fim de alcançar os resultados pretendidos, as considerações sobre aspectos e impactos não se restringem apenas aos negativos, os que causam ou podem causar danos ao meio ambiente físico, biológico e social. Os positivos podem ser considerados no SGA com vistas a melhorá-los ou replicá-los em outras unidades da organização, caso seja possível. Assim como os negativos, os positivos também podem ser significativos ou não; os que pouco contribuem é melhor não considerar.

4.6.2 Requisitos legais e outros requisitos

Requisitos legais são mandatórios, não cabendo à organização decidir se deve ou não os cumprir, a não ser que a norma legal esteja *sub judice* por atentar contra norma superior, como um decreto do Executivo que extrapola a lei que deveria regulamentar ou lei inconstitucional. Esses requisitos incluem leis, decretos, resoluções, instruções normativas, acordos internacionais, sentenças de tribunais, decisões de autoridades administrativas, entre outras normas emanadas de autoridades governamentais, bem como as obrigações contratuais firmadas com outras organizações e pessoas.

Para atender ao requisito legal é necessário identificar e analisar a legislação aplicável dos três entes da Federação brasileira (União, estados ou Distrito Federal e municípios) onde a organização atua, o que torna essa fase complexa e trabalhosa. Essa complexidade também decorre do fato de que as questões ambientais são regulamentadas em praticamente todos os ramos do Direito (Direito Constitucional, Civil, Penal, Tributário, Trabalhista, Administrativo e outros). Entre estas duas formas de requisitos estão as obrigações contratuais firmadas com outras organizações e pessoas. Esse requisito é de importância crucial, pois se refere ao atendimento da conformidade legal da organização, um compromisso básico que deve constar da política ambiental, conforme comentado anteriormente.

Outros requisitos referem-se às expectativas e necessidades das partes interessadas. Suas demandas tornam-se requisitos do SGA se a organização optar por atendê-las e divulgar esse fato. São esses requisitos que definem o quanto a organização é proativa em relação às questões ambientais. Esses dois tipos de requisitos são elementos importantes para a definição dos objetivos ambientais da organização. Assim, quanto a requisitos legais e outros requisitos, convém à organização:

» assegurar que as pessoas que trabalham para ela estejam cientes desses requisitos aplicáveis a elas e das consequências de não os atender;
» assegurar que essas pessoas tenham a competência necessária para atender esses requisitos e ciência da sua importância;
» estabelecer processos de comunicação que os incluam;
» avaliar periodicamente o seu atendimento;
» identificar quaisquer instâncias de não conformidade reais ou previsíveis, e tomada de ação rápida para identificar, implementar e acompanhar as ações corretivas;
» reter informações documentadas do resultado da avaliação do atendimento desses requisitos;
» abordar características relacionadas ao atendimento desses requisitos ao conduzir auditorias periódicas do SGA;
» considerar mudanças desses requisitos ao realizar a análise crítica pela direção.[31]

4.6.3 Objetivos ambientais e planejamento para alcançá-los

Objetivo é um resultado a ser alcançado e pode ser expresso como *resultado pretendido, propósito, critério operacional*, entre outros termos. A organização deve estabelecer objetivos ambientais nas funções e níveis pertinentes, levando em consideração os aspectos ambientais significativos, os requisitos legais e outros requisitos associados, considerando riscos e oportunidades.

---

[31] ABNT, NBR ISO 14004:2018, seção 6.1.3.

Os objetivos devem ser coerentes com a política ambiental. Convém ainda integrá-los aos processos de negócios da organização, pois o SGA é parte do sistema de gestão da organização, por definição.[32] Uma das vantagens de ter um SGA é a possibilidade de integrar a gestão ambiental à gestão global da organização, tornando mais eficazes as ações em todas as áreas e níveis de decisões, pois evitam-se esforços duplicados ou conflitantes. Por exemplo: um programa para reduzir os resíduos de produção pode atender, ao mesmo tempo, objetivos ligados ao cumprimento da legislação ambiental, ao aumento da produtividade, à redução de custo devido à diminuição da quantidade de resíduos que requerem tratamento especial, entre outros.

Os objetivos devem ser mensuráveis, monitorados, comunicados e atualizados, devendo mantê-los como informação documentada. Um objetivo pode ser expresso como um nível específico de desempenho, por exemplo, reduzir em 20% o consumo de água por unidade produzida, ou expresso de modo geral acrescido de uma ou mais metas, por exemplo, *objetivo*: reduzir o consumo de água no próximo ano; *meta 1*: instalar torneiras com temporizadores em toda as unidades até o fim do ano; *meta 2*: reusar água de processo nas operações de resfriamento.[33] Não é necessário estabelecer um objetivo para cada aspecto identificado, porém não faz sentido deixar sem objetivo um aspecto classificado como significativo.

Ao planejar as ações, a organização deve determinar o que será feito, que recursos serão requeridos, quem será responsável, quando será concluído e como seus resultados serão avaliados.[34] Convém considerar a melhor tecnologia disponível, quando economicamente viável. Isso não significa ter que adotar a tecnologia mais avançada ou a melhor tecnologia disponível; pode continuar com a atual e perseguir melhorias ao longo do tempo.

Para acompanhar o alcance dos objetivos, a organização deve estabelecer indicadores de desempenho ambiental mensuráveis, adequados às suas atividades, produtos e serviços e consistentes com a política ambiental, como os exemplos do Quadro 4.11. Além dos indicadores de desempenho, a organização pode estabelecer indicadores de condições ambientais, como nível de qualidade do ar no seu entorno, de qualidade do lençol freático, ou usar os indicadores do órgão ambiental do local, caso existam.

---

[32] ABNT, NBR ISO 14001:2015, cláusula 6.2.

[33] ABNT, NBR ISO 14004:2018, seção 6.2.

[34] ABNT, NBR ISO 14001:2015, cláusula 6.2.2.

CAPÍTULO 4 SISTEMAS DE GESTÃO AMBIENTAL

Quadro 4.11 Indicadores de desempenho – Exemplos

» Quantidade de matérias-primas ou energia consumidas
» Quantidade de emissões, como de CO_2
» Resíduos produzidos por quantidade de produto acabado
» Eficiência no uso de material e energia consumida
» Número de incidentes ambientais (ex.: desvios acima do limite)
» Número de acidentes ambientais (ex.: lançamentos de poluentes não planejados)
» Porcentagem de resíduos reciclados
» Porcentagem de material reciclado usado em produtos e nas embalagens
» Número de km de veículos de serviço por unidade de produção
» Quantidade de poluentes específicos emitidos (NO_x, SO_2, CO, COVs, Pb, CFCs etc.)
» Investimento em proteção ambiental
» Número de ações judiciais
» Área de terreno reservada para habitat de vida selvagem
» Número de pessoas treinadas na identificação de aspectos ambientais
» Porcentagem do orçamento destinado às tecnologias de baixa emissão

Fonte: ABNT, NBR ISO 14004:2018, seção 6.2.4 – Ajuda prática.

4.7 APOIO E RECURSOS

A organização deve determinar e prover os recursos necessários para estabelecer, implementar, manter e melhorar continuamente o SGA. Os recursos são, entre outros, recursos humanos, financeiros, tecnológicos, naturais e de infraestrutura, como prédios, máquinas, equipamentos, aterros, estações de tratamento de efluentes. Tais recursos são os necessários para o funcionamento e melhoria eficaz do SGA e para aumentar o desempenho ambiental da organização. Convém que a Alta Direção assegure que qualquer pessoa com responsabilidade no SGA seja provida dos recursos necessários para cumprir com suas obrigações.[35]

Convém que a Alta Direção assegure que as pessoas com responsabilidades no SGA tenham os recursos necessários para cumprir com suas obrigações. Os requisitos relativos ao apoio referem-se à fase D, de Fazer (*Do*, em inglês), do ciclo PDCA, mostrados na Figura 4.3. Esse requisito é composto por cinco sub-requisitos, a seguir comentados.

4.7.1 Competência e conscientização

Estes requisitos são aplicáveis às pessoas que (1) realizam trabalhos com potencial de causar impacto ambiental significativo e (2) possuem responsabilidades específicas no SGA, incluindo as que avaliam e determinam os impactos ambientais e os requisitos legais e outros requisitos, contribuem para o alcance dos objetivos,

---

[35] ABNT, NBR ISO 14001:2015, cláusula 7.1.

121

respondem a situações de emergência, realizam auditoria interna.[36] Para estes, a organização deve:

a) determinar a competência necessária que afete seu desempenho ambiental e sua capacidade de cumprir com seus requisitos legais e outros requisitos;
b) assegurar que essas pessoas sejam competentes com base em educação, treinamento ou experiência apropriados;
c) determinar as necessidades de treinamento relacionadas como seus aspectos ambientais e seu SGA;
d) tomar ações para adquirir a competência necessária e avaliar a eficácia dessas ações, onde aplicáveis.[37]

O requisito de competência não se limita aos que possuem atribuições específicas no SGA, mas a qualquer pessoa cuja atuação possa gerar impactos ambientais significativos que comprometem o alcance dos resultados pretendidos. A competência varia conforme os papéis e suas respectivas responsabilidades e autoridades, como os exemplos do Quadro 4.12.

A competência na norma significa fazer bem feito o que tem que ser feito, o que requer estar ciente da razão e da importância da sua ação. Mas isso nem sempre ocorre; dada a divisão do trabalho nas organizações, é comum encontrar pessoas realizando tarefas sem saber por quê. Por isso, acertou a norma ao separar competência de conscientização. Assim, para além da competência, a organização deve assegurar que o pessoal sob seu controle esteja consciente da política ambiental; dos aspectos e impactos ambientais significativos, reais ou potenciais, associados às suas atividades; da sua contribuição para a eficácia do SGA; e das implicações de não estar em conformidade com os requisitos do SGA.[38]

---

[36] ABNT, NBR ISO 14001:2018, Anexo A.
[37] ABNT, NBR ISO 14001:2015, cláusula 7.2.
[38] ABNT, NBR ISO 14001:2015, cláusula 7.3.

CAPÍTULO 4 SISTEMAS DE GESTÃO AMBIENTAL

Quadro 4.12 Exemplos de competências ou capacidades necessárias ao SGA

ÁREA DE COMPETÊNCIA POTENCIAL	PAPÉIS ORGANIZACIONAIS TÍPICOS	EXEMPLOS DE COMPETÊNCIAS/ CAPACIDADES	MEIOS PARA ESTABELECER COMPETÊNCIAS
Tecnologia ambiental	Técnicos ambientais	» Proficiência em amostragem ambiental » Capacidade para operar equipamentos de monitoramento	» Treinamento e avaliação dos requisitos e práticas de coleta » Certificação ou licença para uso de equipamento
	Gerente de programa ambiental	» Proficiência nos regulamentos ambientais aplicáveis	» Formação na área ambiental » Treinamento nos regulamentos
Operações ambientais	Pessoas cujas atividades envolvam aspectos ambientais significativos	» Conscientização de como seu trabalho afeta o desempenho ambiental » Conhecimento dos critérios de operação que precisam ser satisfeitos para minimizar os impactos ambientais adversos	» Treinamento sobre os impactos ambientais relacionados ao seu trabalho » Treinamento sobre os critérios de operação para assegurar que os processos sejam controlados
SGA	Gestores ambientais	» Capacidade de desenvolver, implementar e melhorar um SGA » Capacidade de determinar riscos e oportunidades para que o SGA possa alcançar os resultados pretendidos e planejar ações apropriadas » Capacidade para analisar e agir sobre os resultados do desempenho ambiental, os requisitos legais e outros requisitos	» Experiência na implementação de SGA » Treinamento sobre requisitos de SGA
	Gestores de programas de auditoria	» Capacidade de desenvolver e gerenciar programas de auditorias para determinar a eficácia do SGA	» Treinamento em gestão de programas » Experiência na implementação de programas
	Alta Direção	» Conhecimento e compreensão das implicações do estabelecimento e implementação de uma política ambiental » Conhecimento e entendimento da disponibilidade de recursos e sua aplicação a um SGA	» Treinamento sobre SGA e estabelecimento de política ambiental » Experiência em gestão de negócio

Fonte: ABNT, NBR ISO 14001:2018, seção 7.2.

A ideia é que as pessoas que atuam sob controle da organização estejam cientes do papel que desempenham e de como elas podem afetar positiva ou negativamente o atendimento aos requisitos do SGA. E que sejam motivadas a melhorar continuamente o desempenho ambiental. Embora distintos, os programas de treinamento podem contemplar tanto a formação para funções e papéis específicos quanto a conscientização, como no exemplo da segunda linha do Quadro 4.12.

A propósito, a educação ambiental deve ser inserida nos programas de treinamento por ser um requisito legal. De fato, a Lei n. 9.795, de 1999, a tornou componente essencial e permanente da educação nacional, devendo estar presente em todos os níveis e modalidades de ensino, formal e não formal, inclusive nos processos de capacitação de profissionais promovidos por empresas, entidades de classe, instituições públicas e privadas.[39] A inclusão da educação ambiental nos processos de treinamento e capacitação proporciona aos treinados a oportunidade de se conscientizarem a respeito dos problemas ambientais amplamente considerados, sem se restringir apenas às questões ambientais concernentes às atividades que exercem.

4.7.2 Comunicação

A organização deve estabelecer, implementar e manter processos necessários para comunicações internas e externas pertinentes ao SGA, incluindo sobre o que, quando, com quem e como comunicar. Ao estabelecer tais processos, deve levar em consideração seus requisitos legais e outros requisitos e assegurar que a informação comunicada seja coerente com a gerada pelo SGA e confiável. Deve ainda reter informação documentada como evidência de suas comunicações.[40]

A organização deve comunicar internamente as informações relativas ao SGA entre os diversos níveis e funções, e assegurar que qualquer pessoa que realize trabalho sob controle da organização contribua para a melhoria contínua. E deve comunicar externamente as informações pertinentes para o SGA, conforme estabelecido pelos seus processos de comunicação e os requisitos legais e outros requisitos.

A norma não especifica como atender ao requisito da comunicação. Cada organização escolhe o modo que lhe seja apropriado, recomendando que a comunicação seja transparente e apropriada às necessidades das partes interessadas; seja verdadeira e não leve as pessoas que dela dependem a cometer erros; seja real, precisa, confiável e não exclua informações pertinentes; e seja compreensível às

---

[39] BRASIL. Lei n. 9.795/1999 e Decreto n. 4.281/2002, art. 6º, inciso IV.
[40] ABNT, NBR ISO 14001:20015, cláusula 7.3.

CAPÍTULO 4 SISTEMAS DE GESTÃO AMBIENTAL

partes interessadas. A comunicação interna pode ser feita por meio de reuniões regulares de grupos de trabalho, boletins, quadros de aviso e intranet. A externa, por meio de relatórios anuais, boletins informativos, páginas na internet e reuniões na comunidade.

A comunicação é uma via de duas mãos; ela envolve fornecimento e recebimento de informações, solicitações e reclamações de partes interessadas sobre questões de interesse para o SGA e o desempenho ambiental da organização, sendo conveniente que a organização forneça prontamente respostas claras, e as analise posteriormente com vistas a identificar riscos e oportunidades. Conforme a norma NBR ISO 14063, a comunicação ambiental visa fornecer informações e estabelecer um diálogo com as partes interessadas, internas e externas, para compartilhar o entendimento sobre questões, aspectos e desempenho ambiental da organização, e reforçar a confiança, credibilidade, cooperação e conhecimento sobre as questões pertinentes ao SGA.

4.7.3 Informação documentada

É a informação que deve ser controlada e mantida pela organização, podendo estar contida em qualquer meio e formato, como formulários, planos e relatórios impressos, normas e manuais, amostras, cartazes, fotos, croquis, mapas, vídeos, arquivos eletrônicos.[41] Ela pode referir-se aos componentes do SGA, como definições, escopo, política ambiental, enunciado de requisitos, descrição e classificação de aspectos e impactos identificados, objetivos, metas, indicadores de desempenho, organogramas, plano de emergência, programas de treinamentos, plano de auditoria interna, entre outros. Ou seja, refere-se à documentação do SGA. Pode referir-se ao registro das ações empreendidas no âmbito do SGA e dos resultados alcançados, a fim de evidenciar a realização dessas ações. Exemplos: nome e função dos funcionários treinados, nomes e currículo dos instrutores, reclamações de partes interessadas e respostas da organização, instruções de trabalho, não conformidades identificadas e as ações corretivas realizadas, resultados de monitoramentos, medições e avaliações, atas de reuniões, análises críticas. Quando a norma diz "reter informação documentada como evidência", está se referindo a registro; e "manter informação documentada", a documentação do SGA.[42]

Conforme a ISO 14001 de 2015, a organização deve incluir informação documentada requerida por esta norma e pela organização como sendo necessária para a eficácia do SGA. A informação documentada deve ser controlada para assegurar que esteja disponível e adequada para uso quando e onde necessária e suficientemente

---

[41] ABNT, NBR ISO 14001:2015, definição 3.3.2.
[42] ABNT, NBR ISO 14001:2004, definições 3.4 e 3.20.

protegida contra perda ou uso indevido. Esse controle envolve as atividades de distribuição, acesso, recuperação e uso; armazenamento e preservação; controle das alterações, retenção e disposição.

O nível de detalhamento da informação documentada depende do tamanho e da natureza da organização, de suas atividades, produtos e serviços, da necessidade de demonstrar o atendimento aos seus requisitos legais e outros requisitos, da complexidade dos seus processos e suas interações e do nível de competência do seu pessoal. As informações documentadas criadas originariamente para outros fins podem ser usadas como parte integrante do SGA, da mesma forma que as criadas para o SGA podem ser integradas a outros sistemas de gestão, como o da qualidade, de segurança e saúde do trabalho.

Embora não seja um requisito da norma, um manual facilita a gestão das informações documentadas e outros documentos de interesse para o SGA,[43] pois as organizações e seus funcionários estão acostumados a usar manuais há muito tempo. A organização das informações documentadas pode ser segmentada em níveis conforme a hierarquia ilustrada na Figura 4.4. O nível 1 apresenta os componentes de ordem estratégica, como missão, visão, valores, política e objetivos ambientais. O nível 2, os documentos que descrevem processos, métodos, critérios e referências para aplicar os requisitos do SGA. O nível 3, os procedimentos específicos, as instruções técnicas e outros documentos de trabalho detalhados. No nível 4, estariam os registros das ações realizadas para manter e operar o SGA, dos resultados obtidos e das avaliações.

Uma crítica feita com certa insistência a respeito da versão anterior da norma ISO 14001 referia-se ao fato de que o atendimento ao requisito de documentação levaria a organização a praticar um excesso de formalismo que reduziria a sua mobilidade e capacidade de resposta às mudanças, condições fundamentais para atuar em ambientes de negócio competitivos. A versão atual da norma atendeu essa crítica ao enfatizar a informação e não a documentação, o que é correto, pois o que importa é a informação; a documentação é apenas o seu suporte físico ou eletrônico. Esse entendimento amplia a liberdade dos gestores para estabelecer o nível adequado de detalhamento e as tecnologias mais convenientes. Esse entendimento é uma espécie de corolário da ideia central dos sistemas de gestão baseados na estrutura de alto nível (HLS), comentado no início deste capítulo, qual seja: ênfase sobre resultados e não sobre procedimentos.

---

[43] ABNT, NBR ISO 14001:2015, cláusula 7.5.

Figura 4.4 Hierarquia da documentação de um sistema de gestão

Fonte: baseada em ABNT, NBR ISO 10013:2021.

4.8 OPERAÇÃO E CONTROLE OPERACIONAL

A organização deve estabelecer, implementar, controlar e manter os processos necessários para atender aos requisitos do SGA, e para implementar as ações para abordar riscos e oportunidades e para alcançar os objetivos ambientais. Deve controlar as mudanças planejadas e analisar criticamente as consequências das não planejadas, tomando ações para mitigar quaisquer efeitos negativos, caso sejam necessárias. E assegurar que os processos terceirizados sejam controlados ou influenciados.

O tipo e a extensão dos controles operacionais ou da influência aplicados aos processos devem ser decididos dentro do SGA. Eles dependem da natureza e escala das operações, dos riscos e oportunidades, dos aspectos ambientais significativos, dos requisitos legais e outros requisitos. Não há receita a ser seguida, pois toda decisão tomada no âmbito do SGA sempre irá se referir ao contexto da organização. Para ser coerente com a perspectiva do ciclo de vida, a organização deve:

1) estabelecer controles, como apropriados, para assegurar que os requisitos ambientais sejam tratados no processo de desenvolvimento do produto ou serviço, considerando cada estágio do ciclo de vida;
2) determinar requisitos ambientais, como apropriados, para a aquisição de produtos e serviços;
3) comunicar seus requisitos ambientais pertinentes para provedores externos e contratados;
4) considerar a necessidade de prover informações sobre potenciais impactos ambientais significativos associados ao transporte ou entrega, uso, tratamento pós-uso e disposição final dos seus produtos e serviços.

Adotar a perspectiva do ciclo de vida significa considerar a extensão dos controles operacionais aos provedores e clientes. A efetividade do controle sobre estes agentes depende do poder de barganha da organização em sua cadeia de suprimento, que, por sua vez, depende fundamentalmente de variáveis econômicas relacionadas com a interface entre a organização e os participantes da cadeia, tanto a montante quanto a jusante. Por exemplo, a frequência de compras e os valores monetários envolvidos são variáveis que determinam o poder de barganha entre a organização compradora e seu provedor. Quem compra pouco em termos de valor, ou compra esporadicamente, pouca ou nenhuma influência terá sobre seu fornecedor. A organização cujas compras representem um percentual elevado do total de vendas do fornecedor pode usar o seu poder de compra para influenciar nesse fornecedor um comportamento ambiental apropriado à sua política e seus objetivos ambientais. Pode, por exemplo, exigir que melhore seu desempenho ambiental em áreas relacionadas aos aspectos significativos determinados por ela.

4.8.1 Preparação e resposta a emergências

Emergência ambiental é a denominação genérica para situações críticas que podem fugir ao controle da organização e causar danos de diferentes magnitudes ao meio ambiente físico, biológico e social. *Emergência* não se confunde com *acidente*; aquela é uma ameaça com alta probabilidade de ocorrer, este é um acontecimento que gera danos, podendo afetar adversamente pessoas, ativos produtivos, infraestrutura pública e componentes do meio ambiente, como fauna, flora, corpos d'água. Derramamento de produtos químicos, incêndios, explosões, rompimento de barreiras de contenção de efluentes são exemplos de acidentes ambientais.

Preparação a emergências significa criar, manter e aperfeiçoar instrumentos de gestão para identificar situações potencialmente críticas e evitar que se transformem em acidentes e, se vierem a ocorrer, responder pronta e eficientemente a fim de minimizar os danos e mitigar seus efeitos. Mitigar significa abrandar ou aliviar os impactos produzidos por tais acidentes, ou seja, atuar sobre as consequências por meio de medidas para corrigir e reparar os danos provocados.

A organização deve estabelecer, implementar e manter processos necessários para preparar-se e responder a potenciais situações de emergência identificadas, bem como responder a situações reais de emergência. Deve ainda:

1) preparar-se para responder pelo planejamento de ações e tomar ações para prevenir ou mitigar impactos ambientais adversos de situações de emergências;
2) responder a situações de emergências reais;

CAPÍTULO 4 SISTEMAS DE GESTÃO AMBIENTAL

3) tomar ações para prevenir ou mitigar as consequências decorrentes das situações de emergência, apropriadas à magnitude da emergência e ao potencial de impacto ambiental;

4) testar periodicamente as ações de respostas planejadas, onde viáveis, por exemplo, fazendo simulações de emergências e de acidentes, que podem ser inclusive consideradas como parte dos programas de treinamento;

5) periodicamente, analisar criticamente e revisar os processos e as ações de respostas planejadas, em particular após a ocorrência de situações de emergências reais ou testes;

6) prover informações sobre treinamentos relacionados à preparação e respostas a emergências às partes interessadas, incluindo quem trabalha ou atua sob controle da organização.[44]

Como dito anteriormente, essa norma adota uma abordagem de prevenção da poluição, o que significa, quanto ao requisito em pauta, preparar-se para situações de emergência, tanto para reduzir a possibilidade de ocorrência, quanto responder a ela, mitigando os seus impactos. A norma recomenda que a organização estabeleça procedimentos de preparação e resposta a emergências que atendam às suas necessidades específicas e levem em conta, entre outras questões:

» os métodos mais apropriados para responder a uma situação de emergência;
» os processos de comunicação interna e externa;
» as ações para prevenir e mitigar os impactos ambientais para tipos de emergências;
» a necessidade de avaliação pós-emergência para determinar e implementar ações corretivas;
» lista dos principais membros da equipe e órgãos de atendimento, incluindo informações para contato;
» rotas de evacuação e locais de concentração;
» treinamento do pessoal de resposta a emergências; e
» possibilidades de assistências mútuas entre organizações vizinhas.[45]

Acidentes sempre podem acontecer, mesmo quando a organização se cerca de todos os cuidados. A legislação brasileira impõe ao poluidor e ao predador a obrigação de recuperar e/ou indenizar os danos causados ao meio ambiente.[46] Trata-se da aplicação

---

[44] ABNT, NBR ISO 14001:2015, cláusula 8.2.
[45] ABNT, NBR ISO 14001:2015, anexo A, subseção A 8.2.
[46] BRASIL. Lei n. 9638/1981, art. 9º, inciso IX.

do princípio do poluidor-pagador.[47] A legislação vai mais além: estabelece que o poluidor é obrigado, independentemente de existência de culpa, a indenizar ou reparar os danos causados ao meio ambiente e a terceiros afetados por suas atividades.[48] É o princípio da responsabilidade objetiva, ou seja, quem produz danos ambientais tem a obrigação de reparar, não importa a causa. Assim, se ocorrer um acidente que gere danos às pessoas, à comunidade e ao meio ambiente, não cabe à organização arguir que não foi culpada para eximir-se das responsabilidades pelos danos causados.

4.9 AVALIAÇÃO DO DESEMPENHO

Desempenho é definido na norma de modo muito simples: resultado mensurável, que pode referir-se a constatações quantitativas ou qualitativas. Desempenho ambiental refere-se aos resultados mensuráveis relacionados à gestão de aspectos ambientais. No contexto do SGA, esses resultados podem ser medidos em relação à política ambiental, aos objetivos ambientais e a outros critérios, usando indicadores ambientais. Estes, por sua vez, são representações mensuráveis das condições de operações, gestão ou condicionantes.[49]

A *avaliação do desempenho ambiental* é um processo contínuo de coleta e avaliação de dados para fornecer uma avaliação atual de desempenho e as tendências de desempenho ao longo do tempo. O monitoramento é uma atividade desse processo. *Monitorar* significa acompanhar uma atividade com base em informações coletadas ou observações a fim de verificar a sua condição ou estado. Por exemplo, acompanhar diariamente o consumo de água para verificar se o objetivo de redução de consumo está sendo alcançado conforme determinado. O monitoramento permite identificar o que necessita de correções e ajustes de acordo com os objetivos e metas e a ideia de melhoria contínua.

4.9.1 Monitoramento, medição, análise e avaliação

A organização deve medir, analisar e avaliar seu desempenho ambiental e a eficácia do SGA. Deve comunicar interna e externamente as informações pertinentes sobre o desempenho ambiental, como indicado em seus processos de comunicação, conforme mencionado na seção 4.7.2. E assegurar que os equipamentos de monitoramento e medição, calibrados ou verificados, sejam utilizados e mantidos. Deve ainda determinar:

a) o que precisa ser monitorado e medido;

b) os métodos de monitoramento, medição, análise e avalição, de modo que os resultados sejam válidos;

---

[47] Veja seção 3.2.1.
[48] BRASIL. Lei n. 9.638/1981, art. 4°, inciso VII, e art. 14, § 1°.
[49] ABNT, NBR ISO 14001:2015, termos e definições.

CAPÍTULO 4 SISTEMAS DE GESTÃO AMBIENTAL

c) os critérios de avaliação do desempenho ambiental e os indicadores apropriados;
d) quando o monitoramento e a medição devem ser realizados;
e) quando os resultados do monitoramento e medição devem ser analisados e avaliados.[50]

Uma questão central do processo de avaliação do desempenho é a determinação de indicadores ambientais, conforme se vê no item *c* da lista apresentada acima. A norma não diz como isso pode ser feito, mas recomenda o uso da norma NBR ISO 14031. Essa norma apresenta duas categorias de indicadores de avaliação do desempenho (ADA), como mostra o Quadro 4.13: indicador de condição ambiental (ICA) e de desempenho ambiental (IDA), que podem ser de dois tipos: indicador de desempenho gerencial (IDG) e indicador de desempenho operacional (IDO). A escolha dos IDG e IDO implica escolher os dados a serem monitorados, as unidades de medidas, os instrumentos de medição, a periodicidade das medições e os parâmetros que relacionam as medidas efetuadas com os objetivos de desempenho.

Quadro 4.13 Indicadores de desempenho – Categorias

INDICADOR	ESPÉCIE	INFORMAÇÃO SOBRE...	EXEMPLOS
Indicador de desempenho ambiental (IDA)	Indicador de desempenho gerencial (IDG)	... o desempenho ambiental de uma organização	» Recursos para implementar programas ambientais » Número e gravidade das violações de conformidade » Número de pessoas treinadas » Notificações feitas pelos órgãos públicos » Retorno sobre investimento em melhoria ambiental
	Indicador de desempenho operacional (IDO)	... o desempenho ambiental dos processos operacionais de uma organização	» Materiais utilizados por unidade do produto » Energia usada por unidade do produto » CO_2eq. por unidade transportada » Total de resíduos produzidos por categoria de resíduo » Durabilidade do produto
Indicador de condição ambiental (ICA)		... as condições locais, regionais, nacionais e globais do meio ambiente	» Concentração de certo poluente em local monitorado » População de uma espécie na região » Incidência de doenças específicas na região » Níveis de substâncias tóxicas no sangue da população local » Níveis de ruído no entorno da organização

Fonte: baseado em ABNT, NBR ISO 14031:2015.

---

[50] ABNT, NBR ISO 14001:2015, cláusula 9.1; e ABNT, NBR ISO 14031:2015, introdução.

Os ICA são em geral concebidos e elaborados por órgãos ambientais que efetuam medidas da qualidade do ar, solos, rios, lagos, reservatórios de água para consumo urbano, balneabilidade de praias etc. Nem sempre é possível ou fácil relacionar um ICA com a atuação da organização, a não ser que ela seja a única na região a gerar certo impacto ou sua presença seja dominante, como as empresas mineradoras, siderúrgicas, petroquímicas, usinas de açúcar e álcool, fábricas de celulose. Convém que a organização selecione indicadores desse tipo entre os existentes que sejam pertinentes às suas atividades, processos e produtos e relacionados com os objetivos e programas ambientais determinados pelo SGA. Na sua ausência, convém desenvolver indicadores próprios, se apropriados à organização. Por exemplo, se a comunidade vizinha manifesta preocupação com a qualidade da água local devido às operações da organização, e o órgão ambiental com jurisdição na região não efetua medições no local, conviria à organização fazê-las a fim de acompanhar a melhoria da condição da água decorrentes das suas ações de prevenção da poluição hídrica.

Os indicadores são fundamentais para acompanhar o alcance dos objetivos de cada ação programada e confrontar os resultados obtidos com os esperados. Vale lembrar que a determinação de indicadores também faz parte do requisito que trata dos objetivos ambientais e do planejamento para alcançá-los.[51] A norma NBR ISO 14031 apresenta diretrizes e recomendações que facilitam a determinação de indicadores para fins do SGA. O uso dessa norma não é obrigatório, nem mesmo para a organização que possui um SGA conforme os requisitos da ISO NBR 14001.

4.9.2 Avaliação do atendimento a requisitos legais e outros requisitos

A organização deve estabelecer, implementar e manter os processos necessários para avaliar periodicamente o atendimento aos requisitos legais e outros requisitos e reter informação documentada como evidência do resultado dessa avaliação. Para isso, a organização deve:

a) determinar a frequência com que o atendimento desses requisitos será avaliado;
b) avaliar e tomar ações, se necessário; e
c) manter o conhecimento e o entendimento da situação do atendimento a esses requisitos.[52]

---

[51] Veja Capítulo 4, seção 4.6.3.
[52] ABNT, NBR ISO 14001:2015, cláusula 9.1.2.

O não atendimento de um requisito é uma não conformidade, a menos que tenha sido identificado e corrigido pelos processos do SGA. Sempre que uma falha no atendimento dos requisitos legais e outros requisitos for identificada, a organização deve agir para saná-la. Nunca é demais ressaltar que o atendimento às normas legais aplicáveis à organização e aos demais requisitos assumidos por ela constituem o patamar mínimo que se espera em termos de desempenho ambiental. Com a abordagem de prevenção da poluição conduzida por meio da prática da melhoria contínua, espera-se um crescente aperfeiçoamento no atendimento desses requisitos.

Se a organização assume um compromisso com partes interessadas relacionadas com SGA, então deverá atendê-lo como se fosse mandatório por força de lei, daí a importância de avaliar o seu atendimento. Ou seja, um acordo estabelecido com partes interessadas é um requisito. É importante lembrar que a organização melhora sua inserção na sociedade ao realizar esses compromissos, pois eles denotam uma postura proativa em termos de cuidado com a sociedade e o meio ambiente. Porém, se o compromisso ficar só na intenção, a organização desfrutará de uma reputação que não merece, baseada na abominável prática da lavagem ou maquiagem verde. Por isso, faz sentido enfatizar o atendimento dos requisitos assumidos voluntariamente como se fossem normas legais.

4.9.3 Auditoria interna

A auditoria ambiental é uma atividade do processo de controle relacionada à avaliação do desempenho. É um processo sistemático, independente e documentado para obter evidências de auditoria e avaliá-la, objetivamente, para determinar a extensão na qual os critérios de auditoria são atendidos. *Critério de auditoria* é o conjunto de políticas, procedimentos ou requisitos usados como referência contra a qual as evidências coletadas são comparadas. *Evidência de auditoria* é constituída por registros, apresentação de fatos ou outras informações pertinentes aos critérios de auditoria. As evidências são verificáveis e normalmente baseiam-se em entrevistas, exames de documentos, observações das atividades, resultados de medições e ensaios ou outros meios de coleta de informação.[53]

A auditoria interna, ou de primeira parte, é conduzida pela própria organização ou por uma parte externa em seu nome. A organização deve conduzir auditorias internas em intervalos planejados para prover informações sobre o SGA a fim de verificar se está conforme os requisitos da norma e da própria organização para o seu SGA, e se está implantado e mantido eficazmente. Para isso, a organização deve estabelecer, implementar e manter programas de auditoria interna, inclusive

---

[53] ABNT, NBR ISO 19011:2018, definições 3.1, 3.2, 3.3.

determinando frequência, métodos, responsabilidades e requisitos para planejar e relatar. Ela deve:

1. definir os critérios de auditoria e o escopo de cada auditoria;
2. selecionar auditores e conduzir as auditorias para assegurar objetividade e imparcialidade do processo de auditoria;
3. assegurar que os resultados das auditorias sejam relatados para as gerências pertinentes.[54]

O programa de auditoria, inclusive o cronograma, deve basear-se na importância ambiental da atividade envolvida e nos resultados das auditorias anteriores. Ao considerar tais resultados, convém incluir as não conformidades identificadas previamente e a eficácia das ações tomadas. As não conformidades identificadas pelas auditorias estão sujeitas às ações corretivas apropriadas.

A independência em auditoria interna é sempre um problema, mesmo quando realizada por pessoas ou organizações externas contratadas pela organização. Convém que os auditores sejam independentes da atividade a ser auditada, sempre que viável, e que todos sejam livres de tendências e conflitos de interesse. A independência pode ser demonstrada por meio da ausência de conflito de interesse ou da liberdade com que os auditores coletam as evidências e realizam suas análises.

4.9.4 Análise crítica pela direção

A Alta Direção, em intervalos planejados, deve analisar criticamente o SGA, para assegurar sua continuada adequação, suficiência e eficácia. O processo para realizar a análise crítica deve considerar as entradas e saídas exibidas na Figura 4.5. A organização deve reter informação documentada como evidência dos resultados da análise crítica.[55]

A análise deve cobrir o escopo do SGA e não precisa ser feita de uma só vez; pode se estender por um período de tempo e ser parte das atividades regulares da Alta Direção. Não precisa ser exaustiva, detalhada. A responsabilidade por essa análise é da Alta Direção, sendo, portanto, quem deve conduzi-la, e não os administradores de outros níveis hierárquicos mediante delegação. Ou seja, a Alta Direção não pode delegar essa análise, mas pode valer-se do auxílio de outros para melhor desempenhar essa atribuição, cabendo a ela decidir quem convém participar da análise crítica.[56] Ela pode realizar a análise crítica como uma atividade exclusiva ou junto

---

[54] ABNT, NBR ISO 14001:2015, cláusula 9.1.2.
[55] ABNT, NBR ISO 14001:2015, cláusula 9.3.
[56] ABNT, NBR ISO 14001:2015, cláusula 9.

com outras atividades de gestão.[57] O que se pretende com a análise crítica é verificar se o SGA implantado e mantido é apropriado para melhorar o desempenho ambiental da organização, visando ao futuro. Seu foco é o SGA e, por via das consequências, a melhoria do desempenho ambiental da organização.

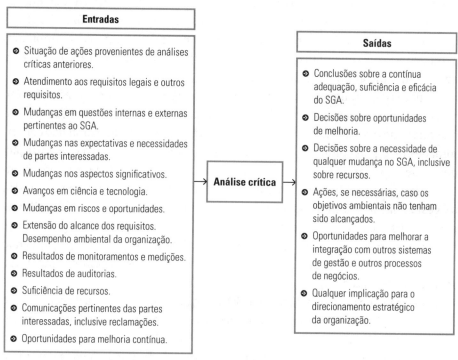

Figura 4.5 Entradas e saídas do processo de análise crítica pela direção

Fonte: elaborada conforme ABNT, NBR ISO 14001:2015, cláusula 9.3.

4.10 MELHORIA

Melhoria é palavra-chave para entender a norma de gestão NBR ISO 14001. *Melhoria* é o termo genérico que significa mudar para melhor, evoluir para um estágio superior. Segundo a norma, a organização deve determinar oportunidades para melhorias e implementar as ações necessárias para alcançar os resultados pretendidos pelo seu SGA. A melhoria resulta da avaliação do desempenho, conforme mostrado na seção anterior. Um exemplo de melhoria é a realização de uma ação corretiva para eliminar uma não conformidade identificada.

---

[57] ABNT, NBR ISSO 14004:2018, cláusula 9.3.

4.10.1 Não conformidade e ação corretiva

Não conformidade, o não atendimento de um requisito, pode ser qualquer falha ou desvio que prejudique o funcionamento do SGA ou comprometa o desempenho ambiental da organização. Pode referir-se ao próprio SGA, situação na qual um ou mais de seus componentes não estão funcionando como planejado, e/ou ao desempenho ambiental da organização. Falhas na identificação de necessidade de treinamento, na comunicação interna e na retenção de informação documentada são exemplos de não conformidades associadas aos requisitos do SGA. Não alcançar um objetivo ambiental relacionado com um aspecto ou impacto ambiental significativo é um exemplo de não conformidade associada tanto ao SGA quanto ao desempenho ambiental da organização.

As não conformidades apresentam diferentes gradações, por isso, não convém tratá-las todas do mesmo modo. Por exemplo, deixar de dar treinamento aos funcionários que manuseiam e transportam substâncias perigosas é uma não conformidade grave, pois compromete o SGA e o desempenho ambiental da organização; deixar de registrar o treinamento dado é uma não conformidade leve, pois compromete apenas o SGA. A norma não fala nada a esse respeito, mas a boa prática de gestão das não conformidades, desde há muito, recomenda o uso de critérios e escalas para classificá-las, como notas de 1 a 4, sendo 1 a de pouca gravidade e facilmente sanável; e 4, muito grave e mais difícil de sanar, por exemplo, uma não conformidade que afete um dos três compromissos básicos da política ambiental, mencionados na seção 4.5.1.

Pode-se usar o esquema da norma ISO/IEC 17021 sobre auditoria de certificação de SGA, que distingue apenas duas situações: (1) não conformidade menor, quando não afeta a capacidade do SGA de alcançar os resultados pretendidos; e (2) não conformidade maior, aquela que afeta esta capacidade. Convém considerar não conformidade maior se houver dúvidas sobre o atendimento do requisito ou se observar várias não conformidades menores associadas ao mesmo requisito, pois isso indica a existência de uma falha sistemática.[58]

A *ação corretiva* visa eliminar a causa de uma não conformidade e prevenir a sua ocorrência. Ocorrendo uma não conformidade, a organização deve reagir a ela e tomar ações para controlá-la e corrigi-la, bem como lidar com as consequências, incluindo ações para mitigar os impactos ambientais adversos. Mesmo quando a não conformidade ainda não produziu efeitos adversos, convém realizar uma ação corretiva para antecipar a ocorrência desse efeito. Deve ainda avaliar a necessidade de tomar ação para eliminar a causa da não conformidade para que não se repita

---

[58] ABNT, NBR ISO/IEC 17021-1:2016, definições.

mais. Para isso, deve analisar criticamente a não conformidade, determinar suas causas e se existem não conformidades similares ou se estas podem potencialmente ocorrer. A organização deve reter informações documentadas como evidência da natureza da não conformidade e dos resultados de qualquer ação corretiva.[59]

As ações corretivas devem ser apropriadas à significância dos efeitos da não conformidade. A versão anterior da norma ISO 14001 distinguia a ação corretiva da preventiva. A primeira, usada para eliminar a causa de uma não conformidade identificada e a segunda, a causa de uma não conformidade potencial. A versão atual da norma eliminou a ação preventiva por entender que o SGA já representa uma ação preventiva em si mesmo. De fato, a mentalidade preventiva está presente o tempo todo e a partir do compromisso expresso pela política ambiental com a proteção do meio ambiente e a prevenção da poluição. Também está expressamente manifesta a abordagem para identificar riscos e oportunidades a fim de prevenir ou reduzir os efeitos indesejáveis dos aspectos ambientais determinados.

4.10.2 Melhoria contínua

Melhoria contínua é a atividade recorrente para aumentar o desempenho. A organização deve melhorar continuamente a adequação, suficiência e eficácia do SGA para aumentar o desempenho ambiental.[60] É a peça-chave do SGA e de todos os sistemas de gestão segundo as normas da ISO, como mencionado na seção 4.2.1.

A melhoria contínua, como hoje se entende e se pratica, é um legado do movimento da qualidade. Antes dele, era entendida como o resultado espontâneo da aprendizagem dos trabalhadores que reduziam tempo e custo de produção, uma ideia conhecida por *aprendendo fazendo* (*learning by doing*). Os mestres desse movimento mostraram como transformar esse aprendizado passivo em métodos e práticas recorrentes para melhorar continuamente o desempenho das pessoas e das organizações. Entre esses métodos está o ciclo PDCA que tanto pode ser aplicado ao SGA integralmente, como na Figura 4.3, quanto às atividades específicas, por exemplo, sanar uma não conformidade numa seção da organização, como as ferramentas da qualidade mostradas na Figura 4.2. Praticamente todas as ferramentas da qualidade, de algum modo, estão ligadas à busca por melhoria contínua.

A realização de melhorias sistemáticas se beneficia de uma organização que pratica uma gestão participativa, outra contribuição do movimento da qualidade. Quanto mais o pessoal estiver engajado nos objetivos e práticas da organização, mais fácil identificar e resolver problemas que ocorrem no dia a dia, alguns dos quais com impactos ambientais. Uma gestão é tanto mais participativa quanto

---

[59] ABNT, NBR ISO 14001:2015, cláusula 10.
[60] ABNT, NBR ISO 14001: cláusula 10.3.

mais o seu pessoal se sentir à vontade para oferecer sugestões para melhorias sobre qualquer questão relacionada com o seu trabalho. Isso cria um ambiente interno favorável à realização de mudanças, o que vai ao encontro de qualquer sistema de gestão baseado nas normas da ISO, pois são direcionados à realização de mudanças.[61]

4.11 INTERAÇÕES COM OUTROS SISTEMAS DE GESTÃO

Uma organização pode ter ou pretende ter outros sistemas de gestão além do SGA no futuro. A integração entre dois ou mais sistemas sempre foi uma tarefa árdua. Enquanto a ISO tinha apenas as normas sobre sistemas de gestão ambiental e da qualidade, tabelas de correspondência técnica entre elas eram apresentadas para demostrar a possibilidade de usar os dois sistemas conjuntamente. Assim, a organização que já possuía um sistema de gestão da qualidade, criado e mantido de acordo com a norma ISO 9001, teria mais facilidade para implantar um SGA conforme a ISO 14001, pois esses dois sistemas apresentam um grau elevado de integração.

A partir de meados da década de 2000, o uso de tabelas de correspondência tornou-se inviável devido à proliferação de normas de sistemas de gestão produzidos pela ISO sobre os mais variados temas, como: sistema de gestão de energia (ISO 50001); de *compliance* (ISO 19601), de ativos (ISO 55001), da segurança da informação (ISO/IEC 27001), da saúde e segurança ocupacional (ISO 45001). Além disso, a ISO não é a única organização que produz normas de sistemas de gestão. Esse fato, se de um lado fornece um amplo instrumental de ação gerencial para lidar com problemas complexos e de grande interesse estratégico, de outro cria problemas de gestão devido às superposições e duplicidade de atividades correlatas.

A duplicação de esforços traduzidos em uso de recursos é o problema mais evidente da falta de integração dos sistemas. Por exemplo, como todo sistema de gestão requer auditorias internas, com mais de um sistema haverá a necessidade de auditorias individualizadas para cada sistema caso eles não estejam integrados. Isso envolve alocar recursos financeiros para que cada sistema possa atender a esse requisito. Além disso, ocorrem perdas decorrentes da necessidade de auditar mais de uma vez a mesma área, como quebra do ritmo de trabalho, aumento da tensão, checagem às vésperas da visita do auditor, entre outras. Para além da redução de custos e perdas, a integração de sistemas de gestão gera muitas vantagens, tais como planejamento e coordenação unificados e o uso de procedimentos comuns para questões com elevada similaridade, como os controles

---

[61] ÁLVARES; BARBIERI, 2021, p. 24-6.

operacionais e a gestão da documentação pertinente. Com isso, evita-se a dispersão de recursos humanos, financeiros e materiais, tornando sua utilização mais eficiente. O resultado esperado é a obtenção de sinergia no tratamento das questões pertinentes aos sistemas de gestão criados e mantidos pela organização.

Felizmente a ISO acabou percebendo que precisava facilitar a integração dos sistemas de gestão baseados em suas normas. Para tanto, criou uma ferramenta poderosa, a estrutura de alto nível (HLS) aplicável a todas as normas de sistema de gestão criadas por ela, conforme comentado na seção 4.2.1. Os títulos e textos de subseções idênticos facilitam a integração, pois antes era preciso fazer cruzamentos entre várias subseções para encontrar elementos comuns, caso houvesse. Os 21 termos e definições comuns a todas as normas, incluindo as notas de esclarecimento relacionadas, eliminam ou reduzem as interpretações conflitantes. Porém, o que mais facilita a integração é o entendimento da organização e seu contexto (seção 4.4), a base na qual são criados e mantidos todos os sistemas de gestão.

Assim, todas as normas de sistemas de gestão da ISO agora são compatíveis. Dada a enorme influência da ISO no campo das normas de gestão, outras entidades também estão usando a HSL para criar e rever suas normas sobre sistemas de gestão para torná-las compatíveis com as da ISO. No futuro, as normas de sistemas de gestão não compatíveis com essa estrutura HSL terão dificuldades para sobreviver.

Não há normas para integrar sistemas de gestão, mas diversas recomendações, inclusive da ISO. Um Sistema de Gestão Integrado (SGI) é um processo pelo qual os requisitos de dois ou mais sistemas de gestão são integrados, formando um único sistema de gestão. Nenhum requisito desses sistemas deixa de ser atendido, seja em conjunto com os requisitos de textos idênticos aos demais sistemas, ou separadamente se for requisito de apenas um dos sistemas. Por exemplo, projeto de desenvolvimento de produtos e serviços e propriedades pertencentes a clientes e provedores externos são requisitos exclusivos do sistema de gestão da qualidade;[62] revisão energética e linha de base energética, do sistema de gestão de energia.[63] Qualquer que seja o método para integrar sistemas de gestão, sempre será necessário conhecer cada norma de sistema de gestão como se a fosse implementar isoladamente.

4.12 CERTIFICAÇÃO DO SISTEMA DE GESTÃO AMBIENTAL

A organização que implementa e mantém um SGA pode fazer uma autodeclaração de conformidade realizada por meio de avaliações conduzidas pela própria

---

[62] ABNT, NBR ISO 9001:2015, cláusulas 8.3 e 8.5.3.
[63] ABNT, NBR ISO 50001:2018, cláusulas 6.3 e 6.5.

organização que criou o SGA ou por uma organização externa agindo em seu nome. O SGA pode ser por organizações que se relacionam com ele no seu ambiente de negócio, como as empresas clientes, bancos, seguradoras. É o caso de uma empresa cliente que avalia o SGA dos seus fornecedores e prestadores de serviço. Porém, na prática, o que se observa é a preferência pela certificação conduzida por organizações de terceira parte acreditadas para tal no país onde o SGA opera. *Certificação* é o procedimento pelo qual uma terceira parte dá garantia escrita de que o SGA está em conformidade com os requisitos especificados. *Terceira parte* é uma pessoa ou organismo reconhecido como independente das partes envolvidas: a organização que cria e mantém um SGA (primeira parte) e o órgão que cria a norma, no caso a ISO, ou quem a adota como sua, como a ABNT (segunda parte).[64]

A certificação de terceira parte evita o inconveniente de ter diversas organizações interessadas realizando visitas, medindo e conferindo dados, entrevistando o pessoal e outros procedimentos para verificar a conformidade do SGA aos requisitos da norma. Com o uso de organizações de terceira parte acreditadas, os custos de transações entre as empresas interessadas se reduzem, o que explica a grande procura por certificação realizada por organizações independentes, denominadas *Organismos de Certificação Credenciados* (OCC).

4.12.1 Organismo de Certificação Credenciado

Um OCC deve atender critérios previamente estabelecidos em documentos normativos pelo órgão governamental competente para poder avaliar a conformidade de um SGA com o propósito de certificá-lo. Cada país possui esquemas próprios para acreditar e controlar as atividades de certificação dos OCC, além de um amplo esforço internacional para harmonizar critérios e procedimentos, tendo à frente a ISO, a Comissão Eletrotécnica Internacional (IEC, de *International Electrotechnical Commission*) e o Fórum Internacional de Acreditação (IAF, de *International Accreditation Forum*).

Acreditação é o reconhecimento formal por parte do órgão governamental competente de que um organismo, pessoa ou organização atende aos requisitos previamente definidos por leis e regulamentos para realizar atividades específicas de modo confiável, no caso, avaliar a conformidade do SGA à norma NBR ISO 14001. Um desses requisitos é a independência dos organismos acreditados, o que impede que eles sejam contratados para auxiliar a organização em relação ao objeto da certificação com vistas a facilitar a avaliação da conformidade.

---

[64] ABNT, NBR ISO/IEC Guia 2, definições, 1998.

CAPÍTULO 4 SISTEMAS DE GESTÃO AMBIENTAL

No Brasil, os requisitos para acreditação de OCC são definidos no âmbito do Sistema Nacional de Metrologia, Normalização e Qualidade Industrial (Sinmetro), criado pela Lei n. 5.966, de 1973, cujos principais componentes estão citados no Quadro 4.12. As questões concernentes à acreditação de OCC são tratadas pelo Comitê Brasileiro de Avaliação da Conformidade (CBAC), que assessora o Conmetro na estruturação de um sistema de avaliação da conformidade harmonizado internacionalmente e na proposição de princípios e políticas a serem adotados. *Avaliação da conformidade* é o processo para verificar se os requisitos especificados relativos a um produto, processo, sistema, pessoa ou organismo são atendidos.

A certificação de conformidade, compulsória ou voluntária, é o ato pelo qual um organismo acreditado atesta que um sistema, processo, produto ou serviço atende aos requisitos especificados pelas normas pertinentes. A certificação de um sistema de gestão atesta que ele está em conformidade com os requisitos da norma em questão. No caso do SGA, conforme a norma ISO 14001. Trata-se de certificação voluntária realizada por um Organismo de Certificação de Sistema de Gestão Ambiental (OCA), organismo de terceira parte acreditada pelo órgão competente, que no Brasil é o Instituto Nacional de Metrologia, Qualidade e Tecnologia (Inmetro), órgão executivo central do Sinmetro e gestor do CBAC, como mostra a figura do Quadro 4.14. O certificado é validado por três anos, podendo ser recertificado pelo OCA, que analisa o desempenho do SGA durante o período de certificação a fim de confirmar a sua conformidade aos requisitos da norma. O certificado pode ser suspenso pelo OCA caso o SGA apresente falhas sérias e persistentes no atendimento dos requisitos da norma ou da certificação.

O OCA acreditado pelo Inmetro emite certificados de conformidade válidos no Brasil. Isso pode ser insuficiente quando o que está em jogo é o comércio internacional. Por isso, eles têm como prática obter acreditação em vários países, para que os certificados emitidos por eles tenham uma aceitação mais ampla. Acreditações obtidas em vários países atuam como elementos de promoção do OCA, quando da escolha por parte da organização interessada em certificar seu SGA. Um OCA acreditado apenas pelo Inmetro terá menos apelo promocional do que outro que ostente em seu portfólio acreditação pelo RAB norte-americano, DAR alemão, JAB japonês e outros órgãos acreditadores de importância reconhecida mundialmente.[65]

---

[65] RAB, *Registrar Accreditation Board/National Accreditation Program*; DAR, *Deutscher Akkreditierungsrat*; JAB, *Japan Accreditation Board for Conformity Assessment*.

Quadro 4.14 Sinmetro e processo de certificação – Resumo

SINMETRO	PROCESSO DE CERTIFICAÇÃO
» Sistema nacional constituído por entidades públicas e privadas que exercem atividades relacionadas com metrologia, normalização, qualidade industrial e certificação da conformidade. » **Objetivo:** formular e executar a política nacional de metrologia, normalização industrial e certificação de qualidade de produtos industriais. » **Componentes:** todas as entidades públicas e privadas que exerçam atividades relacionadas com os objetivos acima. » **Órgão Normativo:** Conselho Nacional de Metrologia, Normalização e Qualidade Industrial (Conmetro). » **Órgão Executivo Central:** Instituto Nacional de Metrologia, Qualidade e Tecnologia (Inmetro). Coordena a certificação compulsória e voluntária de sistemas, produtos, processos, serviços e a certificação voluntária de pessoal. » **Sistema Brasileiro de Avaliação da Conformidade (SBAC):** subsistema do Sinmetro, destinado ao desenvolvimento e coordenação das atividades de avaliação da conformidade no seu âmbito. » **Comitê Brasileiro de Avaliação da Conformidade (CBAC):** assessora o Conmetro na estruturação, para a sociedade, de um sistema de avaliação da conformidade harmonizado internacionalmente, na proposição de princípios e políticas a serem adotados, no âmbito do SBAC.	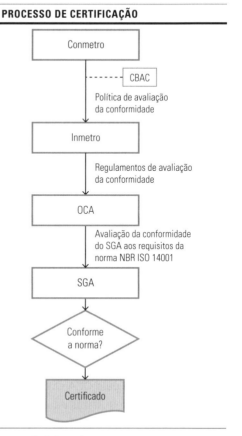

Fonte: Brasil, Lei n. 5.966/1973; ABNT, NBR ISO 17021:2016 e regulamentos para acreditação de organismos.

4.13 BENEFÍCIOS E OBJEÇÕES

A norma ISO 14001 apresenta requisitos processuais que podem ser utilizados por organizações de qualquer porte, setor de atividade, localização, entre outras circunstâncias. Porém, o que a organização irá estabelecer em termos de objetivos, programas, métodos de mensuração e outros elementos do SGA depende do seu contexto e das decisões da Alta Direção. A mesma quantidade de um poluente lançado em diversos locais gera impactos diferentes devido às características físicas, biológicas e sociais do meio ambiente receptor. Depende também do modelo de gestão adotado, pois modelos diferentes conferem olhares diferentes sobre as mesmas questões ou fatos.

Um SGA requer a formulação de diretrizes e o envolvimento de todos os segmentos da empresa para tratar das questões ambientais de modo integrado com as demais atividades da empresa. Segundo a norma ISO 14001, uma organização que possua um SGA poderá equilibrar e integrar interesses econômicos e ambientais e alcançar vantagens competitivas significativas. Um dos objetivos explícitos das normas ISO em geral é contribuir para eliminar as barreiras técnicas injustificadas. Tem sido voz corrente afirmar que a certificação do SGA constitui um pedágio que a empresa deve pagar para poder participar desse mercado.

A normalização, de modo geral, desempenha um papel fundamental nos processos de produção e distribuição, podendo facilitar ou criar obstáculos ao comércio internacional. A existência de várias normas de âmbito nacional sobre uma mesma matéria constitui uma barreira ao comércio, pois aumenta os custos do exportador que pretende atender a mais de um mercado. Uma norma internacional gera economia de recursos para o produtor e maior segurança para o consumidor e torna mais ágil o comércio entre nações, pois permite simplificar e uniformizar procedimentos administrativos e operacionais. Esse é um dos motivos que tornaram as normas de gestão da ISO muito populares nos ambientes de negócio.

Porém, há certa desconfiança nos países não desenvolvidos de que as normas sobre SGA elaboradas pela ISO possam se tornar barreiras técnicas para proteger empresas dos países desenvolvidos que operam com custos mais elevados decorrentes de legislações mais rigorosas. Essa preocupação não é totalmente desprovida de sentido, pois as questões ambientais têm sido usadas com frequência como pretexto para práticas protecionistas, e a normalização ambiental no âmbito da ISO é conduzida sob a regência de órgãos de normalização de países desenvolvidos, nos quais o protecionismo comercial baseado em critérios técnicos é amplamente praticado. Essa crítica é alimentada pelo fato de que nenhum país em desenvolvimento tinha norma sobre SGA quando o ISO TC 207 da ISO começou a trabalhar. Realmente, a necessidade de normalizar a gestão ambiental surge inicialmente nos países ricos, um fato que se evidencia também pela participação expressiva desses países na coordenação e secretariado do ISO TC 207.

Não faltam os que criticam o SGA pelo fato de que eles podem ser certificados mesmo não estando totalmente em conformidade com a legislação ambiental. Notícias na imprensa sobre problemas ambientais em organizações com SGA certificados alimentam o ceticismo em relação a esse instrumento de gestão ambiental. Não faz sentido exigir que uma organização esteja totalmente conforme a legislação para só então criar um SGA. Pelo contrário, esse sistema permite que se identifique onde e de que modo a organização não está atendendo à legislação com vistas a encontrar meios para superar as não conformidades. Mesmo quando a organização estiver cumprindo plenamente os requisitos legais em um momento, dada a natureza evolutiva das legislações, no momento seguinte ela poderá deixar de atendê-los, necessitando de tempo, recursos e novos procedimentos para ajustar-se às novas exigências legais.

Outra crítica refere-se à dificuldade de implementar um SGA conforme os requisitos da norma ISO 14001 em micro, pequenas ou médias empresas devido à complexidade do SGA e ao elevado custo que representa para elas, apesar de a norma afirmar que ela se aplica a qualquer tipo de organização. Essa crítica não procede. A complexidade de um SGA reflete a complexidade da empresa; ela não ficará mais complexa pelo fato de implantar um SGA, porém, se o implantar, o tratamento das questões ambientais ficará mais fácil e menos oneroso. Os custos para implantar e manter um SGA dependem da situação da empresa em relação às questões ambientais pertinentes a ela, isto é, são proporcionais às necessidades de adequação aos requisitos legais e outros assumidos por ela para enfrentar essas questões.

Não raro os maiores custos são devidos à obtenção de conformidade legal, o que exige renovações de licenças ambientais, novos métodos produtivos, aquisição de equipamentos, reformas em prédios e instalações, treinamentos de funcionários e terceirizados, entre outras providências. Ou seja, são custos decorrentes do atendimento da legislação, condição que vale para qualquer empresa, com ou sem um SGA. A implantação e a operação do SGA revelam as não conformidades legais de forma sistemática, o que requer ações corretivas. Os custos do processo de certificação por um organismo de terceira parte acreditado é uma fração pequena dos custos totais e proporcional ao porte da empresa. Os valores cobrados por esses organismos pelo trabalho de certificação são estabelecidos pelos órgãos de acreditação do país em questão, o Inmetro no caso do Brasil.

Um SGA de acordo com os requisitos da ISO 14001 facilita o acompanhamento da legislação e a busca de conformidade legal e outros requisitos que expressam necessidades e expectativas das partes interessadas. A melhoria contínua é um requisito básico do SGA, de modo que a sua implementação deve produzir ao longo do tempo uma melhora geral no desempenho ambiental da organização que ultrapasse as exigências legais. Se, de um lado, as críticas apontadas não condizem com os objetivos e alcances de um SGA criado e mantido conforme mostrado neste capítulo, de outro, esse SGA não deve ser visto como uma panaceia para todos os problemas ambientais gerados pela organização. O SGA deve ser entendido como um entre muitos instrumentos para abordar tais problemas e que, se for bem implantado e mantido, fará com que a empresa melhore continuamente o seu desempenho ambiental.

TERMOS E CONCEITOS IMPORTANTES

- Ação corretiva
- Acreditação
- Aspecto e impacto ambiental
- Avaliação do desempenho ambiental
- Certificação
- Ciclo PDCA
- Contexto da organização
- Conformidade e não conformidade
- Melhoria contínua
- Normas de sistema de gestão
- Objetivos ambientais
- Organismo Credenciado de Certificação
- Perspectiva do ciclo de vida
- Política Ambiental
- Requisito
- Riscos e oportunidades
- Sistema de gestão ambiental
- Sistema de gestão integrado

REFERÊNCIAS

ÁLVARES, A. C. T.; BARBIERI, J. C. *Inovação horizontal*: inovação a partir de todas as pessoas. São Paulo: SENAI-SP Editora, 2021.

ASSOCIAÇÃO BRASILEIRA DE NORMAS TÉCNICAS (ABNT). *NBR ISO 14005:2022*. Sistemas de gestão ambiental – Diretrizes para uma abordagem flexível para a implementação em fases. Rio de Janeiro: ABNT, 2022.

ABNT. *ISO 10013:2021*. Sistema de gestão da qualidade: orientação para informação documentada. Rio de Janeiro: ABNT, 2021.

ABNT. *NBR ISO 19011:2018*. Diretrizes para auditoria de sistema de gestão. Rio de Janeiro: ABNT, 2018.

ABNT. *NBR ISO 14004: 2018*. Sistema de gestão ambiental: diretrizes gerais para a implementação. Rio de Janeiro: ABNT, 2018.

ABNT. *NBR ISO/IEC 17021-1*. Avaliação da conformidade: requisitos para organismos que fornecem auditoria e certificação de sistemas de gestão. Parte 1: Requisitos. Rio de Janeiro: ABNT, 2016.

ABNT. *NBR ISO 14001:2015*. Sistemas de gestão ambiental: requisitos com orientações para uso. Rio de Janeiro: ABNT, 2015.

ABNT. *NBR ISO 9001:2015*. Sistemas de gestão da qualidade: requisitos. Rio de Janeiro: ABNT, 2015.

ABNT. *NBR ISO 14031:2015*. Gestão ambiental: avaliação de desempenho ambiental – diretrizes. Rio de Janeiro: ABNT, 2015.

ABNT. *NBR ISO 14063:2009*. Gestão ambiental: comunicação ambiental – diretrizes e exemplos. Rio de Janeiro: ABNT, 2009.

ABNT. *NBR ISO/IEC*. Avaliação da conformidade: requisitos para organismos que fornecem auditoria e certificação de sistemas de gestão. Rio de Janeiro: ABNT, 2016.

ABNT. *Guia 2:1998*. Normalização e atividades relacionadas: vocabulário geral. Rio de Janeiro: ABNT, 1998.

BRASIL. *Decreto n. 4.281, de 25 de junho de 2002*. Regulamenta a Lei n. 9.795, de 27 de abril de 1999, que institui a Política Nacional de Educação Ambiental, e dá outras providências. Brasília: *DOU*, 26 jun. 2002.

BRASIL. *Lei n. 6.938, de 31 de agosto de 1981.* Dispõe sobre a Política Nacional do Meio Ambiente, seus fins e mecanismos de formulação e aplicação e dá outras providências. Brasília: *DOU*, 2 set. 1981.

BRASIL. *Lei n. 9.795, de 27 de abril de 1999.* Institui a Política Nacional de Educação Ambiental. Brasília: *DOU*, 29 abr. 1999.

BRASIL. *Decreto n. 4.281, de 25 de julho de 2002.* Regulamenta a Lei n. 9.795, de 27 de abril de 1999, que institui a política nacional de educação ambiental, e dá outras providências. Brasília: *DOU*, 26 jun. 2002.

BRASIL. *Lei n. 5.966, de 11 de dezembro de 1973.* Institui o Sistema Nacional de Metrologia, Normalização e Qualidade Industrial, e dá outras providências. Brasília: *DOU*, 12 dez. 1973.

BRITISH STANDARDS INSTITUTION (BSI). *BS 7750* – Specification for environmental management system. Londres: British Standards Institution (BSI), 1992.

INTERNATIONAL ACCREDITATION FORUM (IAF). *Transition Planning Guidance for ISO 14001:2015.* Quebec: IAF, 2015.

INTERNATIONAL CHAMBER OF COMMERCE (ICC). *ICC Guide to effective environmental auditing.* Paris: OCDE, 1991.

INTERNATIONAL ORGANIZATION FOR STANDARDIZATION (ISO). *Environmental management:* the ISO 14000 family of international standards. Genebra: ISO/TC 207, 2009. Disponível em: www.tc207.org. Acesso em: 21 out. 2015.

ISO. *My ISO job:* guidance for delegates and experts. Genebra: ISO, 2005. Disponível em: www.iso.org. Acesso em: 21 out. 2015.

ISO; INTERNATIONAL ELECTROTECHNICAL COMMISSION (IEC). *Directives, Part 1, Consolidated ISO Supplement, 2015 Annex SL (normative),* Appendix 2. Genebra: ISO/IEC, 2015. Disponível em: ISO/IEC Directives, Part 1 — Consolidated ISO Supplement — Procedures for the technical work — Procedures specific to ISO. Disponível em: https://www.iso.org/sites/directives/current/consolidated/index.xhtml. Acesso em: 15 ago. 2022.

ROBERTS, H.; ROBINSON, G. *Manual de sistema de gestión medioambiental.* Madrid: Thomson Paraninfo, 2003.

AUDITORIAS AMBIENTAIS

A auditoria, entendida como exame, conferência ou apuração de fatos, tem uma longa história, cuja origem encontra-se na Antiguidade. *Auditoria* é uma palavra de origem latina, *auditore*, que significa "ouvinte" ou "aquele que ouve", indicando que ouvir as pessoas era um dos principais meios para realizar essa atividade. As auditorias ligadas aos negócios começam a partir do século XVII com as conferências e os registros sobre a segurança de navios e cargas para efeito de seguro. As auditorias de qualidade só começaram a ser praticadas de modo sistemático nas primeiras décadas do século XX, impulsionadas pelos programas de fornecimento de material bélico, principalmente durante a II Guerra Mundial. As auditorias ambientais são mais recentes, começaram a aparecer em meados do século XX como parte dos trabalhos de avaliação de desastres de grandes proporções, envolvendo explosões e vazamentos seguidos de contaminações em fábricas, refinarias, gasodutos, terminais portuários e outros. Porém, foi a partir da década de 1970 que elas se tornaram um instrumento autônomo de gestão ambiental para múltiplos propósitos

No início, as auditorias ambientais buscavam basicamente assegurar a adequação das empresas às leis ambientais dentro de uma postura defensiva, para identificar possíveis problemas relacionados a multas, indenizações e outras penalidades ou restrições contidas nas diversas leis federais, estaduais e locais. Ao final da década de 1980, já existia uma razoável experiência internacional sobre esse instrumento, que em grande parte se beneficiou dos avanços em outros tipos de auditoria, como a contábil e a de qualidade. Com o tempo, outras considerações foram acrescentadas e, com isso, a expressão *auditoria ambiental* tornou-se

GESTÃO AMBIENTAL EMPRESARIAL

bastante elástica, podendo significar uma diversidade de atividades de caráter analítico voltadas para identificar, averiguar e apurar fatos e problemas ambientais com diferentes objetivos.

5.1 TIPOS DE AUDITORIAS AMBIENTAIS

As auditorias ambientais podem ser aplicadas em organizações, locais, produtos, processos e sistemas de gestão. O Quadro 5.1 resume os principais tipos de auditoria ambiental quanto a seus objetivos, indicando para cada um os seus principais instrumentos de referências para efeito de averiguação e análise.

A *auditoria de conformidade legal* tem por objetivo verificar o cumprimento da legislação ambiental e correlata aplicável à organização, incluindo autuações dos órgãos ambientais governamentais, situação das licenças concedidas e em tramitação nos órgãos ambientais e correlatos; atendimento aos termos de compromisso firmados com o órgão ambiental e outras autoridades; situação das ações movidas contra a organização, por exemplo, para reparação de danos ambientais; reclamações de trabalhadores, sindicatos, vizinhos, imprensa, ONGs e outras partes interessadas quanto ao não atendimento de medidas legais.

A *due diligence* (literalmente, *devido cuidado*) é uma auditoria de escopo amplo voltada para identificar questões que afetam ou podem afetar o patrimônio da empresa e sua continuidade. Essa auditoria avalia a responsabilidade da empresa perante acionistas, governos, empregados, clientes, bancos, fornecedores, representantes comerciais e outras partes interessadas com o objetivo de avaliar a situação legal (civil, comercial, trabalhista, tributária, ambiental etc.) e conhecer o verdadeiro valor da empresa, identificando os passivos ocultos e as contingências não provisionadas no balanço patrimonial. A identificação de passivos ocultos permite que os investidores paguem o preço mais próximo da realidade, pois, do contrário, poderão estar pagando duas vezes, uma pela transação e outra depois que os passivos ocultos começarem a ser exigidos. Para o comprador, as informações obtidas por esse tipo de auditoria permitem estimar o valor das obrigações futuras (custos para descontaminar áreas e corpos d'água, indenizar pessoas e empresas por danos etc.), para descontar do preço a ser pago na transação, bem como para elaborar medidas para administrar a transição do controle societário, uma fase geralmente turbulenta e que pode comprometer os objetivos do novo controlador.

CAPÍTULO 5 AUDITORIAS AMBIENTAIS

Quadro 5.1 Tipos de auditorias ambientais – Exemplos

TIPO	OBJETIVOS	PRINCIPAIS INSTRUMENTOS DE REFERÊNCIA
Auditoria de conformidade legal	Verificar o grau de conformidade com a legislação ambiental.	» Legislação ambiental » Licenças e processos de licenciamentos » Termos de ajustamento
Due diligence	Verificar as responsabilidades de uma empresa perante acionistas, credores, fornecedores, clientes, governos e outras partes interessadas.	» Legislação ambiental, trabalhista, societária, tributária, civil, comercial etc. » Contrato social, acordos de acionistas, financiamentos etc. » Títulos de propriedade e certidões negativas
Auditoria de fornecedor	Avaliar o desempenho ambiental de fornecedores atuais e selecionar novos. Selecionar fornecedores para projetos conjuntos.	» Legislação ambiental » Acordos voluntários subscritos » Normas técnicas » Normas da própria empresa » Demonstrativos contábeis dos fornecedores » Licenças, certificações e premiações
Auditoria focada em questões específicas	Verificar a ocorrência de problemas ambientais específicos e localizados.	» Legislação ambiental » Acordos voluntários subscritos » Normas técnicas » Especificações dos fabricantes
Auditoria pós-acidente	Verificar as causas do acidente, identificar as responsabilidades e avaliar os danos.	» Legislação ambiental e trabalhista » Acordos voluntários subscritos » Normas técnicas » Plano de emergência » Normas da organização » Programas de treinamento
Auditoria de sistema de gestão ambiental (SGA)	Avaliar a conformidade do SGA com os requisitos da norma de gestão aplicável e a política da empresa.	» Normas que especificam os requisitos do SGA (Ex.: NBR ISO 14001) » Legislação aplicável » Requisitos de partes interessadas » Informação documentada do SGA » Critérios de auditoria do SGA

Fonte: elaborado pelo autor.

A *auditoria de fornecedor* é empregada nos processos de seleção e avaliação de produtos e fornecedores, com objetivos vários, como selecionar produtos ambientalmente preferíveis, selecionar fornecedores que tenham uma atuação ambiental compatível com a política e as práticas ambientais, identificar problemas ambientais dos fornecedores que podem ser transmitidos a jusante da cadeia,

149

entre outros. O exame desses critérios pode exigir, além da análise do produto e dos materiais que o compõem, uma verificação do processo de produção e de seus impactos ambientais a montante da cadeia de suprimento.

Auditorias ambientais focadas em questões ambientais específicas são usadas para detectar problemas ou oportunidades em áreas ou atividades, tais como:

» fontes de poluição e medidas de controle e prevenção;
» uso de energia e água e medidas de economia;
» processos de produção e distribuição;
» uso, armazenagem, manuseio e transporte de produtos controlados;
» subprodutos e desperdícios;
» estações de tratamento de águas residuárias;
» sítios contaminados;
» saúde ocupacional e segurança do trabalho.

Um exemplo desse tipo de auditoria é a de desperdício, que pode ser o primeiro passo de um programa para otimizar o uso dos recursos e aperfeiçoar o desempenho ambiental de uma organização dos seus processos produtivos. Essa auditoria procura identificar os pontos de perdas ou desperdícios de materiais e energia nos processos produtivos, examinando equipamentos, rotinas e procedimentos produtivos de modo sistemático a fim de eliminar ou reduzir emissões e resíduos, ao mesmo tempo que aumenta a eficiência do processo produtivo e melhora as condições de trabalho.

A *auditoria pós-acidente* é um tipo de auditoria focada que tem por objetivo verificar se os procedimentos para evitar acidentes ou emergências ambientais foram seguidos conforme especificados em normas, planos de emergência e manuais apropriados, por exemplo, se os sinais indicadores da aproximação de um acidente foram ou não observados e como a organização lidou com o acidente com vistas a reduzir ou mitigar os impactos ambientais danosos.

A *Auditoria do Sistema de Gestão Ambiental* (SGA) tem por objetivo verificar se o SGA implantado e mantido por uma organização atende aos requisitos especificados pela norma adotada e se é adequado para a consecução da política ambiental determinada pela sua Alta Direção, ou seja, procura avaliar se o SGA atende às expectativas da Alta Direção e em que grau. Qualquer SGA deve incluir a auditoria interna como um requisito essencial, como mostrado no capítulo anterior (seção 4.9.3). A auditoria externa é usada para certificar o SGA ou comprovar a conformidade aos requisitos perante partes externas interessadas.

5.1.1 Auditoria interna e externa

A auditoria pode ser interna ou externa. A auditoria interna, ou de primeira parte, é realizada pelo próprio pessoal da organização, ou por profissionais contratados por ela, segundo critérios de auditoria estabelecidos por ela. Exemplos: uma empresa que realiza auditoria pós-acidente com o seu próprio pessoal, auditoria interna do SGA conforme tratada no capítulo anterior, seção 4.9.3.

A auditoria externa pode ser de segunda ou de terceira parte. A de segunda parte é realizada por uma organização, ou alguém em nome dela, auditando com seus próprios critérios outra organização, por exemplo, uma empresa auditando uma outra que pretende adquirir ou um fornecedor potencial. A auditoria de terceira parte é conduzida por uma entidade externa independente do auditor e do auditado.[1]

A auditoria de certificação de um sistema de gestão ambiental, da qualidade, de energia, de saúde e segurança ocupacional ou qualquer outro criado e mantido conforme os requisitos normativos é de terceira parte, ou seja, é realizada por um organismo externo independente da organização que criou o sistema e do órgão que criou a norma. Exemplo: para efeito de certificação de um SGA, criado e mantido conforme os requisitos da norma NBR ISO 14001, é necessária a realização de auditorias externas conduzidas por organizações de certificação ambiental acreditadas por um órgão governamental, que no caso do Brasil é o Inmetro, conforme comentado no capítulo anterior (seção 4.12).

5.2 INICIATIVAS PIONEIRAS

Contra a proliferação de modalidades de auditorias ambientais e a confusão decorrente do amplo espectro de objetivos e, consequentemente, de procedimentos, algumas entidades públicas e privadas procuraram clarificar o seu entendimento e orientar a sua prática. Essa preocupação ocorre de modo mais intenso ao final da década de 1980. Nos Estados Unidos, a *United States Environmental Protection Agency* (US EPA) estabeleceu em 1986 uma política de auditoria ambiental, procurando valorizar esse instrumento e retomar seu caráter inicial associado ao cumprimento de requisitos legais.[2] Porém, foi a Câmara Internacional de Comércio (ICC, em inglês) que empreendeu uma verdadeira cruzada para valorizar a auditoria ambiental e estabelecer orientações para a sua elaboração. Muito do que hoje se entende e se pratica em relação a esse instrumento de gestão ambiental deve-se à ICC.

---

[1] ABNT, NBR ISO 19011:2012, termos e definições.
[2] US EPA, 1986.

GESTÃO AMBIENTAL EMPRESARIAL

Para a ICC, a auditoria ambiental é um instrumento gerencial que compreende uma avaliação sistemática, periódica, documentada e objetiva do desempenho da organização, da administração e dos equipamentos na salvaguarda do meio ambiente, com vistas a facilitar o controle das práticas ambientais e avaliar a adequação das políticas ambientais da empresa com as normas legais. Como uma atividade típica do processo de controle, a auditoria compara os registros, fatos e outras evidências de auditoria com políticas, objetivos e procedimentos administrativos e operacionais, com vistas a detectar o grau de atendimento esperado e, com isso, realimentar o processo de planejamento.[3]

5.2.1 Processo de auditoria

As auditorias são realizadas por pessoal qualificado para tanto, mediante análise de documentos, registros e informações obtidas por meio de entrevistas, observações *in loco*, reuniões de trabalho, medições, ensaios e testes. A ICC recomenda que as auditorias sejam realizadas em três etapas básicas, previamente planejadas, como mostra a Figura 5.1, a saber: (1) atividades de pré-auditoria, (2) atividades na unidade ou local específico e (3) atividades de pós-auditoria. Esse processo em três fases foi popularizado pela ICC e hoje é amplamente usado em auditorias dos mais diversos tipos.

A pré-auditoria (Fase 1) envolve a seleção da unidade ou dos recursos que serão auditados, o planejamento da auditoria, incluindo os objetivos, a abrangência, as prioridades e a definição da equipe. A definição do escopo é uma das questão-chave para conduzir um programa de auditoria. Nesta fase são definidos os limites da atuação dos auditores, os quais podem ser estabelecidos em termos:

a) *geográficos*, que delimitam a área (país, estado, município ou bairro) que será coberta pelo programa de auditoria;

b) *temáticos*, que definem as questões que serão objeto da auditoria, por exemplo, saúde, segurança e meio ambiente;

c) *de unidades de negócio*, que definem quais operações ou unidades da organização serão auditadas;

d) *de tempo*, que delimitam o período que será considerado para efeito de coleta de informações e análise. Esse tempo não se confunde com o período da auditoria, ou seja, o tempo para realizá-la. Exemplo: se uma organização realiza auditoria em uma de suas unidades a cada dois anos, esse é o período da auditoria, cujo início é o final da auditoria anterior, e as atividades da auditoria poderão levar duas semanas.

---

[3] ICC, 1991, p. 3.

Protocolo é um guia ou uma lista de verificação que estabelece procedimentos a fim de obter evidências de auditoria (Quadro 5.2). Esse documento é preparado pelo auditor-líder na fase de pré-auditoria para ser usado na fase 2, no local da auditoria. Ele varia caso a caso, conforme os objetivos e o escopo da auditoria. O seu grau de detalhamento também depende de cada caso, podendo variar desde um guia genérico até uma lista com perguntas específicas. O importante é que ele facilite o trabalho dos auditores e permita que haja uniformidade no tratamento de questões similares. Um protocolo detalhado e sequenciado passo a passo facilita as etapas posteriores, pois permite que sejam feitas anotações com respeito às questões específicas, de modo que ele se torna também um documento de trabalho de campo.

Figura 5.1 Etapas básicas de um processo de auditoria

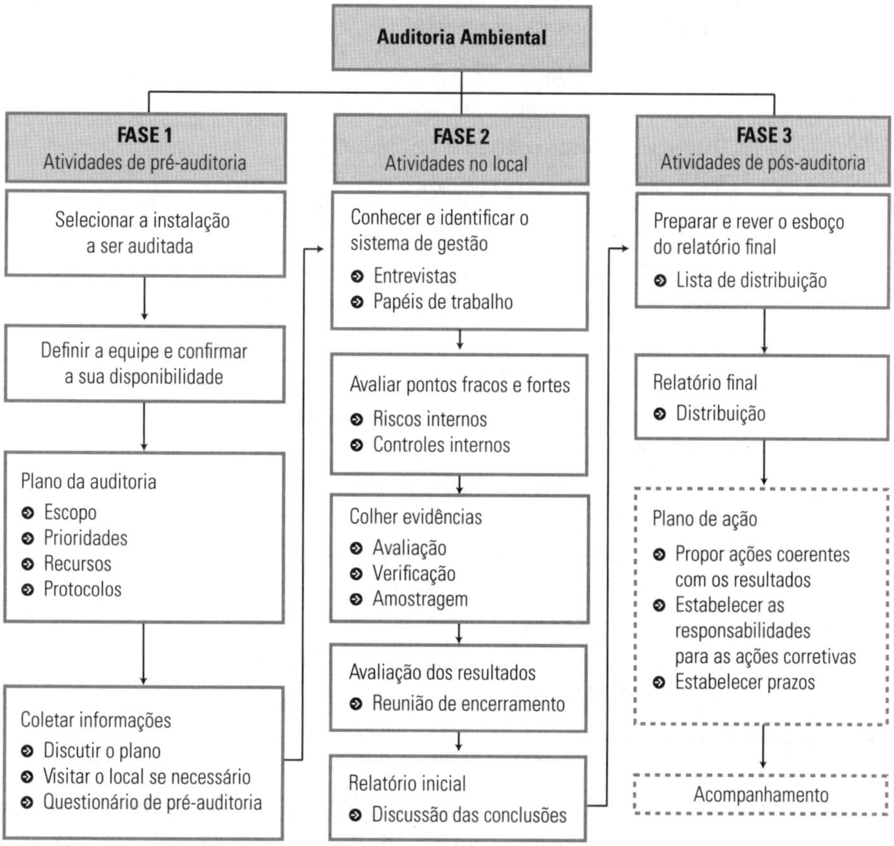

Fonte: adaptada de ICC, 1989, p. 10-14, e 1991, p. 26.

GESTÃO AMBIENTAL EMPRESARIAL

Quadro 5.2: Protocolo de auditoria – Exemplo

CRITÉRIOS	QUESTÕES A SEREM VERIFICADAS	ANOTAÇÕES DO AUDITOR
Política ambiental	É apropriada ao propósito e ao contexto da organização?	
	Inclui um comprometimento com a proteção do meio ambiente pertinente ao contexto da organização?	
	Inclui um comprometimento com o atendimento dos requisitos legais e outros requisitos?	
	Inclui um comprometimento com a melhoria contínua do SGA para aumentar o desempenho ambiental?	
	Ela permite estabelecer objetivos ambientais?	
	É comunicada na organização e por quais meios?	
	É conhecida pelas partes interessadas?	
	É mantida como informação documentada?	
Objetivos ambientais	São coerentes com a política ambiental?	
	Levam em conta os requisitos legais e outros requisitos?	
	Os aspectos ambientais significativos são considerados?	
	Riscos e oportunidades são considerados?	
	Os recursos a eles alocados são apropriados?	
	São comunicados aos níveis e funções pertinentes?	
	São acompanhados, mensurados e por quais meios?	
Conformidade legal	A legislação aplicável às atividades, produtos e serviços é atualizada, documentada e por quais meios?	
	A produção de novas leis e mudanças atuais são acompanhadas para não ser pega de surpresa?	
	A conformidade legal sobre aspectos ambientais específicos pode ser demonstrada rápida e facilmente?	
	Qual é a situação das licenças ambientais quanto à validade e ao atendimento às exigências do órgão licenciador?	
	Uma não conformidade legal é objeto de ação corretiva imediata?	
	É retida informação documentada sobre uma não conformidade legal e a ação corretiva correspondente?	

Fonte: Requisitos da NBR ISO 14001. Veja Capítulo 4.

A auditoria propriamente dita se realiza no local (Fase 2) e se desenvolve em cinco passos, começando pelas atividades voltadas para a compreensão do sistema de gestão e dos processos e dos controles administrativos e operacionais. Nesse passo, o plano inicial pode ser revisto para incluir aspectos não considerados na pré-auditoria. No segundo passo, avaliam-se os pontos fortes e fracos dos controles

CAPÍTULO 5 AUDITORIAS AMBIENTAIS

internos e dos riscos associados a eles. No terceiro, são reunidas evidências por meio de perguntas, observação *in loco* e realização de testes. O passo seguinte é a avaliação das evidências e a elaboração de uma lista completa dos resultados. A fase 2 se completa com a elaboração de um relatório preliminar, apresentando as evidências de auditoria e as conclusões das avaliações, e submetendo-o a discussões para eliminar ambiguidades e identificar possíveis ações a serem empreendidas.

As atividades de pós-auditoria (Fase 3) envolvem a preparação de um esboço de relatório final, incorporando as considerações pertinentes feitas durante as discussões, tais como recomendações sobre medidas urgentes ou inadiáveis, progressos alcançados e sugestões de melhoria para a elaboração de um plano de ação.[4] Uma questão sempre problemática nos processos de auditoria é a distribuição do relatório. É comum a preparação de relatórios distintos para cargos diferentes. Por exemplo: o relatório para a diretoria geralmente apresenta os dados de modo sintético, enfatizando os resultados mais significativos; o relatório para o gerente da fábrica precisa ser detalhado, pois deve conter questões administrativas e operacionais pertinentes à gestão da fábrica. Com base nos elementos fornecidos pela auditoria, preparam-se planos de ação que podem já ter sido esboçados durante as fases finais da auditoria.

Uma das principais contribuições da ICC foi promover a auditoria ambiental como um componente da gestão ambiental e enfatizar que ela não deve se restringir aos aspectos meramente legalistas, embora a verificação da conformidade legal constitua um aspecto central desse instrumento de gestão. Na realidade, esse instrumento será mais ou menos legalista conforme o estágio da empresa em matéria ambiental. Quando a empresa adota uma abordagem de controle da poluição, as auditorias ambientais se voltam preferencialmente para avaliar a conformidade da empresa às normas legais a que está sujeita. Quando as questões ambientais são abordadas preventivamente ou como uma dimensão estratégica do seu negócio, as auditorias ambientais tornam-se auditorias de negócio sem deixar de contemplar as disposições legais vigentes e as tendências de alterações futuras.

5.3 AUDITORIA DE SISTEMA DE GESTÃO

As normas ISO 14000 sobre auditoria ambiental foram elaboradas inicialmente pelo Subcomitê 02 do TC 207 da ISO, que produziu três normas específicas,[5] depois substituídas pela ISO 19011, criada em 2002 pelo Comitê 176 da ISO, que trata de gestão da qualidade. A princípio, essa norma era voltada para auditorias em sistemas de gestão da qualidade e do meio ambiente, criados e mantidos conforme

---

[4] ICC, 1991, p. 25-33.
[5] As normas substituídas são as seguintes: ISO 14010, ISO 14011 e ISO 14012. Referências ao final do capítulo.

155

os requisitos das normas ISO 9001 e 14001, respectivamente. A versão de 2018 aplica-se à auditoria de primeira e segunda parte em qualquer sistema de gestão baseado em normas da ISO.[6] Isso se deve ao fato de a ISO ter criado muitas normas de sistemas de gestão, o que a levou a estabelecer a estrutura de alto nível (HLS), como mostrado na seção 4.11.

A norma ISO 19011 apresenta princípios de auditoria e orientações sobre programas de auditoria e auditorias de sistemas de gestão, bem como sobre a competência e avaliação dos auditores. É aplicável a qualquer tipo de organização ou seus segmentos, em relação a uma ampla gama de critérios de auditoria, separadamente ou em conjunto. Seu foco são as auditoras de primeira e segunda parte. Não serve para auditoria de certificação de sistemas de gestão, pois essas são conduzidas por organizações acreditadas por um órgão governamental, que no caso do Brasil é o Inmetro, assunto apresentado na seção 4.11. O Quadro 5.3 apresenta as definições de outros termos relacionados à realização de auditorias, conforme a supracitada norma.

Quadro 5.3: Termos e definições sobre auditoria de sistema de gestão selecionados

» **Auditoria:** um processo sistemático, independente e documentado para obter evidência objetiva e avaliá-la objetivamente, para determinar a extensão na qual os critérios de auditoria são atendidos.

» **Auditoria combinada:** auditoria realizada em um único auditado em dois ou mais sistemas de gestão.

» **Auditoria conjunta:** auditoria realizada em um único auditado por duas ou mais organizações de auditoria.

» **Cliente de auditoria:** a organização ou a pessoa que solicitou a auditoria.

» **Auditado:** a organização ou uma parte dela que está sendo auditada.

» **Auditor:** pessoa que realiza uma auditoria.

» **Escopo:** abrangência e limites de uma auditoria.

» **Evidência objetiva:** dados que apoiam a existência ou a veracidade de alguma coisa, que podem ser obtidos por observação, medição, ensaios e outros meios.

» **Evidência de auditoria:** registros, apresentação de fatos ou outras informações, pertinentes aos critérios de auditoria. Uma evidência objetiva pode ser evidência de auditoria se pertinente aos critérios de auditoria.

» **Critérios de auditoria:** conjunto de requisitos usados como uma referência com a qual a evidência objetiva é comparada.

» **Constatações de auditoria:** resultados da avaliação de evidências da auditoria coletadas, comparadas com os critérios de auditoria. Podem incluir políticas, procedimentos, instruções de trabalho, requisitos legais e outros requisitos, obrigações contratuais etc.

Fonte: ABNT NBR ISO 19011:2018, termos e definições.

---

[6] Apesar de valer para qualquer sistema de gestão, neste livro as explicações e os exemplos sobre auditoria referem-se à auditoria ambiental.

5.3.1 Princípios de auditoria

Os princípios de auditoria da norma ISO 19011 constituem um pré-requisito para fornecer conclusões de auditoria relevantes e suficientes. Eles objetivam gerar confiança ao trabalho dos auditores e permitem que, mesmo quando trabalham de modo independente, cheguem a conclusões semelhantes se as circunstâncias forem semelhantes. A norma apresenta sete princípios, a saber:

1) *integridade*: o fundamento do profissionalismo dos auditores e gestores de programas de auditoria. A estes, convém que realizem seus trabalhos com honestidade, diligência e responsabilidade; observem e estejam em conformidade com qualquer requisito legal aplicável; demostrem sua competência ao realizar seu trabalho; demonstrem imparcialidade; e estejam sensíveis às influências que possam afetar seu julgamento;

2) *apresentação justa*: a obrigação de reportar com veracidade e exatidão as constatações, conclusões e relatórios de auditoria, refletindo verdadeiramente e com precisão as atividades de auditoria. Convém relatar os problemas significativos não resolvidos que ocorrerem durante a auditoria por divergência de opinião entre auditores e auditados. E que a comunicação seja verdadeira, precisa, objetiva, em tempo hábil, clara e completa;

3) *devido cuidado profissional*: a aplicação de diligência e julgamento na auditoria, considerando a importância da tarefa confiada aos auditores depositada pelos clientes e outras partes interessadas. Espera-se que os auditores tenham capacidade de fazer julgamentos ponderados em todas as situações de auditoria;

4) *confidencialidade*: a segurança da informação. Convém aos auditores usar e proteger as informações obtidas nas auditorias com discrição e de forma apropriada, e nunca para ganhos pessoais ou que prejudiquem o legítimo interesse do auditado;

5) *independência*: a base para a imparcialidade e objetividade das conclusões de auditoria. Convém aos auditores serem independentes das atividades a serem auditadas e livres de tendências e conflitos de interesses. Para auditorias internas, convém que os auditores sejam independentes da função auditada;

6) *abordagem baseada em evidências*: o método racional para alcançar conclusões de auditoria confiáveis e reproduzíveis em um processo sistemático de auditoria. Convém que as evidências sejam verificáveis, podendo basear-se em amostras das informações disponíveis, uma vez que a auditoria se realiza em períodos de tempo finitos e com recursos finitos;

7) *abordagem baseada em risco*: uma abordagem de auditoria que considera riscos e oportunidades. Convém que a auditoria esteja focada em assuntos significativos para o cliente e para alcançar os objetivos do programa de auditoria.[7]

A independência dos auditores, princípio 5, é sempre uma questão difícil em auditorias internas. Para atenuar esse problema, convém que os auditores internos não sejam os mesmos que respondem pelas áreas ou processos auditados. Em organizações de pequeno porte, é difícil encontrar alguém não envolvido com as áreas e os processos auditados, pois entre suas características típicas está a ausência de uma divisão técnica do trabalho clara e formalmente estabelecida. Nesse caso, convém que os auditores pelo menos não apresentem conflitos de interesse que possam comprometer a sua capacidade de julgar com imparcialidade, definida como a presença de objetividade.[8]

5.3.2 Programas de auditoria

Programas de auditoria são arranjos para um conjunto de uma ou mais auditorias, planejado para um período de tempo específico e direcionado a um propósito específico. Pode ocorrer a necessidade de mais de um programa de auditoria, dependendo da complexidade, tamanho e natureza da organização. Pode incluir considerações de auditoria de uma ou mais normas de sistema de gestão a serem conduzidas de forma separada ou em conjunto. Exemplos: programas de auditorias internas do SGA durante o ano em curso e programa de auditorias de fornecedores de produtos com aspectos ambientais significativos a serem realizados nos próximos três anos.

As atividades de um programa de auditoria obedecem à metodologia do PDCA, conforme ilustra a Figura 5.2. Convém que os objetivos do programa sejam consistentes com os objetivos e a política do sistema de gestão; podem basear-se em: requisitos do sistema de gestão auditado, por exemplo, requisitos legais e outros requisitos; características e requisitos de processos, produtos, serviços e projetos; riscos e oportunidades; resultados de auditorias anteriores. Exemplos: identificar oportunidades para melhoria do sistema de gestão, avaliar a capacidade de um fornecedor em atender requisitos ambientais, avaliar a compatibilidade e o alinhamento dos objetivos do sistema com a política ambiental e os objetivos gerais da organização.[9]

---

[7] ABNT, NBR ISO 19011:2018, seção 4.
[8] ABNT, NBR ISO/IEC 17021:2011, termos e definições 3.2.
[9] ABNT, NBR ISO 19011:2018, seção 5.2.

Figura 5.2 Fluxograma do processo de gestão de um programa de auditoria

Fonte: ABNT, NBR ISO 19011:2018.

A abrangência do programa de auditoria refere-se à diversidade de questões a serem consideradas, como tamanho e natureza da organização auditada, complexidade e nível de maturidade do sistema de gestão e os temas que lhe são importantes. Além desses fatores, a abrangência pode ser influenciada por questões como as seguintes:

a) escopo, objetivo, duração e quantidade de auditorias a serem realizadas;
b) normas de sistemas de gestão e outros critérios aplicáveis;
c) número, importância, complexidade, similaridade e localização das atividades a serem auditadas;
c) critérios de auditoria;
d) conclusões de auditorias e/ou de análises críticas anteriores;
e) questões de idiomas culturais e sociais;
f) preocupações das partes interessadas, como reclamações de clientes, de moradores da comunidade vizinha, não conformidades com requisitos legais;
g) mudanças significativas para o contexto da organização auditada ou suas operações e riscos e oportunidades relacionadas;
h) disponibilidade de tecnologias de informação e comunicação para apoiar as atividades de auditoria;

GESTÃO AMBIENTAL EMPRESARIAL

i) ocorrência de eventos internos e externos, como falhas em produtos, acidentes ambientais, vazamentos de informações, ato criminoso.[10]

5.3.3 Execução da auditoria

O plano de auditoria descreve as atividades de cada auditoria individual. A Figura 5.3 apresenta as atividades típicas de uma auditoria, segundo uma sequência que lembra a da Figura 5.1. Convém que cada auditoria individual seja baseada em objetivos, escopos e critérios de auditoria especificados pelo programa de auditoria. Os objetivos determinam o que é para ser realizado e podem incluir o seguinte:

a) determinação da extensão da conformidade do sistema de gestão a ser auditado, ou parte dele, com os critérios de auditoria;

b) avaliação da capacidade do sistema de gestão de auxiliar a organização a atender os requisitos legais e outros requisitos pertinentes assumidos pela organização;

c) avaliação da eficácia do sistema de gestão em alcançar seus resultados pretendidos;

d) avaliação da adequação e suficiência do sistema de gestão em relação ao contexto e direção estratégica do auditado;

e) avaliação da capacidade do sistema de alcançar seus objetivos e abordar riscos e oportunidades de modo eficaz em um contexto de mudança, incluindo a implementação de ações relacionadas.[11]

Convém que o resumo inclua os locais, datas, tempos estimados e duração das atividades; os métodos a serem usados, incluindo plano amostral; a alocação de recursos para áreas críticas da auditoria; e os papéis e as responsabilidades dos membros da equipe de auditoria, dos guias e dos observadores. O guia é uma pessoa indicada pelo auditado para apoiar a equipe de auditoria, por exemplo, um funcionário da organização auditada destacado para acompanhar os auditores nos locais e facilitar o acesso às áreas de circulação restrita. O observador acompanha os trabalhos dos auditores, e pode ser alguém da própria organização auditada, um agente de órgão regulador ou o representante de uma parte interessada em acompanhar e testemunhar a realização da auditoria. Tanto o guia quanto o observador não pertencem à equipe de auditores, por isso convém que não opinem nem influenciem ou interfiram nas atividades da auditoria.

---

[10] ABNT, NBR ISO 19011:2018, subseção 5.5.2.
[11] ABNT, NBR ISO 19011:2018, subseção 2.

Figura 5.3 Atividades típicas de auditoria – Resumo

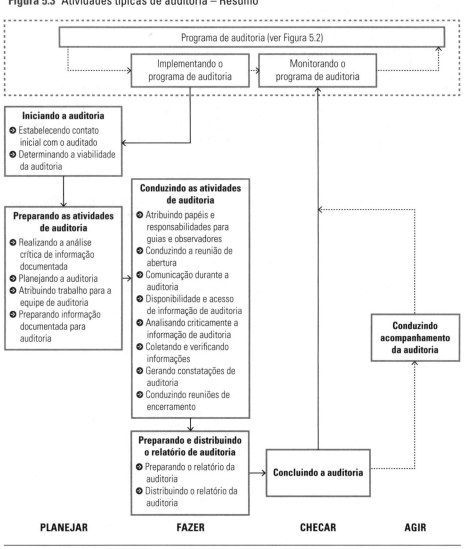

Fonte: ABNT, NBR ISO 19011:2018, seção 6.

A execução de uma auditoria usa mais de um método, como análise de informações documentadas, registros e indicadores de desempenho, entrevistas, observação *in loco* e remota, que dependem do escopo, dos objetivos e critérios de auditoria. Convém que sejam aceitas apenas as informações com algum grau de verificação, e que as evidências de auditoria sejam avaliadas segundo os critérios de auditoria, conforme mostra o Quadro 5.4. Convém registrar as não conformidades

GESTÃO AMBIENTAL EMPRESARIAL

classificadas pelo grau com que afetam os objetivos do sistema e os resultados pretendidos pela organização.[12]

Quando 5.4 Processo usual para coletar e verificar informações

FLUXO DE ATIVIDADES	DESCRIÇÃO
Fonte de informação	Entrevistas com empregados, vizinhos, fornecedores; observação de atividades e do local de trabalho; informação documentada; registros de inspeções, de ações corretivas, reclamações de partes interessadas; bases de dados, sites etc.
Coleta de informação	Caso não seja prático ou seja muito oneroso examinar toda as informações pertinentes, pode-se coletá-las por meio de amostragens. É conveniente estabelecer os objetivos e o método da amostragem, e o tamanho da amostra para realizar inferências sobre sua população.
Evidência de auditoria	Evidência de auditoria são dados coletados que apoiam a existência ou a veracidade de algo. Convém que as informações com algum grau de informação sejam aceitas como evidências de auditoria. E que o auditor use seu julgamento profissional para determinar o grau de confiança que pode ser depositada nela como evidência de auditoria.
Avaliação da evidência	Convém que a evidência seja avaliada em relação aos critérios de auditoria, ou seja, as referências pelas quais a conformidade é determinada. Exemplos: políticas, procedimentos, requisitos do sistema de gestão, riscos e oportunidades indenizadas.
Constatação de auditoria	A constatação de auditoria, ou seja, os resultados da avaliação da evidência de auditoria, indicam conformidade ou não conformidade em relação aos critérios de auditoria.
Análise crítica	Convém que as não conformidades sejam classificadas conforme o risco que apresentam para o alcance dos objetivos do sistema de gestão, e sejam analisadas criticamente com o auditado para obter reconhecimento de que é exata e que foram compreendidas.
Conclusões de auditoria	As conclusões envolvem as constatações analisadas criticamente, qualquer outra informação coletada relacionada aos objetivos de auditoria e recomendações para melhorias e acompanhamento pós-encerramento, se constantes nos objetivos.

Fonte: ABNT, NBR ISO 19011:2018, seção 6.

---

[12] Para mais informações sobre não conformidade, veja a seção 4.10.1.

CAPÍTULO 5 AUDITORIAS AMBIENTAIS

O relatório da auditoria é uma peça central da auditoria e, como tal, convém que seja distribuído às partes interessadas pertinentes especificadas no programa de auditoria. E que contenha um registro completo, preciso, conciso e claro das atividades realizadas, incluindo, entre outros, os seguintes elementos: objetivos e escopo da auditoria, particularmente as unidades organizacionais e funcionais ou os processos auditados; a identificação do cliente da auditoria, da equipe de auditoria e dos participantes do auditado na auditoria, por exemplo, os funcionários que foram entrevistados, guias e os observadores; datas e locais onde as atividades de auditoria foram executadas; critérios e constatações de auditoria, incluindo as evidências relacionadas obtidas; as conclusões e uma declaração sobre o grau em que os critérios da auditoria foram atendidos. Se houve opiniões divergentes e não resolvidas entre auditado e auditores, convém que constem do relatório. O relatório pode indicar oportunidades de melhorias e identificar a existência de boas práticas a serem mantidas e valorizadas.

As conclusões de auditoria constantes no relatório podem ser complementadas por recomendações para a organização empreender ações corretivas em áreas ou processos específicos. A decisão sobre essas ações cabe ao auditado, segundo suas possibilidades. Porém, convém ao auditado manter o gestor do programa de auditoria e a equipe de auditores informados sobre a condução dessas ações.

5.3.4 Competência e avaliação de auditores

A competência se baseia em atributos pessoais e profissionais que permitam a eles atuar conforme os princípios de auditoria enunciados na seção 5.3.1. Convém que a competência seja avaliada considerando o comportamento pessoal e a capacidade para aplicar conhecimentos e habilidades, obtida por meio da educação, experiência no trabalho, treinamentos e experiência em auditoria.

Quanto ao comportamento pessoal, convém que o auditor seja ético, justo, verdadeiro, honesto e discreto, tenha mente aberta ou disposição para considerar ideias ou pontos de vista alternativos, seja diplomático, observador, perceptivo, versátil, tenaz, decidido, autoconfiante, colaborativo, sensível às diferenças culturais, entre outros atributos. O Quadro 5.5 apresenta um código de ética para auditores. Uma questão central do ponto de vista ético é a capacidade do auditor de se manter independente do cliente para poder emitir julgamentos imparciais; aliás, a independência é um dos princípios da auditoria, conforme apresentado em seção anterior deste capítulo.

163

Quadro 5.5 Código de ética dos auditores

» Agir profissionalmente, de maneira precisa e livre de tendências.
» Empenhar-se para o aumento da competência e do prestígio da profissão de auditor.
» Apoiar colegas de trabalho ou quem estiver sob sua supervisão no desenvolvimento de habilidades em gestão, meio ambiente e auditorias.
» Não representar interesses conflitantes, bem como declarar para seus clientes ou empregadores quaisquer relacionamentos que possam influenciar os seus julgamentos.
» Não divulgar qualquer informação relativa à auditoria, a menos que autorizado por escrito pelo auditado e pela organização auditora.
» Não aceitar qualquer incentivo, comissão, presente ou outro benefício das organizações auditadas, de seus empregados ou de quaisquer grupos de interesse ou permitir que colegas os aceitem.
» Não comunicar intencionalmente informação falsa ou enganosa que possa comprometer a integridade de qualquer auditoria ou do processo de certificação de auditores.
» Não agir de maneira que possa vir a prejudicar a reputação do organismo de certificação de auditores ou do processo de certificação de auditores.
» Prestar total cooperação com investigações, na eventualidade de alguma quebra de sigilo desse código.

Fonte: Inmetro, 2002, anexo A, seção A.5.

Sobre os atributos mencionados se assentariam os conhecimentos e habilidades genéricos e específicos. Os genéricos referem-se às seguintes áreas: (1) princípios, procedimentos e métodos de auditoria; (2) normas de sistema de gestão e os documentos de referência; (3) contexto organizacional que permita ao auditor compreender a estrutura do auditado, as práticas de gestão e do negócio, terminologia relacionada e aspectos sociais e culturais do auditado; e (4) requisitos legais, contratuais e outros requisitos aplicáveis ao auditado.[13]

Os conhecimentos e habilidades específicos se relacionam com os temas tratados pelo sistema de gestão de modo a atender aos objetivos e critérios de auditoria, que, no caso de um SGA, incluem questões como as seguintes:

» requisitos e princípios do SGA e suas aplicações;
» fundamentos das disciplinas e de setores relacionados com as normas de SGA;
» métodos, técnicas, processos e práticas dessas disciplinas e setores para poder avaliar a conformidade no escopo definido e gerar constatações e conclusões de auditoria;
» princípios de gestão de risco, métodos e técnicas pertinentes à questão ambiental relativa ao setor que permita ao auditor avaliar e controlar os riscos associados ao programa de auditoria.[14]

---

[13] ABNT, NBR ISO 19011:2018, seção 7.
[14] ABNT, NBR ISO 19011:2012, Seção 7.

CAPÍTULO 5 AUDITORIAS AMBIENTAIS

É praticamente impossível que alguém detenha todos esses conhecimentos e habilidades com elevado grau de profundidade, pois são todos específicos e sua aquisição demanda tempo e dedicação. O importante é que a competência global da equipe seja suficiente para atender aos objetivos de auditoria, e que os líderes de equipe tenham conhecimentos e habilidades adicionais para liderar as suas equipes.[15]

5.4 AUDITORIAS COMPULSÓRIAS

São auditorias aplicáveis em casos especificados pela norma legal, em geral empreendimento com elevado potencial de danos ambientais, caso ocorram panes e acidentes. No Brasil, a iniciativa pioneira coube ao estado do Rio de Janeiro ao instituir a Lei n. 1.898, de 1991, pela qual os órgãos governamentais estaduais encarregados da implementação das políticas de proteção ambiental poderão determinar a realização de auditorias periódicas ou ocasionais, estabelecendo diretrizes e prazos específicos, a fim de determinar:

1) os níveis efetivos ou potenciais de poluição ou de degradação ambiental provados por atividades de pessoas físicas ou jurídicas;
2) as condições de operação e de manutenção dos equipamentos e sistemas de controle de poluição;
3) as medidas a serem tomadas para restaurar o meio ambiente e proteger a saúde humana;
4) a capacitação dos responsáveis pela operação e manutenção dos sistemas, rotinas, instalações e equipamentos de proteção do meio ambiente e da saúde dos trabalhadores.[16]

Essa lei estabelece que as auditorias sejam realizadas às expensas dos responsáveis pela poluição ou degradação ambiental. Elas podem ser feitas por equipes internas, mas os órgãos governamentais, sempre que julgarem conveniente para assegurar a idoneidade das auditorias, poderão determinar que sejam conduzidas por equipes independentes. A auditoria não é imposta a todas as organizações, porém, deverão obrigatoriamente realizar auditorias ambientais anuais as empresas ou atividades com elevado potencial poluidor, entre as quais:

» as refinarias, oleodutos e terminais de petróleo e seus derivados;
» as instalações portuárias;

---

[15] ABNT, NBR ISO 19011:2012, Seção 7.
[16] ESTADO DO RIO DE JANEIRO, 1991.

165

» as instalações aeroviárias (aeroportos, aeródromos, aeroclubes);

» as instalações destinadas à estocagem de substâncias tóxicas e perigosas;

» as instalações de processamento e de disposição final de resíduos tóxicos ou perigosos;

» as unidades de geração de energia elétrica a partir de fontes térmicas e radioativas;

» as instalações de tratamento e os sistemas de disposição final de esgotos domésticos;

» as indústrias petroquímicas e siderúrgicas;

» as indústrias químicas e metalúrgicas.[17]

Tendo constatado qualquer infração nas empresas ou atividades sujeitas à auditoria, deverão ser realizadas auditorias trimestrais até a correção das irregularidades, independentemente da aplicação de penalidades administrativas. As diretrizes para realizar as auditorias poderão incluir: impactos ambientais decorrentes de atividades de rotina; avaliação de riscos de acidentes e planos de contingência para evacuação e proteção de trabalhadores e da população situada na área de influência; atendimento aos regulamentos e às normas técnicas em vigor relacionadas aos itens anteriores; alternativas tecnológicas, inclusive de processo industrial e sistemas de monitoramento contínuo disponíveis no Brasil e em outros países para redução dos níveis de emissão de poluentes; saúde dos trabalhadores e da população vizinha.[18]

Posteriormente, alguns outros estados e o Distrito Federal instituíram legislação semelhante. Na esfera da União, a auditoria compulsória só iria aparecer depois do acidente na Refinaria Duque de Caxias em janeiro de 2000, causando um megadesastre ecológico na Baía de Guanabara. A Lei n. 9.966, de 2000, estabeleceu que as entidades exploradoras de portos organizados e os proprietários ou operadores de plataformas e suas instalações de apoio deverão realizar auditorias ambientais bianuais, independentes, com o objetivo de avaliar o sistema de gestão e controle ambiental em suas unidades. O não cumprimento dessa obrigação acarreta infração punida com multa, sanções administrativas e penais, e responsabilidade civil pelas perdas e danos causados ao meio ambiente e ao patrimônio público e privado.[19] A Resolução Conama n. 306, de 2002, modificada pela Resolução n. 318, de 2006, estabeleceu os requisitos mínimos e o termo de referência para realização de auditorias ambientais com o objetivo de verificar o cumprimento da legislação

---

[17] Ibid., art. 5º.

[18] Ibid, art. 7º

[19] BRASIL. Lei n. 9.966/2000, art. 9º e 25.

CAPÍTULO 5 AUDITORIAS AMBIENTAIS

ambiental aplicável e avaliar o desempenho da gestão ambiental de portos organizados e instalações portuárias, plataformas e suas instalações de apoio e refinarias, tendo em vista o cumprimento da legislação vigente e do licenciamento ambiental.

Essa auditoria deve ser conduzida segundo um plano de ação, que também deve ser apresentado a cada dois anos, e deverá conter no mínimo os seguintes elementos:

1) *Escopo*: para descrever a extensão e os limites de localização física e de atividades da empresa.

2) *Preparação da auditoria*, constituída por: definição e análise da documentação; visita prévia à instalação auditada; formação da equipe de auditores; definição das atribuições dos auditores; definição da programação e planos de trabalho para a execução da auditoria; e consulta prévia aos órgãos ambientais competentes a fim de verificar o histórico de incidentes ambientais, inclusive de seus desdobramentos jurídico-administrativos e dos cadastros ambientais.

3) *Execução da auditoria* por meio de entrevistas com os gerentes e os responsáveis pelas atividades e funções da instalação; inspeções e vistorias nas instalações; análise de informações e documentos; análise das observações e constatações; definição das conclusões da auditoria; e elaboração de relatório final.[20]

Como se trata de auditoria independente, a organização responsável pelas instalações auditadas não pode interferir nas atividades da equipe de auditoria contratada por ela. A equipe de auditoria não pode ter entre seus membros funcionários da organização ou pessoas com algum outro tipo de vínculo que não seja especificamente para efeito da auditoria. O relatório de auditoria a ser apresentado a cada dois anos ao órgão ambiental competente deverá conter, no mínimo:

a) composição da equipe auditora e respectivas atribuições;
b) identificação da organização e da instalação auditada;
c) descrição das atividades da organização;
d) objetivos, escopo e plano de auditoria estabelecidos;
e) período coberto pela auditoria;
f) sumário e metodologia do processo de auditoria;
g) lista de documentos legais, normas e regulamentos de referência;
h) lista de documentos analisados e unidades auditadas;

---

[20] BRASIL/CONAMA. Resolução n. 306/2002, anexo II, seção 2.

GESTÃO AMBIENTAL EMPRESARIAL

i)   lista das pessoas contatadas durante a auditoria e respectivas atribuições;
j)   constatações da auditoria; e
k)   conclusões da auditoria, incluindo as constatações de conformidade e não conformidade em relação aos critérios estabelecidos e avaliação da capacidade da organização em assegurar a contínua adequação a esses critérios.[21]

Os relatórios das auditorias privadas são distribuídos aos clientes de auditoria, aqueles que as solicitaram, cabendo-lhes determinar quem mais tem acesso a eles. O acesso aos relatórios das auditorias compulsórias é indicado nas leis que as instituíram. Exemplos: a supracitada lei do estado do Rio de Janeiro estabelece que todos os documentos relacionados às auditorias ambientais, incluindo as diretrizes específicas e o currículo dos técnicos responsáveis por sua realização, devem ser acessíveis à consulta pública.[22] Os resultados das auditorias de que trata a citada Lei n. 9.966/2000 devem ser do conhecimento das autoridades marítimas e dos órgãos federais, estaduais e municipais responsáveis pelo cumprimento dessa lei. A publicidade dos resultados das auditorias compulsórias, ou seu encaminhamento às autoridades governamentais, deve-se ao fato de que elas tratam de questões ambientais de interesse público concernentes às atividades com enorme potencial de gerar desastres ampliados.

TERMOS E CONCEITOS IMPORTANTES

- ❍ Auditoria ambiental
- ❍ Auditoria do Sistema de Gestão Ambiental
- ❍ Auditoria interna e externa
- ❍ Auditor e auditado

- ❍ Auditoria de primeira, segunda e terceira parte
- ❍ Auditorias voluntárias e compulsória
- ❍ Cliente da auditoria
- ❍ Critério de auditoria

- ❍ *Due diligence*
- ❍ Escopo de auditoria
- ❍ Princípios de auditoria
- ❍ Programa de auditoria
- ❍ Protocolo de auditoria
- ❍ Relatórios de auditoria

REFERÊNCIAS

ASSOCIAÇÃO BRASILEIRA DE NORMAS TÉCNICAS (ABNT). *NBR ISO 14001:1996*. Sistemas de gestão ambiental: especificação e diretrizes para uso. Rio de Janeiro: ABNT, 1996.

ABNT. *NBR ISO 14001:2015*. Sistemas de gestão ambiental: requisitos com orientação para uso. Rio de Janeiro: ABNT, 2015.

ABNT. *NBR ISO 14010:1996*. Diretrizes para auditoria ambiental: princípios gerais. Rio de Janeiro: ABNT, 1996.

---

[21]   BRASIL/CONAMA. Resolução n. 306/2002, anexo II, seção 2.
[22]   ESTADO DO RIO DE JANEIRO, 1991, art. 8º.

CAPÍTULO 5 AUDITORIAS AMBIENTAIS

ABNT. *NBR ISO 14011:1996*. Diretrizes para auditoria ambiental: procedimentos de auditoria de sistemas de gestão ambiental. Rio de Janeiro: ABNT, 1996.

ABNT. *NBR ISO 14012:1996*. Diretrizes para auditoria: critérios de qualificação de auditores ambientais. Rio de Janeiro: ABNT, 1996.

ABNT. *NBR ISO/IEC 17021:2011*. Avaliação da conformidade: requisitos para organismos que fornecem auditoria e certificação de sistema de gestão. Rio de Janeiro: ABNT, 2011.

ABNT. *NBR ISO 19011:2012*. Diretrizes para a auditoria de sistemas de gestão. Rio de Janeiro: ABNT, 2012.

ABNT. *NBR ISO 26000:2010*. Diretrizes sobre responsabilidade social. Rio de Janeiro: ABNT, 2010.

BRASIL. *Lei n. 9.966, de 28 de abril de 2000*. Dispõe sobre a prevenção, o controle e a fiscalização da poluição causada por lançamento de óleo ou outras substâncias nocivas ou perigosas em águas sob jurisdição nacional e dá outras providências. Brasília: *DOU*, 29 abr. 2000.

CONSELHO NACIONAL DO MEIO AMBIENTE (CONAMA). *Resolução Conama n. 306, de 5 de julho de 2002*. Estabelece requisitos mínimos e o termo de referência para a realização de auditorias ambientais. Brasília: *DOU*, 19 jul. 2002.

CONAMA. *Resolução Conama n. 381, de 14 de dezembro de 2006*. Altera dispositivos da Resolução n. 306, de 5 de julho de 2002, e o Anexo II, que dispõe sobre os requisitos mínimos para a realização de auditoria ambiental. Brasília: *DOU*, 15 dez. 2006.

ESTADO DO RIO DE JANEIRO. *Lei n. 1.898, de 26 de novembro de 1991*. Dispõe sobre auditoria ambiental. Rio de Janeiro: *DOE*, 27 nov. 1991.

INSTITUTO NACIONAL DE METROLOGIA, QUALIDADE E TECNOLOGIA (INMETRO). *Norma NIT DICOR 006*. Critérios para certificação de auditores de sistema de gestão ambiental. Rio de Janeiro: Inmetro, 2002.

INTERNATIONAL CHAMBER OF COMMERCE (ICC). *ICC Guide to effective environmental auditing*. Paris: ICC, 1991.

ICC. *Environmental auditing*. Paris: ICC, 1989.

UNITED STATES ENVIRONMENTAL PROTECTION AGENCY (US EPA). *Environmental auditing policy statement*. Washington, 1986.

AVALIAÇÃO DO CICLO DE VIDA

O ciclo de vida que interessa à gestão ambiental é o ciclo físico formado pelos estágios consecutivos do processo de produção e comercialização de um bem ou serviço, desde a origem dos recursos produtivos no meio ambiente, ou sua aquisição, até a disposição final após o uso ou consumo. Esse ciclo não se confunde com o ciclo mercadológico, pelo qual um produto, à semelhança de um ser vivo, segue por diferentes estágios desde a sua introdução (nascimento) até a sua retirada do mercado (morte), passando por crescimento da demanda, maturidade e declínio.

Quando aplicado a bens ou serviços concretamente definidos, o ciclo de vida físico do produto corresponde a um conjunto de atividades realizadas por agentes econômicos específicos, como empresas dos mais variados tipos, tamanhos e setores, configurando uma cadeia de suprimento, uma combinação de agentes econômicos que contribuem, direta ou indiretamente, para a produção e comercialização de um bem ou serviço, como mineradores, fabricantes, transportadores, armazenadores, varejistas, consumidores finais.[1]

6.1 CADEIA DE SUPRIMENTO

A Figura 6.1 ilustra uma cadeia de suprimento genérica, simplificada e convencional. Genérica porque vale para qualquer bem manufaturado; simplificada, porque não inclui todas as partes envolvidas, como transportadores, prestadores de serviços, agenciadores, armazenadores, certificadores; convencional, por considerar apenas os fluxos direcionados no sentido fornecedores-clientes. O objetivo básico da gestão de

---

[1] CHOPRA; MEINDL, 2011, p. 3.

uma cadeia de suprimento convencional é maximizar o seu valor global, a diferença entre o valor do produto final para o cliente final e o esforço realizado pelos membros da cadeia para atendê-lo.[2] Logística, atendimento do pedido, desenvolvimento de produtos, compras, operações de manufatura, venda, expedição, assistência técnica são exemplos de atividades relacionadas com a cadeia de suprimento de uma empresa.

A aplicação sistemática de práticas ambientais na gestão da cadeia de suprimento é o que se denomina *Gestão Ambiental da Cadeia de Suprimentos* (GACS), ou *Gestão Sustentável da Cadeia de Suprimentos* (GSCS), caso inclua considerações de natureza social, por exemplo, investimento no desenvolvimento de comunidades, combate ao trabalho infantil e análogo ao do escravizado, saúde e segurança no trabalho. Além daquele objetivo básico, essa gestão visa melhorar o desempenho ambiental da cadeia como um todo, integrando os esforços individualizados dos seus membros.

A gestão da cadeia de suprimento em geral não alcança a totalidade da cadeia, principalmente em cadeias longas ou com muitos fornecedores e pontos de vendas disseminados em muitos locais, regiões ou países, ou ainda com relações entre os membros baseadas em contratos caso a caso. A capacidade do fabricante de ter controle sobre a cadeia de suprimento e, portanto, o ciclo de vida do seu produto tende a se reduzir à medida que os agentes envolvidos se encontram mais distantes dele, como mostra a direção das setas na Figura 6.1. Os fornecedores imediatos podem ser selecionados com base em critérios ambientais, mas essa possibilidade vai se esvaindo conforme os estágios se afastam a montante da cadeia, ou seja, em direção à extração de recursos naturais, e a jusante, em direção aos clientes finais.

Figura 6.1 Representação de uma cadeia de suprimento genérica

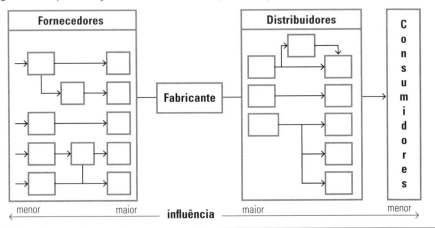

Fonte: elaborada pelo autor.

---

[2] CHOPRA; MEINDL, 2011, p. 5.

O controle e a influência sobre os aspectos ambientais dos produtos fornecidos à organização podem variar, dependendo da situação do mercado e dos fornecedores. Se ela é a responsável pelo projeto, pode influenciar alterando as especificações dos materiais de entrada. Mas poderá ter pouca escolha se a organização necessita fornecer insumos de acordo com as especificações da empresa cliente.

A empresa compradora pode estabelecer controle mediante a imposição de critérios ambientais para selecionar fornecedores e insumos. Ela pode realizar auditorias nos estabelecimentos dos fornecedores de produtos a fim de verificar seus aspectos e impactos ambientais e como eles podem ser influenciados para melhorar o desempenho ambiental e social. Essa possibilidade requer um poder de compra considerável, o que se restringe apenas às grandes empresas, que podem arcar com os custos das auditorias e impor condições aos fornecedores, que muito provavelmente irão aceitá-las para não perder o cliente. Como é amplamente conhecido, somente grandes compradores conseguem estabelecer condições de seu interesse.

A redução da carga total de impactos ambientais adversos do berço ao longo do ciclo de vida não pode depender apenas das empresas de grande porte. A rigor, qualquer empresa poderia dar sua contribuição, agindo na sua esfera de influência por meio de práticas de controle e prevenção da poluição, independentemente do estágio do ciclo de vida do produto em que esteja envolvida. Essas práticas objetivam resolver os problemas ambientais que causam e não se livrar deles, remetendo-os aos fornecedores ou clientes. Assim, muitas práticas de gestão ambiental internas acabam gerando efeitos positivos sobre o ciclo de vida do produto.

6.2 GESTÃO DO CICLO DE VIDA

O Programa das Nações Unidas para o Meio Ambiente (Unep) e a Sociedade de Química e Toxicologia Ambiental (Setac) defendem uma proposta de gestão do ciclo de vida (*life cycle management*) como meio para implementar o pensamento de ciclo de vida (*life cycle thinking*), uma filosofia de gestão voltada para incluir todo o ciclo de vida, baseada na aplicação dos seguintes princípios, conhecidos por 6 Rs:

1) **R**epensar os produtos e suas funções: por exemplo, para que possam ser usados de modo mais eficiente do ponto de vista ambiental.
2) **R**eparar: projetar produtos para facilitar a sua manutenção e reparo, por exemplo, usando módulos que podem ser facilmente trocados.
3) **R**eusar: projetar produtos para facilitar o desmanche e a reutilização de suas partes e peças.
4) **R**eduzir o consumo de energia, de materiais e de impactos socioeconômicos ao longo do ciclo de vida.

5) **R**eciclar: selecionar materiais que podem ser reciclados.
6) Substituir (do inglês, *replace*) substâncias perigosas por alternativas seguras.[3]

A Figura 6.2 representa um ciclo de vida com as possibilidades de gestão baseadas na filosofia dos 6 Rs. O meio ambiente que foi o berço ou a fonte dos recursos torna-se o repositório das sobras ou resíduos depois de esgotadas todas as possibilidades de retornos e recuperações de materiais. É a abordagem do berço ao túmulo (*cradle to grave*) ou do berço ao berço (*cradle to cradle*). A primeira expressão indica que o meio ambiente é a origem dos recursos usados no produto (berço) e o depósito final dos seus restos inaproveitáveis (túmulo). A segunda indica que os restos são mínimos em quantidade e periculosidade e não causam danos ao meio ambiente.

Figura 6.2 Ciclo de vida de um produto

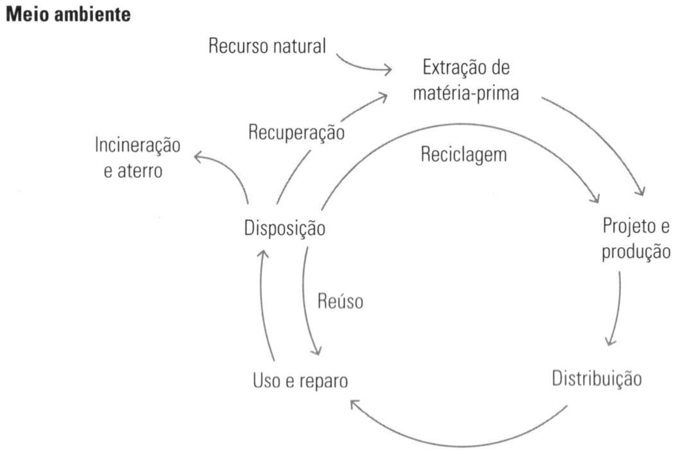

Fonte: Unep; Setac, 2007, p. 12.

A gestão do ciclo de vida necessita envolver todos os segmentos da organização a partir do nível estratégico da empresa, como ilustra a Figura 6.3. Todos os departamentos da empresa têm funções a desempenhar no ciclo de vida, o que aumenta as possibilidades de realizar ações para reduzir a carga ambiental negativa do produto ao longo do seu ciclo. Para a condução das atividades de gestão do ciclo de vida, há vários instrumentos e práticas disponíveis, como logística reversa, avaliação e seleção de fornecedores, auditoria de fornecedor, códigos de condutas para

---

[3] UNEP; SETAC, 2007, p. 12-13. Obs.: Setac, do inglês: *Society of Environmental Toxicology and Chemistry.*

fornecedores, empreiteiros, prestadores de serviços e representantes comerciais, auditoria de resíduos, análise de fluxos de massa, avaliação do ciclo de vida e muitos outros. A seguir, será apresentado um instrumento para a gestão do ciclo de vida do produto, a Avaliação do Ciclo de Vida (ACV), para o qual foram elaboradas normas internacionais de gestão ambiental, dada sua enorme importância para quantificar a carga ambiental negativa ao longo do ciclo de vida do produto ou serviço.

Figura 6.3 Gestão do ciclo de vida: contribuição de diferentes segmentos da empresa

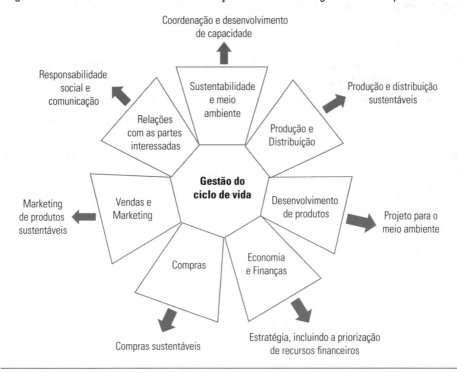

Fonte: Unep; Setac, 2007, p. 25.

6.3 ORIGENS DA AVALIAÇÃO DO CICLO DE VIDA (ACV)

A ACV é um instrumento para avaliar impactos ambientais de um produto ou serviço ao longo do seu ciclo de vida. Ela começou a ser usada ao final da década de 1960 por algumas empresas, porém sua sistematização viria mais tarde com a participação de diversas organizações de ensino e pesquisa e de governos de vários países. Sua origem suscita dúvidas, pois há muitos instrumentos parecidos e há disputa pela primazia por parte de autores e empresas. Há quem sustente que sua origem é a *análise de energia líquida* usada para identificar as necessidades cumulativas de energia de alguns produtos da indústria química, cujo primeiro trabalho conhecido data de 1969. Outro instrumento precursor foi um método de análise denominado *material-processo-produto*, do início da década de 1970, para quantificar as entradas e saídas dos processos produtivos.[4]

A primeira ACV teria sido um estudo encomendado pela Coca-Cola ao *Midwest Research Institute*, no final da década de 1960, que comparou diferentes tipos de vasilhames para selecionar o que requeria menor quantidade de recursos e apresentava menor liberação de poluentes. A metodologia de análise foi refinada nos anos seguintes pelo órgão ambiental norte-americano, a *United States Environmental Protection Agency* (US EPA), dando origem à abordagem denominada *Análise de Recursos e Perfil Ambiental* (REPA), um estudo baseado na quantificação dos recursos usados e da poluição gerada nas diferentes fases do ciclo de vida de um produto.[5]

Desde meados da década de 1980, a ACV se tornou um instrumento para auxiliar a regulamentação pública ambiental no âmbito da Comunidade Europeia. Várias grandes empresas europeias criaram, em 1992, a Sociedade para a Promoção do Desenvolvimento da ACV (SPOLD), que, entre outras contribuições, produziu guias para orientar as empresas quanto a esse instrumento até a sua dissolução em 2001. A Setac deu contribuições significativas, desenvolvendo métodos para aperfeiçoar a ACV e difundir o seu uso. Diversos órgãos ambientais e instituições de ensino e pesquisa de várias partes do mundo vêm dando importantes contribuições à ACV, como é caso do Instituto de Pesquisas Tecnológicas do Estado de São Paulo (IPT) e do Centro de Tecnologia de Embalagem (CETEA), no Brasil.

A variedade de conceitos e métodos adotados por entidades e governos sobre a ACV gerava consequências negativas para esse instrumento de gestão ambiental. Avaliações feitas segundo critérios diferentes chegavam a conclusões diferentes sobre os impactos ambientais de um mesmo produto, o que confundia o público e gerava desconfianças sobre o próprio instrumento e as organizações que o utilizavam. Pior que isso, uma empresa ou uma associação de empresas poderia encomendar uma ACV de cartas marcadas para valorizar o seu produto para ganhar mercados. Por isso, a preocupação da Organização Internacional de Normalização (ISO) em estabelecer conceitos, diretrizes e requisitos sobre a ACV para que seu uso tenha credibilidade e não seja discriminatório no comércio internacional.

---

[4] AYRES, 1995, p. 200.
[5] NPPC, 1995, p. 1. Obs.: Repa, do inglês: *Resource and Environmental Profile Analysis*.

6.4 AS NORMAS ISO DE ACV

Esse instrumento é tratado no âmbito do Comitê Técnico 207 da ISO pelo Subcomitê SC 5. As principais normas criadas por esse subcomitê são a ISO 14040, que apresenta os princípios e a estrutura para um estudo de ACV, e a ISO 14044, que apresenta os requisitos e as orientações para realizá-lo. Ambas adotadas pela ABNT. Ciclo de vida é definido como os estágios consecutivos e interligados de um sistema de produto, desde a aquisição da matéria-prima ou de sua geração a partir de recursos naturais até a disposição final. *Sistema de produto* é o conjunto de processos elementares, com fluxos elementares e de produto, desempenhando uma ou mais funções definidas e que modela o ciclo de vida do produto. A ACV é a compilação e avaliação das entradas e saídas e dos impactos ambientais potenciais de um sistema de produto ao longo do seu ciclo de vida.[6] Os princípios da ACV são os seguintes:

1. *Perspectiva do ciclo de vida*: a ACV considera todo o ciclo de vida desde a extração da matéria-prima, através da produção de energia e materiais, manufatura e uso, tratamento de fim de vida até a disposição final. A atenção a esse princípio permite identificar as transferências de cargas entre os estágios do ciclo ou entre processos individuais.

2. *Foco ambiental*: a ACV trata apenas dos aspectos e impactos ambientais. Outras considerações, como as econômicas e sociais, não fazem parte do escopo desse instrumento.

3. *Abordagem relativa e unidade funcional*: a ACV é uma abordagem relativa, estruturada em torno de uma unidade funcional, o parâmetro que define o que está sendo estudado. Todas as análises subsequentes são relativas à unidade funcional.

4. *Abordagem interativa*: as fases individuais da ACV utilizam os resultados das outras fases.

5. *Transparência*: devido à inerente complexidade da ACV, a transparência assegura uma interpretação adequada dos resultados.

6. *Completeza*: a ACV considera todos os atributos ou aspectos do ambiente natural, da saúde humana e dos recursos.

7. *Prioridade da abordagem científica*: as decisões da ACV são embasadas preferencialmente nas ciências naturais. Caso isto não seja possível, outras abordagens científicas podem ser usadas, como as derivadas das ciências econômicas e sociais. Na ausência de ambas ou de convenções internacionais, as decisões podem basear-se em escolhas de valores.[7]

---

[6] ABNT, NBR ISO 14040:2009, termos e definições.

[7] ABNT, NBR ISO 14040:2009, seção 4.

6.4.1 Fases da ACV

Um estudo de ACV envolve as quatros fases esquematizadas na Figura 6.4. A primeira fase refere-se à definição do objetivo e do escopo do estudo, que devem ser claramente definidos. O *objetivo* deve esclarecer as aplicações pretendidas com o estudo, as razões para a sua elaboração, o público-alvo a quem seus resultados serão comunicados, e se os resultados serão usados em afirmações comparativas divulgadas publicamente. Exemplos: fornecer embasamento técnico para emitir uma autodeclaração ambiental do produto objeto do estudo; comparar dois produtos que atendam à mesma finalidade para efeito de marketing; comparar os impactos ambientais de embalagens alternativas para efeito de substituir a embalagem atual.

O *escopo* da ACV refere-se à sua abrangência, profundidade e seu detalhamento, devendo ser compatível com o objetivo declarado. O que inclui, entre outros, os seguintes elementos: sistema de produto estudado, funções do sistema ou dos sistemas no caso de estudos comparativos, unidade funcional, fronteira do sistema, procedimentos de alocação de impactos, categorias de impactos selecionados e metodologia de avaliação; requisitos de dados, pressupostos, tipo de análise crítica, limitações, tipo e formato do relatório.

Figura 6.4 Fases de uma ACV

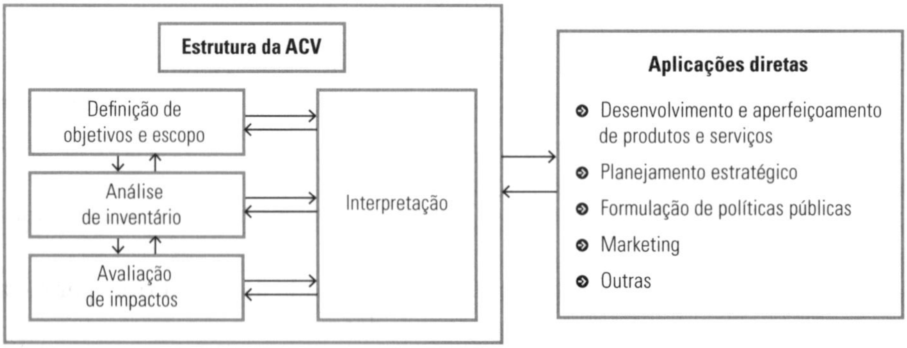

Fonte: ABNT, NBR ISO 14040:2009.

A função do sistema de produto é a utilidade ou benefício que proporciona ao usuário ou cliente. A avaliação do impacto se faz com base nessa função, cuja seleção depende do objetivo do estudo. A *unidade funcional* é uma medida da função do sistema definida em função do objetivo do estudo e que fornece uma referência para os dados de entrada e saída do sistema. Por exemplo, um estudo comparando o impacto ambiental da produção de revestimentos cerâmicos com gás natural e com energia hidroelétrica; a unidade funcional poderia ser metro quadrado de piso, pois essa é uma medida típica da função que o revestimento desempenha para o usuário. Para comparar dois processos de produção de tijolos, o milheiro de tijolos seria uma unidade funcional adequada por ser a unidade básica de comercialização. Para comparar sistemas de produtos diferentes que realizam a mesma função, a unidade funcional deve valer para os dois. Por exemplo, para comparar máquinas de lavar roupa a seco e a água, a unidade funcional poderia ser 100 kg de roupas.

A *fronteira do sistema* é um conjunto de critérios que especificam os processos elementares que farão parte do sistema de produto, como exemplifica a Figura 6.5. Os elementos a serem incluídos dentro da fronteira são, entre outros, os seguintes: aquisição de materiais; entradas e saídas dos processos de produção, distribuição e transportes; produção e uso de energia (combustíveis, eletricidade e calor); uso e manutenção dos produtos; reúso, reciclagem e recuperação energética; iluminação e aquecimento; tratamento e disposição final. O estudo pode excluir elementos, como operações em condições anormais ou emergenciais, embalagens de transporte (pallets, containers etc.), certos indicadores de qualidade ambiental. Por isso, a lista de inclusões e exclusões é fundamental para definir a fronteira do sistema, devendo cada uma ser justificada com base em argumentos consistentes. A exclusão de estágios do ciclo de vida é permitida somente se não provocar mudanças significativas nas conclusões gerais do estudo, ou seja, é preciso mostrar que não se trata de escolhas arbitrárias ou por conveniência.[8]

Figura 6.5 Exemplo de sistema de produto

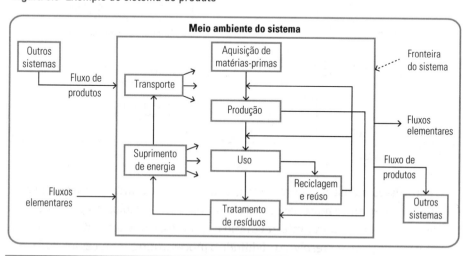

Fonte: ABNT, NBR ISO 14040:2009, seção 4.4.

---

[8] ABNT, NBR ISO 14040:2009, seção 5.2.3.

6.4.2 Análise de inventário

Na segunda fase, *análise de inventário do ciclo de vida*, são feitos a coleta de dados e os cálculos para quantificar as entradas e saídas de um sistema de produto conforme o objetivo e o escopo definidos. Para cada processo elementar dentro da fronteira do sistema coletam-se dados, medidos, calculados ou estimados, sobre as entradas e saídas de materiais e energia, produtos, coprodutos e resíduos, lançamentos de poluentes no ar, água ou solo. *Processo elementar* é o menor elemento dessa análise e para o qual dados de entrada e saídas são quantificados (Figura 6.6). Eles são ligados (1) uns aos outros por fluxos de produtos intermediários ou de resíduos para tratamento; e (2) ao meio ambiente por fluxos de materiais e energia retirados do meio ambiente que entram no sistema sem transformação prévia, como água de um rio, e fluxos de saídas lançadas sem tratamento, por exemplo, efluente lançado num corpo d'água.[9]

Figura 6.6 Processos elementares e seus fluxos – Exemplo

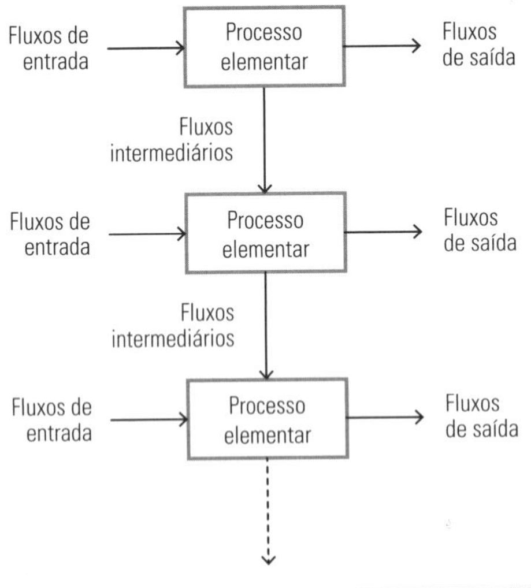

Definições

- **Fluxo de entrada:** produto, material ou energia que entra em um processo elementar.
- **Fluxo intermediário:** produto, material ou energia que ocorre entre processos elementares.
- **Fluxo de saída:** produto, material ou energia que deixa um processo elementar.
- **Materiais e produtos:** matérias-primas, produtos intermediários e coprodutos.
- **Coproduto:** qualquer um entre dois ou mais produtos que procedem de um mesmo processo elementar ou sistema de produto.

Fonte: ABNT, NBR ISO 14040:2009.

Os processos industriais raramente geram uma única saída ou baseiam-se em relações lineares entre matérias-primas e saídas. Por exemplo, um processo pode ter como saída um produto intermediário e resíduos, o que dificulta a análise de inventário. Isso pode ser resolvido dividindo o processo em subprocessos, cada qual com suas entradas e saídas exclusivas. Se isso não for possível ou conveniente,

[9] ABNT, NBR ISO 14040:2009.

CAPÍTULO 6 AVALIAÇÃO DO CICLO DE VIDA

deve-se usar *procedimentos de alocação* de impactos com critérios definidos e aplicados de forma homogênea.

6.4.3 Avaliação de impacto

A terceira fase da ACV objetiva entender e avaliar a magnitude e significância dos impactos potenciais do sistema de produto definido ao longo do seu ciclo de vida. Utiliza, para isso, os resultados do inventário obtidos na fase anterior. A avaliação dos impactos deve incluir os seguintes elementos, obrigatoriamente: seleção das categorias de impactos, indicadores de categoria e modelos de caracterização, correlação dos resultados do inventário às categorias selecionadas, e cálculo dos resultados dos indicadores de categoria.

Categoria de impacto é uma classe de questões ambientais relevantes às quais os resultados da análise do inventário podem estar associados. As categorias mais comuns relacionadas com as entradas são depleção de recursos abióticos (combustíveis fósseis, minerais etc.) e bióticos (madeira, peixes etc.). As categorias relacionadas com saídas mais usuais são: mudança do clima, depleção da camada de ozônio, formação de oxidantes fotoquímicos, acidificação, eutrofização, toxicidade humana e ecotoxicidade. Outras categorias podem ser consideradas, como particulados, metais pesados, uso do solo, ruídos e odores. A seleção das categorias depende da definição das fronteiras do sistema e deve ser justificada e descrita. O *indicador de categoria de impacto* é a sua representação quantificada.[10]

O *modelo de caracterização* reflete o mecanismo ambiental, ou seja, o sistema de processos físicos, químicos e biológicos de uma dada categoria de impacto, vinculando os resultados da análise do inventário aos indicadores da categoria e aos pontos finais da categoria. Estes são os atributos ou aspectos do meio ambiente natural, saúde humana ou recurso que identificam uma questão ambiental que merece atenção. A Figura 6.7 ilustra o modelo de caracterização com um exemplo relacionado à mudança do clima.[11]

Os resultados da análise de inventário quantificados segundo suas unidades usuais (kg, tonelada, litro, m³ etc.) são convertidos em uma unidade comum para serem computados e agregados à mesma categoria de impacto. Para isso foram desenvolvidos diversos métodos, sendo que um dos mais usados é o dos fatores de equivalência, que medem o potencial de impacto do elemento inventariado com base em modelos baseados na ciência e reconhecidos como apropriados. Exemplos: o fator de equivalência para a categoria de impacto mudança do clima é o potencial de aquecimento global (GWP, de *Global Warming Potential*), medido em quilograma

---

[10] ISO, ISO/TR 14047:2003, seção 5.2.2.4.
[11] ABNT, NBR ISO 14044, seção 4.3.

GESTÃO AMBIENTAL EMPRESARIAL

(kg) de CO_2 equivalente, conforme o modelo do Painel Internacional de Mudança do Clima (IPCC); para acidificação e eutrofização, mede-se em kg de SO_2 equivalente e kg de íon de fosfato (PO_4^{3-}), respectivamente, conforme modelos da Setac.

Por exemplo, as emissões inventariadas e medidas em quilogramas de CO_2, CH_4 e outros gases de efeito estufa são convertidas em quilogramas de CO_2 equivalente (kg CO_2-eq.). Segundo o modelo do IPCC, uma molécula de CH_4 equivale a 28 de CO_2 em potencial de aquecimento na base de 100 anos.[12] Assim, se uma unidade funcional do produto emite 8 kg de CO_2 e 4 kg de CH_4, a emissão total será (8 × 1 kg CO_2) + (4 × 28 kg CO_2-eq.) = 120 kg de CO_2 equivalente. Esse valor representa a carga ambiental de uma unidade funcional do produto, mas ainda não informa sobre os efeitos potenciais sobre a mudança do clima. Por isso é necessário calcular o forçamento radiativo infravermelho (*radiative forcing*), o fluxo de radiação infravermelha, medido em Watts por metro quadrado (W/m²), que indica a contribuição dessa carga para a mudança do clima.

Figura 6.7 Modelo de caracterização – Exemplos

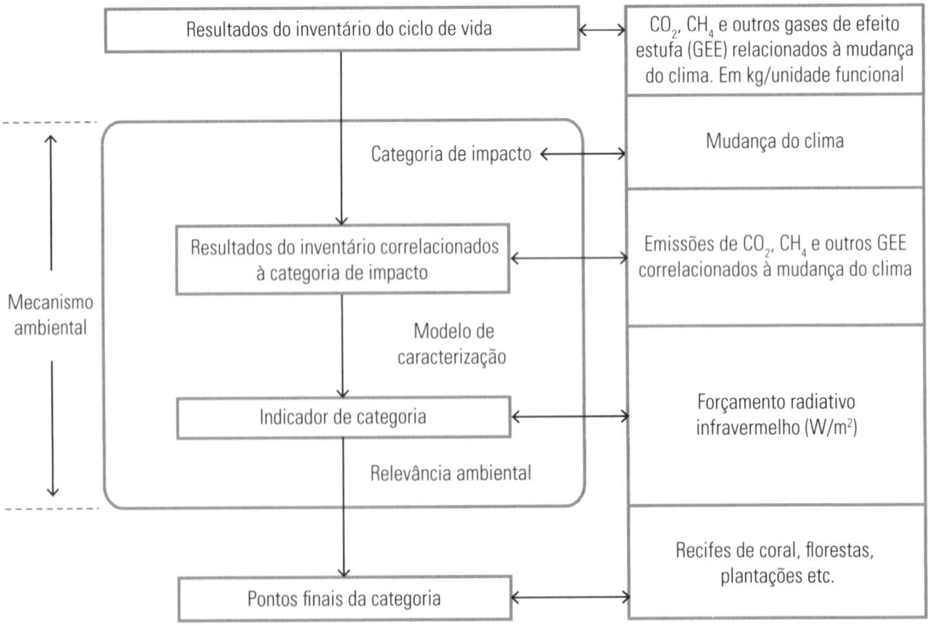

Fonte: ABNT, NBR ISO 14044:2009, seção 4.4.

---

[12] INTERGOVERNMENTAL PANEL ON CLIMATE CHANGE (IPCC), 2014, p. 712.

Os resultados do inventário convertidos em indicadores de categoria são agregados conforme sua contribuição para quantificar os danos a categorias finais de impactos, como ilustra a Figura 6.8. Nesta figura, as categorias de impactos intermediárias são pontos intermediários (*midpoint*) entre o impacto inventariado e os pontos finais (*endpoint*), as categorias de impactos ou danos aos recursos naturais, aos ecossistemas e à saúde humana. Os indicadores de categorias intermediárias associadas aos impactos finais são convertidos em uma única medida a fim de serem totalizados, também amparados por modelos cientificamente consistentes. Exemplo: os associados à saúde humana são convertidos em anos de vida perdidos prematuramente (YLL, de *years of life lost*) e anos de vida com incapacidades (DLY, de *diability life years*), decorrentes da carga ambiental inventariada, como emissões de substâncias carcinogênicas, que combinadas fornecem o indicador de impacto final (DALY, de *disability adjusted life years*). Um DALY é o equivalente a um ano de vida com saúde plena perdido.

Figura 6.8 Categorias de impactos intermediárias e finais

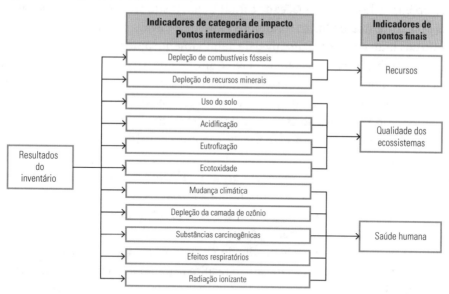

Fonte: baseada em ISO/TR 14047:2012, seção 6.5.

6.4.4 Interpretação e análise crítica

A última fase da ACV é a interpretação das informações considerando as constatações da análise e da avaliação de impactos em conjunto. Essa fase inclui, entre outros elementos: (1) identificação das questões significativas, (2) avaliação do estudo em termos de completeza, sensibilidade, consistência e outros elementos de avaliação; e (3) conclusões, limitações e recomendações.[13] A verificação da completeza visa assegurar que os dados e as informações relevantes para interpretar os resultados estejam disponíveis e completos. Se houver informação relevante ausente ou incompleta, convém revisar as fases anteriores ou redefinir o objetivo e o escopo do estudo. A verificação da sensibilidade visa assegurar a confiabilidade dos resultados finais e das conclusões, determinando de que forma eles são afetados pelas incertezas dos dados e pelos métodos empregados.[14]

A verificação da consistência procura determinar se os pressupostos, métodos e dados são consistentes ao longo do ciclo de vida do produto ou entre diversas opções. Exemplos de inconsistências: em estudo comparativo, uso de dados primários para um produto e secundários para o outro; dados do último ano para um produto e de cinco para o outro; dados de um produto baseados em tecnologia existente de longa data e os do outro em tecnologia experimental.

Os resultados e conclusões devem ser comunicados ao público-alvo de acordo com o tipo e formato do relatório definidos no escopo. E que deve conter o objetivo, o escopo, as inclusões e exclusões do estudo e suas justificativas, descrição de métodos e pressupostos, dados, os resultados da análise e avaliação de impactos, explanação das limitações, com um nível de detalhamento apropriado à compreensão das pessoas que integram o público-alvo. Convém que o relatório inclua: fronteira do sistema, indicando as entradas e saídas e os critérios de decisão; descrição dos processos elementares; as categorias de impacto selecionadas e seus indicadores. E, se for o caso, mudança do escopo inicial e justificativas.

A *análise crítica* é um processo para assegurar a consistência da ACV aos princípios e requisitos da norma NBR ISO 14044, ou seja, assegurar que os métodos utilizados são consistentes com esta norma, bem como científica e tecnicamente válidos; os dados utilizados são apropriados e razoáveis em relação ao objetivo do estudo; as interpretações refletem as limitações identificadas e o objetivo; o relatório é transparente e consistente. A análise crítica pode ser conduzida por especialista interno ou externo não envolvido na condução da ACV, ou por um painel de partes interessadas. A declaração do resultado da análise crítica, comentários do executante e quaisquer respostas a recomendações do analista devem ser incluídas no relatório de ACV.[15] Todas essas providências visam conferir credibilidade a um estudo sujeito às incertezas que costumam acompanhar a avaliação de impactos potenciais.

---

[13] ABNT, NBR ISO 14044:2009, seção 4.5.
[14] ABNT, NBR ISO 14044:2009, seção B 3.3.
[15] ABNT, NBR ISO 14044:2009, seção 6.

6.4.5 Aplicações da ACV

O resultado da ACV deve ser apresentado ao público-alvo em relatório com as características especificadas no escopo de forma completa, precisa e imparcial. Isso envolve informações sobre pressupostos, exclusões, fronteira do sistema, processos elementares, métodos, dados, critérios de alocação, modelos de análise, limitações, entre outras, e com os detalhes necessários à compreensão e o alcance dos resultados. O uso de tabelas e gráficos é recomendável para fornecer uma visão geral das categorias de impacto, o que facilita destacar as que mais contribuem para os impactos ou danos finais. As categorias intermediárias são os objetos de atenção com vistas às ações para reduzir a carga ambiental adversa do sistema de produto em análise; e as categorias finais, os efeitos acumulados sobre o meio ambiente, os recursos naturais e a saúde humana.

As aplicações pretendidas da ACV devem estar declaradas no escopo do estudo, bem como sua justificativa. As aplicações gerais listadas na Figura 6.4 podem ser desdobradas em aplicações específicas, como:

» identificar aspectos e impactos ambientais das linhas de produto para estabelecer planos e programas de melhoria do desempenho ambiental da organização, levando em conta a parcela da cadeia de suprimento sob seu controle ou influência;

» estabelecer prioridades para a renovação da carteira de produtos;

» avaliar os riscos e oportunidades ambientais associados aos fornecedores de insumos e componentes importantes;

» comparar produtos que atendam a mesma função em termos de impactos ambientais; elaborar rótulos ambientais;

» fornecer os elementos para levantar o custo total do ciclo de vida;

» fazer afirmações comparativas entre produtos para divulgação pública.

Para essa última aplicação, o escopo deve ser definido de modo que os sistemas de produtos possam ser comparados, por exemplo, usando a mesma unidade funcional, as mesmas exclusões, considerações metodológicas equivalentes, sendo que qualquer diferença deve ser identificada e relatada.[16] Além disso, as partes interessadas devem conduzir a avaliação na forma de uma análise crítica, como mencionado acima.

A ACV é um estudo que se baseia na abordagem do berço ao túmulo. A ACV completa é a que segue os requisitos e recomendações das normas ISO. Porém, é

---

[16] ABNT, NBR ISO 14004:2009, seção 4.4.3.7.

possível usar parte das recomendações e requisitos constantes nas normas ISO, mediante justificativas adequadas, para estudos do berço ao portão da empresa, do portão do fornecedor ao portão da fábrica ou de partes específicas do ciclo de vida, como a gestão de resíduos ou um componente do produto.[17]

A ACV completa processa uma quantidade enorme de dados e realiza uma variedade enorme de cálculos que seriam impossíveis sem o uso de *softwares* específicos em constante aprimoramento. Graças a eles, o processamento de dados é um problema praticamente resolvido, principalmente para dar suporte às fases de análise e avaliação de impactos do ciclo de vida. Atualmente, há uma grande variedade deles desenvolvidos por empresas de consultoria, universidades, instituições de pesquisas e organizações privadas não lucrativas.[18] Diante de tantas alternativas, a escolha do *software* de ACV não é um problema trivial. Entre os diversos critérios para orientar essa escolha, além dos típicos de qualquer *software*, como capacidade e velocidade de processamento, talvez o mais importante seja a facilidade de aplicar as recomendações e requisitos das normas ISO sobre ACV. Uma questão crucial é a disponibilidade de dados apropriados ao estudo. Embora os *softwares* de ACV possuam bases de dados residentes, nem sempre é possível utilizá-los sem comprometer a consistência, caso se refiram a regiões e ambientes diferentes de onde o produto ou seus insumos são gerados. Por isso, a possibilidade de incluir outras bases é um fator de escolha importante.

A realização de uma ACV completa requer equipe de trabalho multidisciplinar, leva tempo, podendo chegar a mais de um ano conforme a complexidade do ciclo de vida do produto e da disponibilidade de dados. Consequentemente, seu custo é elevado, razão por que esse instrumento tem sido mais utilizado por grandes empresas. A percepção desses fatos tem estimulado duas linhas de desenvolvimento: uma procura aperfeiçoar as ferramentas de análise baseadas em *softwares* e integração de grandes bases de dados para torná-las mais amigáveis e menos dispendiosas; a outra procura aperfeiçoar e valorizar os métodos simplificados que focalizam a atenção sobre os aspectos ambientais mais importantes, deixando de lado os que são percebidos como secundários.[19]

---

[17] Ibid., anexo A.

[18] Alguns dos mais conhecidos: SimaPro, da empresa holandesa PréConsulant (https://simapro.com); GaBi, da empresa alemã de consultoria *PE International* e Universidade de Stuttgart (https://gabi.sphera.com); Umberto, do *Institut für Umwelt* de Hamburgo (https://www.ifu.com/umberto/lca-software); Ecoinvent, de uma organização sem fins lucrativos suíça (https://ecoinvent.org).

[19] ASHBY, 2009, p. 48.

CAPÍTULO 6   AVALIAÇÃO DO CICLO DE VIDA

6.5 MÉTODOS SIMPLIFICADOS

A simplificação tanto ocorre na definição do ciclo de vida quanto no método de avaliação, por isso, são equivalentes as denominações: *avaliação do ciclo de vida simplificado* (ACVS) e *avaliação simplificada do ciclo de vida*. Para que a simplificação não comprometa a legitimidade da avaliação, as seguintes características devem estar presentes: (1) todos os estágios ou fases do ciclo de vida devem ser avaliados de algum modo; (2) todos os estressores ambientais relevantes devem ser avaliados de algum modo; e (3) a avaliação deve incluir de algum modo as quatro fases informadas na Figura 6.4. A expressão *de algum modo* significa que certos elementos dos três itens acima podem ser excluídos caso não melhorem a avaliação, seja pela dificuldade em obter dados, seja por estar fora da área de decisão do fabricante.[20]

Um estressor ambiental é um item identificado na análise de inventário causador potencial de impacto ambiental adverso. Não há necessidade de incluir todos os estressores, apenas os relevantes, os que por suas propriedades e quantidades são potencialmente danosos ao meio ambiente físico, biológico e social. A ACVS pode ser qualitativa ou quantitativa, mas mesmo essa última não requer o rigor das normas ISO.

O núcleo da simplificação é a identificação e, eventualmente, a quantificação das questões ambientais mais relevantes de cada etapa do ciclo de vida diretamente relacionado com o produto. Para isso, foram criados diversos métodos, dos quais os baseados em matrizes são os mais conhecidos pela sua praticidade. Uma das dimensões da matriz é o ciclo de vida, e a outra, as preocupações ou estressores ambientais, como uso de materiais, consumo de energia, geração de poluentes, mudança do clima, destruição da camada de ozônio, destruição de habitats. Cada uma das combinações entre essas duas dimensões é uma célula da matriz que representa um aspecto ambiental. A matriz é um meio para facilitar a realização do inventário e a sua análise.

6.5.1 Matriz ERPA

O método conhecido por Avaliação de Produto Ambientalmente Responsável (ERPA), desenvolvido por Graedel e Allemby, consiste em uma matriz de 5 x 5, cujas linhas representam os estágios do ciclo de vida do produto, e as colunas, as preocupações ambientais a serem consideradas em cada estágio.[21] As preocupações ambientais devem ser estabelecidas antecipadamente para cada célula da matriz, como ilustra a Figura 6.9, tendo por base o objetivo da avaliação. Por exemplo:

---

[20] GRAEDEL, 1998, p. 88-9.
[21] GRAEDEL; ALLEMBY, 1995; GRAEDEL, 1998. ERPA, do inglês: *Environmentally Responsible Product Assessment*.

reduzir as emissões de gases de efeito estufa, aumentar o conteúdo de materiais reciclados, diminuir o consumo de energia. Ou seja, as preocupações ambientais decorrem dos objetivos do estudo.

Figura 6.9 Matriz ERPA – Exemplos de preocupações ambientais

ESTÁGIO DO CICLO DE VIDA	PREOCUPAÇÕES AMBIENTAIS				
	Escolha dos materiais (1)	Uso de energia (2)	Resíduos sólidos (3)	Resíduos líquidos (4)	Resíduos gasosos (5)
Extração de materiais (1)	1,1 Uso de materiais virgens somente	1,2 Extração de minérios	1,3 Produção de escória	1,4 Drenagem de mina	1,5 Emissão de SO_2 na fundição
Manufatura do produto (2)	2,1 Uso de materiais virgens somente	2,2 Motores ineficientes	2,3 Retalhos e sucatas	2,4 Substâncias tóxicas	2,5 Uso de CFC
Embalagem e expedição (3)	3,1 Uso de tinta de impressão tóxica	3,2 Energia perdida na distribuição	3,3 Embalagem de poliestireno	3,4 Uso de tinta de impressão tóxica	3,5 Emissões de combustão
Uso do produto (4)	4,1 Dissipação de metais	4,2 Energia perdida no uso	4,3 Sólidos consumidos	4,4 Líquidos consumidos	4,5 Emissões de combustão
Reciclagem e disposição final (5)	5,1 Uso de materiais orgânicos tóxicos	5,2 Energia perdida na reciclagem	5,3 Sólidos não recicláveis	5,4 Líquidos não recicláveis	5,5 Emissão de HCl na incineração

Fonte: Graedel; Allenby, 1995, p. 130.

A avaliação de cada célula corresponde à fase de análise de inventário do ciclo de vida. Na formulação original do método, as células da matriz são preenchidas com valores inteiros de zero a 4, nos quais zero representa um impacto ambiental significativo e 4, impacto nenhum ou desprezível. Os valores intermediários representam gradações que dependem de avaliações feitas para cada célula. A gradação pode ser orientada pelo valor 2, que representa uma responsabilidade média; assim, 1 e 3 indicam gradações superiores e inferiores à média, respectivamente. Sendo uma matriz 5x5, há 25 células; a responsabilidade ambiental total do produto (RTA) será dada pela expressão:

$$RTA_{produto} = \sum_i \sum_j RA_{i,j}$$

na qual $RA_{i,j}$ = valor atribuído à responsabilidade ambiental da célula i,j.

CAPÍTULO 6 AVALIAÇÃO DO CICLO DE VIDA

Assim, quanto mais a RTA se aproxima de zero, maior o impacto ambiental total do ciclo de vida; quanto mais se aproxima de 100, menor o impacto total. Qualquer RTA abaixo de 50 representa uma situação preocupante em termos de carga ambiental negativa total; abaixo de 25, uma situação crítica. Porém, mesmo para produtos com RTA elevado, importa verificar os valores de cada linha e coluna da matriz para identificar os estágios do ciclo e as preocupações que merecem maior atenção. Veja o exemplo da Figura 6.10. O produto objeto do estudo tem uma RTA = 41, o que significa que a carga de impactos ao longo do ciclo de vida é significativa. Os totais parciais das linhas e colunas permitem identificar e localizar os diferenciais de impactos; por exemplo, a manufatura, com um subtotal igual a 6, é o estágio do ciclo de vida com maior impacto adverso; a maior preocupação ambiental concerne aos resíduos líquidos com um subtotal igual a 5. Os valores de cada célula permitem estabelecer a ordem de prioridades para as ações a serem desencadeadas, no caso, a geração de resíduos líquidos no estágio de manufatura seria a prioridade máxima (célula 2,4).

Figura 6.10 Matriz ERPA – Resultados do inventário do produto

ESTÁGIO DO CICLO DE VIDA	PREOCUPAÇÕES AMBIENTAIS					TOTAL
	Escolha dos materiais (1)	Uso de energia (2)	Resíduos sólidos (3)	Resíduos líquidos (4)	Resíduos gasosos (5)	
Extração de materiais (1)	1,1 1	1,2 1	1,3 3	1,4 2	1,5 3	10
Manufatura do produto (2)	2,1 2	2,2 2	2,3 1	2,4 0	2,5 1	6
Embalagem e expedição (3)	3,1 3	3,2 2	3,3 2	3,4 1	3,5 1	9
Uso do produto (4)	4,1 2	4,2 4	4,3 1	4,4 1	4,5 1	9
Reciclagem e disposição final (5)	5,1 2	5,2 1	5,3 2	5,4 1	5,5 1	7
TOTAL	10	10	9	5	7	41

Fonte: baseada em Graedel; Allenby, 1995, p. 130.

A atribuição de valores pode ser diferente da formulação original. Há quem prefira usar uma escala inversa, na qual zero indica ausência de impacto ou impacto desprezível e 4, impacto severo.[22] Os valores podem variar dentro de uma escala

---

[22] HUR *et al.*, 2005, p. 231.

189

menor ou maior, por exemplo, de 1 a 3 ou de 1 a 10, dependendo do grau de detalhamento desejado.[23] Pode-se ainda usar adjetivos como *nenhum, baixo, médio* e *alto* impacto. O método apresentado considera todas as preocupações e estágios do ciclo de vida com o mesmo peso, o que nem sempre é satisfatório. O ERPA permite atribuir pesos determinados pelos membros da equipe por consenso entre eles.

A matriz ERPA pode ser ampliada para incluir mais estágios do ciclo de vida do produto, ou segmentá-los em atividades dos estágios; por exemplo, segmentar a manufatura nos seus diversos processos como: prensagem, estampagem, tratamento térmico, usinagem, soldagem, montagem. Outras preocupações ambientais também podem ser incluídas, tais como preocupação como mudança do clima, poluição interna, substituição de recursos não renováveis.

6.5.2 Matriz MECO

O método MECO, acrônimo de *Material, Energy, Chemicals, Others*, foi desenvolvido pelo Instituto Dinamarquês de Desenvolvimento de Produtos, tendo como inspiração o método ERPA. A matriz MECO é formada por quatro categorias de impacto e cinco estágios do ciclo de vida, como mostra a Figura 6.11. No método ERPA, o transporte é um componente de cada estágio do ciclo, o que gera a necessidade de definir critérios para alocar os impactos do transporte entre os estágios, algo nem sempre fácil de ser feito. Esse problema não ocorre com o MECO, pois o transporte é considerado um estágio do ciclo.

Figura 6.11 Matriz MECO

ESTÁGIO DO CICLO DE VIDA / MECO		Extração de materiais	Manufatura	Uso	Disposição	Transporte
1. Materiais	Quantidade					
	Fonte					
2. Energia	Primária					
	Fonte					
3. Substâncias químicas	Tipo 1					
	Tipo 2					
	Tipo 3					
4. Outros						

Fonte: Hochschorner; Finnveden, 2003, p. 121.

___
[23] LILI *et al.*, 2006, p. 61.

CAPÍTULO 6 AVALIAÇÃO DO CICLO DE VIDA

A categoria de impacto denominada *material* (M) inclui os materiais necessários para produzir, usar, manter e reparar o produto; e *energia* (E), a energia usada nos estágios do ciclo de vida, subdividida em energia primária e uso das reservas de combustíveis fósseis. As *substâncias químicas* (C) são as utilizadas como insumos produtivos e as geradas no ciclo de vida como poluentes ou subprodutos, classificadas conforme o grau de periculosidade em substâncias muito problemáticas (tipo 1), problemáticas (tipo 2) e pouco problemáticas (tipo 3). A categoria *outros* inclui impactos ambientais que não se enquadram em nenhuma dessas três, por exemplo, destruição de habitats, ruído, vibração.

Para orientar o enquadramento das substâncias químicas identificadas nos estágios do ciclo de vida, pode-se considerar os seguintes critérios:

1) *Substâncias tipo 1*: substâncias controladas ou proibidas pelo poder público;[24] as constantes nas listagens de produtos perigosos da ONU e de outras instituições especializadas no assunto; as consideradas mutagênicas, teratológicas e carcinogênicas; os gases de efeito estufa;[25] as substâncias que destroem a camada de ozônio;[26] as substâncias que conferem periculosidade aos resíduos e os resíduos sólidos da classe I elencados na norma NBR 10004.[27]

2) *Substâncias tipo 2*: substâncias menos problemáticas que as do tipo 1 e mais do que as do tipo 3. Podem incluir as de baixa toxicidade para os humanos e outros seres vivos e os resíduos sólidos da classe II A – não inertes, conforme a NBR 10004.

3) *Substâncias tipo 3*: produtos, emissões e resíduos inertes ou não tóxicos para qualquer ser vivo; substâncias que, embora tenham características de periculosidade, são encontradas em quantidades tão pequenas que não causam problemas. Enquadram-se nesse tipo os resíduos sólidos da classe II B – inertes, conforme a NBR 10004.

A matriz MECO comporta variações para atender objetivos específicos; por exemplo, pode-se acrescentar outras linhas na matriz para incluir outros tipos de impactos ambientais. A possibilidade de introduzir variações decididas caso a caso é uma das vantagens dos métodos baseados em matrizes. No entanto, essa

---

[24] Ver, por exemplo, a lista de produtos perigosos da Portaria 473 do Inmetro de 2011.

[25] Principais gases de efeito estufa: dióxido de carbono (CO_2), metano (CH_4), óxido nitroso (N_2O), hidrofluxocarbonos (HFCs), perfluocarbonos (PFCs), hexafluoreto de enxofre (SF_6) e trifluoreto de nitrogênio (NF_3).

[26] Veja a lista de substâncias controladas em http://ozone.unep.org/en/treatiaties-and-decisions/montreal-protocol-substances-deplete-ozone-leves.

[27] ABNT, NBR ISO 10004:2004.

GESTÃO AMBIENTAL EMPRESARIAL

flexibilidade, somada à simplificação do ciclo de vida, faz com que esse método não seja indicado para realizar estudos com vistas a rótulos e declarações ambientais sobre produtos e serviços.

6.5.3 Matriz MET

A matriz MET usa três estressores ambientais: materiais (M), energia (E) e substâncias tóxicas (T), e cinco etapas do ciclo de vida (Figura 6.12). As células são preenchidas com informações sobre os materiais e as formas de energia que entram e saem em cada estágio do ciclo; e sobre materiais, resíduos e emissões tóxicos gerados em cada etapa. Os objetivos associados às células específicas são reduzir, eliminar ou substituir tipos de materiais e energia por outros de menor impacto ambiental. Por exemplo: para as células associadas aos materiais: reduzir a massa e o volume dos produtos, aumentar o uso de materiais reciclados, substituir bens por serviços; para a energia, aumentar a eficiência dos equipamentos, substituir fonte de energia fóssil por renovável; para as substâncias tóxicas, substituir as geradoras de emissões e resíduos tóxicos por outras inofensivas e, caso não seja possível, ampliar a eficiência do controle da poluição e da gestão de resíduos.

Figura 6.12 Matriz MET

ENTRADAS E SAÍDAS ESTÁGIOS DO CICLO DE VIDA		M Materiais	E Energia	T Substâncias tóxicas, resíduos e emissões
Aquisição/extração de recursos				
Manufatura				
Distribuição				
Consumo/uso	Operação			
	Manutenção			
Fim de vida	Coleta			
	Disposição			

Fonte: Brezet *et al.*, 2001, p. 40.

Os métodos simplificados apresentam vantagens comparativamente aos completos e detalhados, como recomendam as normas ISO comentadas anteriormente, pois requerem menos tempo e esforços e, consequentemente, custam menos, podem ser realizados pelo pessoal da própria empresa e são apropriados para os estágios iniciais dos projetos de inovação tecnológica de produtos e processos, quando as informações quantitativas são escassas. Desse modo, podem ser utilizados rotineiramente e aplicados a uma grande variedade de produtos e atividades industriais. Porém, apresentam desvantagens ou limitações, entre elas, pouca ou nenhuma capacidade para acompanhar o fluxo global de materiais e energia de acordo com a perspectiva do berço ao túmulo e as melhorias ao longo do tempo de forma confiável a fim de determinar se um produto é ambientalmente superior ao seu antecessor.[28] Essas limitações decorrem da atenção a poucos aspectos ambientais considerados relevantes para o estudo, desconsiderando os demais.

A ACV simplificada não é substituta ou sucessora da ACV baseada nas normas ISO. Ambas são importantes instrumentos de gestão ambiental, cada qual com seu campo específico de aplicação. A ACV simplificada permite que um número maior de empresas possa usar esse instrumento de gestão ambiental, e com mais frequência. É acessível às empresas de pequeno e médio porte. Pode se tornar uma etapa permanente dos processos de inovação de produtos e processos, contribuindo para incorporar melhores soluções do ponto de vista ambiental na fase de projeto, quando mudanças são mais fáceis de serem realizadas e custam menos. Seu uso é preferencialmente interno, endereçado aos desenvolvedores de produtos e gestores envolvidos nos processos de inovação de produto e processo e na gestão do ciclo de vida. Não deve ser usada para fazer comparações com produtos dos concorrentes para efeito de comunicação ao público. Para essa finalidade, são as recomendações e os requisitos das normas ISO comentadas neste capítulo que devem ser seguidos. A ACV baseada nessas normas é apropriada a estudos de maior envergadura e que requerem maior segurança e confiabilidade quanto aos resultados obtidos, como os estudos para comparar produtos semelhantes para fins mercadológicos ou para emitir declarações ambientais.

TERMOS E CONCEITOS IMPORTANTES

- Abordagem do berço ao túmulo
- Abordagem do berço ao berço
- Avaliação do ciclo de vida
- Cadeia de suprimento
- Categoria de impacto
- Ciclo de vida do produto
- Fronteira do sistema de produto
- Gestão do ciclo de vida
- Indicador de categoria de impacto
- Inventário do ciclo de vida
- Mecanismo ambiental
- Método de matrizes
- Princípios da ACV
- 6 Rs
- Sistema de produto
- Unidade funcional

---

[28] GRAEDEL, 1998, p. 97.

REFERÊNCIAS

ASHBY, M. F. *Materials and environment*: eco-informed material choice. Oxford: Elsevier, 2009.

ASSOCIAÇÃO BRASILEIRA DE NORMAS TÉCNICAS (ABNT). *NBR ISO 10004*. Resíduos sólidos: classificação. Rio de Janeiro: ABNT, 2004.

ABNT. *NBR ISO 14040:2009*. Gestão ambiental: avaliação do ciclo de vida – princípios e estruturas. Rio de Janeiro: ABNT, 2009.

ABNT. *NBR ISO 14044:2009*. Gestão ambiental: avaliação do ciclo de vida – requisitos e orientações. Rio de Janeiro: ABNT, 2009.

AYRES, U. R. Life cycle analysis: a critique. *Resources, Conservation and Recycling*, v. 14, p. 199-223, 1995.

BREZET, J. C.; BIJMA, A. S.; EHRENFELD, J.; SILVESTER, S. *The design of eco-efficient services*. 2001. Disponível em: http://score-network.org/files/806_1.pdf. Acesso em: 16 jan. 2023.

CHOPRA, S.; MEINDL, P. *Gerenciamento da cadeia de suprimento*: estratégia, planejamento e operações. São Paulo: Pearson Education, 2011.

GRAEDEL, T. E. *Streamlined life-cycle assessment*. Nova Jersey: Prentice Hall, 1998.

GRAEDEL; ALLENBY, B. R. *Industrial ecology*. Nova Jersey: Prentice Hall, 1995.

HOCHSCHORNER, E.; FINNVEDEN, G. Evaluation of two simplified life cycle assessment methods. *International Journal of Life Cycle Assessment*, v. 8, n. 3, p. 119-128, 2003.

HUR, T.; LEE, J.; RYU, J.; KWON, E. Simplified LCA and matrix methods in identifying the environmental aspects of a product system. *Journal of Environmental Managem*ent, n. 75, p. 229-237, 2005.

INSTITUTO NACIONAL DE METROLOGIA, QUALIDADE E TECNOLOGIA (INMETRO). Portaria INMETRO n. 473, de 13 dez. 2011. Aprova a revisão da Lista de Grupos de Produtos Perigosos e do Registro de Não Conformidade (RNC). Brasília: *DOU*, 14 dez. 2011.

INTERGOVERNMENTAL PANEL ON CLIMATE CHANGE (IPCC). Climate change 2013: the physical science basis. *IPCC*, 2018. Disponível em: https://www.ipcc.ch/report/ar5/wg1/. Acesso em: 16 jan. 2023.

INTERNATIONAL ORGANIZATION FOR STANDARDIZATION (ISO). *ISO/TR 14047:2003*. Environmental management: life cycle assessment. Genebra: ISO, 2003.

LILI, Y.; SHAOJIE, Z.; GE, G. Environmentally responsible product assessment for the automobiles made in China. *Canadian Social Science*, v. 2, n. 4, dez. 2006.

NATIONAL POLLUTION PREVENTION CENTER FOR HIGHER EDUCATION/MICHIGAN UNIVERSITY (NPPC). *Notes on life cycle analysis*. Ann Arbor: NPPC, 1995.

UNITED NATIONS ENVIRONMENT PROGRAM (UNEP); SOCIETY OF ENVIRONMENTAL TOXICOLOGY AND CHEMISTRY (SETAC). *Life cycle management*: a business guide to sustainability. Genebra: Setac/Unep, 2007.

ESTUDO PRÉVIO DE IMPACTO AMBIENTAL

Constitui um instrumento de gestão ambiental sem o qual não seria possível promover a melhoria dos sistemas produtivos em matéria ambiental. Qualquer abordagem de gestão ambiental de uma organização, seja corretiva, preventiva ou estratégica, requer a identificação e análise de impactos ambientais a fim de se estabelecer medidas para agir em conformidade com a abordagem, a legislação ou com a sua política ambiental.

Entende-se por impacto ambiental qualquer mudança no ambiente natural e social decorrente de uma atividade ou de um empreendimento proposto. Mesmo considerando que mudanças podem ocorrer por causas naturais, as que interessam para efeito de gestão ambiental são as resultantes de ações humanas. Impacto ambiental refere-se às alterações reais ou potenciais no meio ambiente físico, biótico e social decorrentes de atividades humanas em andamento ou propostas, respectivamente. Os impactos podem gerar efeitos negativos e positivos. Quando se fala em impactos ambientais decorrentes de ações humanas, há uma tendência a associá-los apenas aos efeitos negativos sobre os elementos do ambiente natural e social, pois a degradação ambiental que nos rodeia são basicamente os resultados indesejáveis dessas ações. Porém, não se deve esquecer os impactos positivos, que em última instância são os que conferem sustentabilidade econômica, social e ambiental aos empreendimentos ou atividades.

No Brasil, a Lei n. 6.938, de 1981, que instituiu a Política Nacional do Meio Ambiente (PNMA), incluiu a *avaliação de impacto ambiental* entre os instrumentos de política pública, e a Constituição Federal de 1988 usa a expressão *estudo prévio de impacto ambiental.*[1] Não se trata de um mero circunlóquio vernacular a discussão a respeito desses dois termos: *estudo* e *avaliação*. *Avaliação de impacto ambiental* é denominação genérica de qualquer estudo sobre impactos ambientais para compreendê-los e determinar sua significância real ou potencial de degradação ambiental. Como se verá adiante, o estudo de impacto compreende, além da avaliação dos impactos, a identificação de soluções alternativas, o desenvolvimento de medidas para prevenir impactos, para controlar e compensar os impactos inevitáveis, entre outras atividades. Por isso, aqui será usada a expressão *Estudo de Prévio de Impacto Ambiental* (EIA), por apresentar um significado mais abrangente do que *avaliação* e mais afinado com o dispositivo constitucional brasileiro.

7.1 AS ORIGENS

Considera-se a *National Environmental Policy Act* (Nepa), uma lei norte-americana de 1969, como a primeira do mundo a estabelecer a obrigatoriedade do EIA enquanto instrumento de política pública. Essa lei tornou obrigatória a realização de estudos sobre os impactos ambientais associados à implementação de projetos, programas e atividades de todos os órgãos federais dos Estados Unidos da América. Ela passou a exigir que toda proposta legislativa ou qualquer ação federal importante que possa afetar a qualidade do meio ambiente inclua uma declaração informando os impactos ambientais da ação proposta, as alternativas às ações propostas e os prejuízos ambientais irreversíveis e irrecuperáveis que poderão ocorrer se a ação proposta for implementada.

O Programa das Nações Unidas para o Meio Ambiente (Pnuma/Unep), criado após a Conferência das Nações Unidas sobre o Meio Ambiente Humano, realizada em Estocolmo em 1972, desempenhou um papel importante na disseminação desse instrumento, principalmente entre os países não desenvolvidos. Bird, BID e outros bancos de desenvolvimento multilaterais e regionais passaram a exigir o EIA para a concessão de empréstimos para a construção de portos, estradas, hidroelétricas e outras grandes obras de infraestrutura. A importância desse instrumento de política pública ambiental foi reconhecida na Conferência das Nações Unidas para o Desenvolvimento e Meio Ambiente, realizada no Rio de Janeiro em 1992, passando a constar da Declaração do Rio de Janeiro sobre o Meio Ambiente e Desenvolvimento, com o seguinte enunciado:

---

[1] BRASIL, 1988. Constituição Federal de 1988, art. 225, § 1º, IV.

CAPÍTULO 7 ESTUDO PRÉVIO DE IMPACTO AMBIENTAL

A avaliação do impacto ambiental, como instrumento nacional, deverá ser efetuada para atividades planejadas que possam vir a ter impacto negativo considerável sobre o meio ambiente, e que dependam de uma decisão de autoridade nacional competente.[2]

O EIA é um processo formal de avaliação de impactos potenciais de obras e empreendimento propostos, importante tanto para quem o faz, o empreendedor, quanto para o Poder Público, que o exige e toma decisões baseadas em seus resultados. É importante não só para o país, a região e o município, mas também para o próprio proponente, que pode ser inclusive uma entidade do próprio Poder Público. Seu objetivo é tomar ciência antecipadamente das possíveis agressões ao meio ambiente físico, biológico e social decorrentes da implantação de empreendimentos e atividades com potencial elevado de causar degradação ambiental.

Para o órgão governamental ambiental, o EIA orienta suas decisões quanto à aprovação ou não do projeto em questão; para o proponente, permite que o projeto seja aperfeiçoado, o que aumenta a sua segurança e possibilita a elaboração de medidas de mitigação e de programas de monitoramento dos impactos negativos identificados nos estudos de avaliação prévia. Mudanças no projeto antes da sua implementação são mais fáceis de fazer e custam menos do que alterar uma obra em construção. Dessa forma, o EIA pode ser entendido como uma etapa do projeto da obra ou da atividade. O uso do EIA varia de país para país. Em alguns países, a aprovação do EIA pelo órgão governamental competente é condição necessária para a continuidade do processo de licenciamento do empreendimento ou atividade proposta. Esse é o caso do Brasil, como se verá a seguir.

7.2 LICENCIAMENTO AMBIENTAL

A PNMA estabeleceu o licenciamento e a revisão de atividades efetiva ou potencialmente poluidoras como instrumentos de política pública.[3] *Licenciamento ambiental* é o procedimento administrativo destinado a licenciar atividades ou empreendimentos utilizadores de recursos ambientais, efetiva ou potencialmente poluidores ou capazes, sob qualquer forma, de causar degradação ambiental.[4] *Licença ambiental* é o ato administrativo pelo qual o órgão ambiental competente estabelece as condições, restrições e medidas de controle ambiental que deverão ser obedecidas pelo empreendedor, pessoa física ou jurídica, para localizar,

---

[2] Declaração, Princípio 17. Disponível em: Declaração do Rio de Janeiro sobre o Meio Ambiente e Desenvolvimento (1992) (mpma.mp.br). Acesso em: 5 ago. 2022.

[3] BRASIL. Lei n. 6.938/1981, art. 9º, inciso IV.

[4] BRASIL. Lei Complementar n. 140/2011, § 2º, inciso I.

instalar, ampliar e operar empreendimentos com as características apontadas anteriormente.[5] As modalidades de licença ambiental previstas na legislação brasileira são as seguintes:

a) **licença prévia**: concedida na fase preliminar do planejamento do empreendimento ou atividade aprovando sua localização e concepção, atestando a viabilidade ambiental e estabelecendo os requisitos básicos e condicionantes a serem atendidos nas próximas fases de sua implementação;

b) **licença de instalação**: autoriza a instalação do empreendimento ou atividade de acordo com as especificações constantes dos planos, programas e projetos aprovados, incluindo as medidas de controle ambiental e demais condicionantes, da qual constituem motivo determinante; e

c) **licença de operação**: autoriza a operação da atividade ou empreendimento, após a verificação do efetivo cumprimento do que consta das licenças anteriores, com as medidas de controle ambiental e condicionantes determinados para a operação.[6]

A licença prévia é condição para a continuidade do processo de licenciamento, podendo ser entendida como um sinal verde para o empreendedor seguir adiante com seu projeto. O início da instalação do empreendimento ou atividade só deve ocorrer após a expedição da licença de instalação, na qual se verificam as especificações constantes nos planos, programas e projetos aprovados, bem como as medidas de controle ambiental, de compensação e outras consideradas importantes na fase anterior. A licença de operação é a que finalmente autoriza o início das operações do empreendimento ou atividade objeto do projeto, e sua expedição depende da verificação do cumprimento das questões estabelecidas nas licenças anteriores.

A sequência de licenças acompanha as fases de implantação de uma atividade ou empreendimento, como mostra a Figura 7.1. A implantação da atividade ou empreendimento seguiria as setas interrompidas, caso não fossem obrigados a passar por um processo de licenciamento ambiental. Como se vê, esse processo contribui para o aperfeiçoamento do projeto original em termos ambientais, o que ajuda a evitar problemas à frente, quando a atividade ou o empreendimento estiver em operação.

---

[5] BRASIL. Res. Conama n. 237/1997, art. 1º.
[6] BRASIL. Res. Conama n. 237/1997, art. 8º.

Figura 7.1 Fases do projeto de atividade ou empreendimento e licenças ambientais

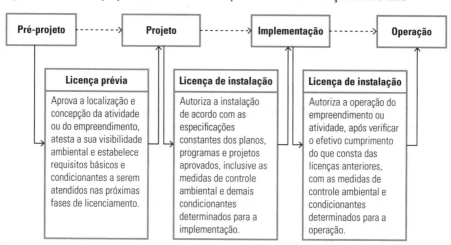

Fonte: baseada na Resolução Conama n. 237/1997.

Nem toda atividade ou empreendimento está sujeito ao licenciamento ambiental. A Resolução Conama n. 237/1997 apresenta uma relação dos que estão sujeitos ao licenciamento ambiental, mas trata-se de uma lista não exaustiva, pois cabe ao órgão ambiental competente definir os critérios de exigibilidade, o detalhamento e a complementação dessa relação, considerando as especificidades, os riscos ambientais, o porte e outras características do empreendimento ou atividade.[7] Ou seja, os órgãos ambientais competentes podem considerar outros tipos de empreendimentos e atividades sujeitos ao licenciamento ambiental, além daqueles listados na supracitada Resolução.

7.2.1 Competência para licenciar

A competência administrativa para proceder ao licenciamento ambiental foi distribuída entre a União, os estados, o Distrito Federal e os municípios pela Lei Complementar n. 140, de 2011 (Quadro 7.1). O licenciamento deve ser realizado por órgão ambiental que possua técnicos próprios ou em consórcio, devidamente habilitados e em número compatível com a demanda das ações administrativas a serem delegadas.[8] Os municípios podem licenciar atividades e empreendimentos sediados em seus territórios com impactos ambientais potenciais de amplitude local, desde que disponha de infraestrutura institucional constituída por

---

[7] BRASIL. Res. Conama n. 237/1997, art. 9º.
[8] BRASIL. Lei Complementar n. 140/2011, art. 5º, § único.

Conselho Municipal do Meio Ambiente, órgão ambiental e normas municipais regulamentando o licenciamento e equipe técnica qualificada e habilitada para realizar as atividades de licenciamento e para fiscalizar o cumprimento das exigências e condicionantes constantes nas licenças concedidas.

Quanto ao procedimento de licenciamento, as seguintes etapas devem ser consideradas:

1) definição pelo órgão ambiental competente, com a participação do empreendedor, dos documentos, projetos e estudos ambientais necessários ao início do processo de licenciamento correspondente à licença requerida;

2) requerimento da licença ambiental pelo empreendedor, acompanhado dos documentos, projetos e estudos ambientais pertinentes, dando-se a devida publicidade;

3) análise pelo órgão ambiental competente dos documentos, projetos e estudos ambientais apresentados e a realização de vistorias técnicas, quando necessárias;

4) solicitação de esclarecimentos e complementações pelo órgão ambiental, uma única vez, quando couber, podendo haver a reiteração da mesma solicitação caso os esclarecimentos e complementações não tenham sido satisfatórios;

5) audiência pública, quando couber, de acordo com a regulamentação pertinente;

6) solicitação de esclarecimentos e complementações pelo órgão ambiental competente, decorrente de audiências públicas, quando couber, podendo haver a reiteração da mesma solicitação caso os esclarecimentos e complementações não tenham sido satisfatórios;

7) emissão de parecer técnico conclusivo e, se for necessário, de parecer jurídico;

8) deferimento ou indeferimento do pedido de licença, dando a devida publicidade.[9]

A legislação prevê licenças especiais em função da natureza, características e peculiaridades do empreendimento ou atividade, e a possibilidade de realizar procedimentos simplificados para empreendimentos de pequeno porte ou de pequeno potencial de impacto ambiental, bem como para aqueles vizinhos ou integrantes

---

[9] BRASIL. Res. Conama n. 237/1997, art. 10.

CAPÍTULO 7 ESTUDO PRÉVIO DE IMPACTO AMBIENTAL

de planos de desenvolvimento já aprovados pelo órgão ambiental.[10] O órgão ambiental poderá estabelecer prazos diferenciados para a análise de cada uma das três modalidades de licença, bem como para a formulação de exigências complementares, desde que não ultrapasse seis meses contados a partir do ato de protocolar o requerimento até seu deferimento ou indeferimento. Esse prazo sobe para 12 meses nos casos em que for exigido o EIA ou audiência pública.[11] O legislador agiu bem ao estabelecer prazo máximo para o órgão ambiental concluir o processo de licenciamento, pois a demora por parte desses órgãos tem sido uma das queixas frequentes dos empreendedores.

Todas as licenças ambientais são válidas por tempo determinado. Para cada tipo de licença há um prazo de validade mínimo e um máximo, como mostra o Quadro 7.2. O prazo de prorrogação não pode ultrapassar o máximo estabelecido para a modalidade de licença. No caso da licença de operação, o órgão ambiental, após avaliação do desempenho ambiental da atividade ou do empreendimento, poderá aumentar ou diminuir o prazo de validade da licença, respeitando os prazos mínimos e máximos dessa modalidade. A prorrogação dessa licença deve ser requerida com antecedência mínima de 120 dias do término do seu prazo de validade, ficando esta prorrogada automaticamente até manifestação definitiva do órgão ambiental.[12]

O órgão ambiental que expediu uma licença, mediante decisão motivada, poderá modificar suas condições e medidas de controle, suspender ou cancelar uma licença em vigor diante das seguintes situações: (a) violação ou inadequação de quaisquer condicionantes ou normas legais; (b) omissão ou falsa descrição de informações relevantes que subsidiaram a expedição da licença; e (c) superveniência de graves riscos ambientais e de saúde.[13] A temporalidade e a possibilidade de suspensão ou cancelamento da licença atuam no sentido de desestimular o relaxamento das condições estabelecidas nas fases de licenciamento após a expedição da licença.

---

[10] BRASIL. Res. Conama n. 237/1997, arts. 9º e 12. Veja, por exemplo, Res. Conama n. 377/2006.
[11] BRASIL. 1997. Idem, art. 14.
[12] BRASIL. 1997. Idem, art. 18.
[13] BRASIL. Res. Conama n. 237/1997, art. 19.

GESTÃO AMBIENTAL EMPRESARIAL

Quadro 7.1 Licenciamento ambiental – Distribuição de competência administrativa

União	Promover o licenciamento ambiental de empreendimentos e atividades: a) localizados ou desenvolvidos conjuntamente no Brasil e em país limítrofe; b) localizados ou desenvolvidos no mar territorial, na plataforma continental ou na zona econômica exclusiva; c) localizados ou desenvolvidos em terras indígenas; d) localizados ou desenvolvidos em unidades de conservação instituídas pela União, exceto em Áreas de Proteção Ambiental (APAs); e) localizados ou desenvolvidos em dois ou mais Estados; f) de caráter militar, excetuando-se do licenciamento ambiental, nos termos de ato do Poder Executivo, aqueles previstos no preparo e emprego das Forças Armadas; g) destinados a pesquisar, lavrar, produzir, beneficiar, transportar, armazenar e dispor material radioativo, em qualquer estágio, ou que utilize energia nuclear em qualquer de suas formas e aplicações, mediante parecer da Comissão Nacional de Energia Nuclear (Cnen); ou h) que atendam tipologia estabelecida por ato do Poder Executivo, a partir de proposição da Comissão Tripartite Nacional, assegurada a participação de um membro do Conselho Nacional do Meio Ambiente (Conama), e considerados os critérios de porte, potencial poluidor e natureza da atividade ou empreendimento (art. 7º).
Estados e Distrito Federal	Promover o licenciamento ambiental de atividades ou empreendimentos: a) utilizadores de recursos ambientais, efetiva ou potencialmente poluidores ou capazes, sob qualquer forma, de causar degradação ambiental; b) localizados ou desenvolvidos em unidades de conservação instituídas pelo Estado, exceto em Áreas de Proteção Ambiental (art. 8º).
Municípios	Promover o licenciamento ambiental das atividades ou empreendimentos: a) que causem ou possam causar impacto ambiental de âmbito local, conforme tipologia definida pelos respectivos Conselhos Estaduais de Meio Ambiente, considerados os critérios de porte, potencial poluidor e natureza da atividade; ou b) localizados em unidades de conservação instituídas pelo Município, exceto em Áreas de Proteção Ambiental (art. 9º).

Fonte: Brasil, Lei Complementar n. 140/2011.

Quadro 7.2 Licenças ambientais – Prazos de validade

PRAZOS TIPO DE LICENÇA	MÁXIMO	MÍNIMO
Licença Prévia	5 anos	Prazo estabelecido pelo cronograma dos planos, programas e projetos relativos à atividade ou ao empreendimento. Esse prazo poderá ser prorrogado desde que não ultrapasse o prazo máximo da respectiva licença.
Licença de Instalação	6 anos	
Licença de Operação	10 anos	Mínimo de quatro anos ou o prazo considerado nos planos de controle ambiental. Prazos específicos para empreendimentos ou atividades sujeitos a encerramentos ou modificações em prazos inferiores.

Fonte: Brasil, Resolução Conama n. 237/1997, art. 18.

202

CAPÍTULO 7 ESTUDO PRÉVIO DE IMPACTO AMBIENTAL

7.3 O EIA NA LEGISLAÇÃO BRASILEIRA

A primeira experiência de EIA no Brasil se deu antes da existência de uma legislação que o tornasse obrigatório e definisse critérios e procedimentos básicos para a sua realização. Em 1972, no projeto da hidroelétrica de Sobradinho, o Banco Mundial exigiu a realização de um EIA para aprovar seu financiamento. A partir das reuniões diplomáticas e técnicas promovidas pela ONU no final da década de 1960, e que serviram para preparar a Conferência das Nações Unidas para o Meio Ambiente Humano, de 1972, em Estocolmo, as principais agências de fomento e desenvolvimento internacionais, como BID, Bird, Unido e Pnud, começaram a exigir o EIA como condição para aprovar empréstimos e outras formas de auxílio para projetos de grande porte. Esses primeiros EIAs pouco fizeram para impedir a degradação ambiental dos respectivos projetos, quer pela ausência de uma legislação específica sobre esse instrumento nos países solicitantes dos empréstimos, quer pela ausência de liberdade de expressão em certos países, como o Brasil nessa época, que permitisse a manifestação da imprensa e da opinião pública.

A Lei n. 6.803/1980, que dispõe sobre o zoneamento industrial, foi a primeira no âmbito federal a exigir estudos especiais de alternativas e de avaliações de impacto a fim de aprovação do local da implantação de zonas estritamente indústrias, porém, sem definir critérios e procedimentos.[14] A Lei n. 6.938/1981 estabelece a avaliação de impactos ambientais como um dos instrumentos da PNMA. A Constituição Federal de 1988 incluiu o EIA no capítulo dedicado ao meio ambiente[15] e estabeleceu a competência concorrente entre a União e os estados e o Distrito Federal para legislar em matéria ambiental. No âmbito da legislação concorrente, as normas federais limitam-se aos preceitos de ordem geral. Os estados e o Distrito Federal podem acrescentar outras disposições legais segundo suas conveniências e peculiaridades, desde que não colidam com as normas gerais federais. Os municípios não possuem competência para legislar sobre EIA, mas podem estabelecer exigências adicionais que atendam às especificidades locais.[16] As normas gerais para a realização do EIA estão dispostas em diversas resoluções do Conselho Nacional do Meio Ambiente (Conama).

7.3.1 Obrigatoriedade do EIA

Conforme a Resolução n. 1/1986 do Conama, dependerá de elaboração de EIA e respectivo Relatório de Impacto Ambiental (Rima), a serem submetidos à aprovação do órgão estadual competente e do Ibama em caráter supletivo, o licenciamento

---

[14] BRASIL. Lei n. 6.803/1980, art. 10°, § 3°.
[15] BRASIL. Cons. Federal 1988, art. 225, § 1°, inciso IV.
[16] Idem, art. 24, § 1°.

203

GESTÃO AMBIENTAL EMPRESARIAL

de atividades e obras modificadoras do meio ambiente, *tais como* as listadas no Quadro 7.3. Sendo uma lista exemplificativa (*tais como*), os órgãos ambientais podem exigir a realização de EIA para outros tipos de empreendimentos não explicitamente citados nesse quadro. Esse fato tem sido objeto de inúmeras críticas por parte de empreendedores, sob o argumento de que os órgãos governamentais podem exigir a realização de EIA para qualquer empreendimento ou atividade, mesmo aqueles com baixa capacidade de gerar degradação ambiental. Se isso vier a ocorrer, esse importante instrumento de gestão ambiental corre o risco de ser banalizado. Vale lembrar que a Constituição Federal de 1988 usa a expressão "obra ou atividade potencialmente causadora de significativa degradação do meio ambiente"[17].

Quadro 7.3 Atividades e obras que requerem EIA – Exemplos

1. Estradas de rodagem com duas ou mais faixas de rolamento, ferrovias e aeroportos.
2. Portos e terminais de minério, petróleo e produtos químicos.
3. Oleodutos, gasodutos, minerodutos, troncos coletores e emissários de esgotos sanitários.
4. Linhas de transmissão de energia elétrica, acima de 230 kW.
5. Obras hidráulicas para exploração de recursos hídricos, tais como: barragens para quaisquer fins hidrelétricos, acima de 10 mW, de saneamento ou de irrigação, abertura de canais para navegação, drenagem e irrigação, retificação de cursos de água, abertura de barras e embocaduras, transposição de bacias e diques.
6. Extração de combustível fóssil (petróleo, xisto e carvão).
7. Extração de minérios definidos no código de mineração.
8. Aterros sanitários, processamento e destino final de resíduos tóxicos ou perigosos.
9. Usinas de geração de eletricidade, qualquer que seja a fonte de energia primária, acima de 10 mW.
10. Complexos e unidades industriais e agroindustriais (petroquímicos, siderúrgicos, cloroquímicos, destilarias de álcool, hulha, extração e cultivo de recursos hidróbios [seres que vivem em água]).
11. Distritos industriais e zonas estritamente industriais (ZEI).
12. Exploração econômica de madeira ou de lenha, em áreas acima de 100 hectares (ha) ou menores, quando atingir áreas significativas em termos de percentuais ou de importância do ponto de vista ambiental.
13. Projeto urbanístico, acima de 100 ha ou em áreas consideradas de relevante interesse ambiental a critério do Ibama e dos órgãos municipais e estaduais competentes.
14. Qualquer atividade que utilize carvão vegetal, derivados ou produtos similares, em quantidade superior a dez toneladas por dia.
15. Projetos agropecuários com áreas acima de 1.000 ha ou menores, neste caso quando se tratar de áreas significativas em termos percentuais ou de importância do ponto de vista ambiental, inclusive nas áreas de proteção ambiental.
16. Atividades e empreendimentos potencialmente lesivos ao patrimônio espeleológico nacional.

Fonte: Conama, Resolução n. 1/1986, art. 2º.

---

[17] Idem, art. 225, § 1º, inciso IV.

CAPÍTULO 7 ESTUDO PRÉVIO DE IMPACTO AMBIENTAL

7.3.2 Conteúdo do EIA

Quando exigido para a finalidade de licenciamento ambiental, cabe ao proponente da obra ou atividade realizar o EIA segundo as normas estabelecidas pelo órgão ambiental competente, desenvolvendo, no mínimo, as seguintes atividades técnicas:

1) *diagnóstico ambiental* da área de influência do projeto, completa descrição e análise dos recursos ambientais e suas interações, tal como existem, de modo a caracterizar a situação ambiental da área antes da implementação do projeto, considerando:
   a) o meio físico – o subsolo, as águas, o ar e o clima, destacando os recursos minerais, a topografia, os tipos e aptidões do solo, os corpos d'água, o regime hidrológico, as correntes marinhas e atmosféricas;
   b) o meio biológico e os ecossistemas naturais – a fauna e a flora, destacando as espécies indicadoras de qualidade ambiental, de valor científico e econômico, raras e ameaçadas de extinção e as áreas de preservação permanentes;
   c) o meio socioeconômico – o uso e a ocupação do solo, os usos da água e a socioeconomia, destacando os sítios e monumentos arqueológicos, históricos e culturais da comunidade, as relações de dependência entre a sociedade local, os recursos ambientais e a sua utilização potencial futura;
2) *análise dos impactos ambientais* do projeto e suas alternativas, por meio da identificação, previsão da magnitude e interpretação da importância dos prováveis impactos relevantes, discriminando:
   a) os impactos positivos e negativos, diretos e indiretos, imediatos e a médio e longo prazos, temporários e permanentes;
   b) seu grau de reversibilidade, suas propriedades cumulativas e sinérgicas; e
   c) a distribuição de ônus e benefícios sociais;
3) *definição das medidas mitigadoras* dos impactos negativos, entre elas os equipamentos de controle e sistemas de tratamento de despejos, avaliando a eficiência de cada uma delas;
4) *elaboração do programa* de acompanhamento e monitoramento dos impactos positivos e negativos, indicando fatores e parâmetros a serem considerados.[18]

Uma das diretrizes para a elaboração do EIA é a delimitação da área de influência do projeto, que é a área geográfica que será direta ou indiretamente afetada pelos

---

[18] BRASIL. Res. Conama n. 1/1986, art. 6º.

205

impactos, considerando, em todos os casos, a bacia hidrográfica na qual se localiza. Assim tem-se a área de influência direta e de influência indireta. Se a área de influência direta do projeto ultrapassar os limites estaduais, no todo ou em parte, tem-se o que se denomina de *impacto ambiental regional*, cabendo, nesse caso, ao Ibama o licenciamento ambiental.[19]

7.3.3 Responsável pela elaboração do EIA

Todos os dispêndios referentes à realização do EIA devem correr por conta exclusiva do proponente do projeto. Até o advento da Resolução n. 237/1997, o EIA e o Rima correspondente deviam ser elaborados por uma equipe multidisciplinar habilitada e não dependente direta ou indiretamente do proponente do projeto. A legislação pretendia resguardar o interesse público desse instrumento de política ambiental, retirando-o da esfera das equipes internas, subordinadas ao proponente do projeto em análise. Ou seja, o EIA deveria resultar de uma equipe independente para assegurar sua isenção e seu caráter público. Essa exigência foi expressamente revogada pela Resolução Conama n. 237/1997, ficando apenas a menção de que os estudos necessários ao processo de licenciamento devem ser realizados por profissionais legalmente habilitados, às expensas do empreendedor.

Os integrantes da equipe são responsáveis pelas informações apresentadas, sujeitando-se às sanções administrativas, civis e penais.[20] Caracteriza-se como crime ambiental elaborar ou apresentar estudo, laudo ou relatório ambiental, total ou parcialmente falso ou enganoso, inclusive por omissão, passível de pena de multa e reclusão, com acréscimos caso a fraude resulte em danos ao meio ambiente.[21]

Em geral, o EIA é dispendioso e leva tempo para ser feito, pois necessita de equipes multidisciplinares especializadas para levantar informações detalhadas sobre o projeto e seus impactos diretos e indiretos, delimitar a área de influência, contemplar alternativas tecnológicas e de localização do projeto, avaliar os impactos, inclusive confrontando com a hipótese de não execução do projeto. Porém, como dito anteriormente, os custos do projeto aumentam à medida que suas fases avançam, de modo que o custo de um EIA bem elaborado pode ser compensado ao evitar a necessidade de proceder a ajustes no projeto em fases mais avançadas da sua implementação.

7.4 RELATÓRIO DE IMPACTO AMBIENTAL (RIMA)

A legislação pátria diferencia o EIA do Relatório de Impacto Ambiental (Rima), conforme tradição já consagrada no mundo todo. O EIA é o estudo mais amplo, envolvendo

---

[19] Brasil. Res. Conama n. 237/1997, art. 4°.
[20] Brasil. Res. Conama n. 237/1997, art. 11, § único.
[21] Brasil. Lei n. 9.605/1998, art. 69-A.

CAPÍTULO 7 ESTUDO PRÉVIO DE IMPACTO AMBIENTAL

identificação e classificação de impactos, predição de efeitos, pesquisas de campo, análises laboratoriais, valoração monetária dos recursos ambientais, avaliação de alternativas, entre outros trabalhos. O Rima é o documento que sintetiza o EIA de modo conclusivo, trazendo uma avaliação valorativa que identifique se o projeto é ou não nocivo ao meio ambiente e em que grau. Deve incluir medidas mitigadoras dos impactos negativos, programas de acompanhamento e monitoramento dos impactos e recomendações quanto às alternativas mais favoráveis. E conter os seguintes tópicos, no mínimo, para ser aceito pelo órgão ambiental competente:

1) os objetivos e as justificativas do projeto, sua relação e compatibilidade com as políticas setoriais, planos e programas governamentais;

2) a descrição do projeto e suas alternativas tecnológicas e locacionais, especificando, para cada um deles, nas fases de construção e operação, a área de influência, as matérias-primas, a mão de obra, as fontes de energia, os processos e técnicas operacionais, os prováveis efluentes, as emissões, os resíduos e as perdas de energia, os empregos diretos e indiretos a serem gerados;

3) a síntese dos resultados dos estudos de diagnóstico ambiental da área de influência do projeto;

4) a descrição dos prováveis impactos ambientais decorrentes da implantação e operação da atividade, considerando o projeto, suas alternativas, os horizontes de tempo de incidência dos impactos e indicando métodos, técnicas e critérios adotados para sua identificação, quantificação e interpretação;

5) a caracterização da qualidade ambiental futura da área de influência, comparando as diferentes situações de adoção do projeto e suas alternativas, bem como a hipótese de sua não realização;

6) a descrição do efeito esperado das medidas mitigadoras previstas em relação aos impactos negativos, mencionando aqueles que puderem ser evitados e o grau de alteração esperado;

7) o programa de acompanhamento e monitoramento dos impactos;

8) as recomendações quanto à alternativa mais favorável.[22]

3.4.1 Publicidade do EIA/Rima

Uma característica fundamental do EIA e seu Rima é a publicidade, o que permite a participação de diferentes públicos no processo de avaliação do projeto. O princípio é o da publicidade plena, mas admite restrições para os casos que contenham sigilo industrial, cabendo ao proponente do projeto ou empreendedor demonstrar a

---

[22] BRASIL. Res. Conama n. 1/1986, art. 9º.

necessidade de resguardá-lo. Trata-se de uma providência necessária para impedir que o proponente sonegue informações importantes sob a alegação de sigilo industrial. A possibilidade de restringir o acesso público aos segredos industriais também é uma tradição na legislação mundial. Os procedimentos para tornar públicos o EIA e seu Rima envolvem: acesso às cópias do Rima; divulgação da existência desse material; estabelecimento de uma fase de comentários a serem feitos por órgãos públicos e demais interessados; e realização de audiências públicas para discussão do Rima.

Cópias do Rima devem permanecer à disposição dos interessados na biblioteca ou centro de documentação do órgão ambiental competente, bem como informações sobre como acessar as versões eletrônicas. Os outros órgãos públicos interessados ou que tenham relação direta com o projeto, por exemplo, a Secretaria de Transportes no caso de projetos de uma rodovia, devem receber cópias do Rima para conhecimento e manifestação.[23] Para assegurar a publicidade não basta apenas tornar acessível a documentação resultante dos estudos realizados. O Rima deve ser apresentado de forma objetiva e adequada à sua compreensão. Para isso, as informações devem ser expressas em linguagem acessível, ilustradas por mapas, quadros, cartas, gráficos e demais técnicas de comunicação visual, que permitam entender as vantagens e desvantagens do projeto, bem como todas as consequências ambientais de sua implementação.[24]

A abertura da fase de comentários deve ser precedida pela comunicação em veículo de publicação oficial, como o Diário Oficial da União ou do Estado, bem como em periódicos de grande circulação na área de abrangência do projeto. Os comentários podem ser feitos por qualquer pessoa física ou jurídica interessada, como órgãos de classe, sindicatos, instituições de ensino e pesquisa, órgãos governamentais, empresas, pessoas individualmente consideradas ou em grupos. O próprio empreendedor pode comentar o Rima, acrescentando aspectos não considerados nos estudos. Os comentários devem ser sempre escritos e anexados ao processo. Como a legislação não define nenhum prazo para recebimento de comentários, entende-se que cabe ao órgão ambiental competente defini-lo, tomando o cuidado de que seja suficiente para o exame do Rima por parte dos interessados. Um prazo de 30 dias seria razoável – menos do que isso pode ensejar contestações por algumas das partes interessadas sob a alegação de que o tempo não foi suficiente para conhecer o EIA/Rima com profundidade.

O órgão ambiental, se julgar necessário, poderá promover a realização de audiências públicas para informar sobre o projeto e seus impactos. A audiência também pode ser solicitada por entidades da sociedade civil, pelo Ministério Público

---

[23] Idem, arts. 10 e 11.
[24] Idem, art. 9º.

CAPÍTULO 7 ESTUDO PRÉVIO DE IMPACTO AMBIENTAL

ou por 50 ou mais cidadãos. Seu objetivo é expor aos interessados o conteúdo do Rima para dirimir dúvidas e colher críticas e sugestões. O local da audiência pública deve ser acessível às partes interessadas.[25] Pode ocorrer mais de uma audiência pública, caso se constate a existência de vícios no EIA/Rima, como linguagem inadequada, ou nos procedimentos para torná-lo público, como erros no edital de convocação. As atas das audiências, seus anexos e o próprio Rima servem de base para a análise e o parecer final do órgão ambiental, quanto à aprovação ou não do projeto.[26] As informações obtidas durante o processo de estudos e a participação do público, diretamente ou por meio de representantes, complementam os estudos da equipe responsável pelo EIA/Rima.

Há que se registrar que a fase de consulta pública pode servir também para fins políticos e econômicos ilegítimos. Por exemplo, um concorrente do empreendedor pode solicitar mais informações e fazer comentários ao Rima com o objetivo de retardar o início da implantação do projeto ou até mesmo inviabilizá-lo. Representantes de partidos políticos podem utilizar procedimentos procrastinatórios, como sugerir vícios de forma, para impedir ou retardar a conclusão de uma obra que possa beneficiar seus adversários na próxima eleição. O empreendedor pode manipular personalidades e grupos locais para defender seu projeto sob o argumento da geração de empregos e negócios para a cidade ou região onde pretende implementar o seu projeto. Não obstante a possibilidade das consultas e audiências serem usadas indevidamente, deve-se ressaltar que a publicidade e a participação de outros agentes interessados são meios para aperfeiçoar o projeto sob diferentes pontos de vista.

7.5 ESTUDOS SUBSTITUTOS, AUXILIARES E ASSEMELHADOS

O EIA deve ser utilizado apenas para obras e atividades que, pela dimensão e gravidade previsível dos impactos potenciais, exigem estudos especiais detalhados e, consequentemente, mais caros e demorados. Para os que não apresentam essas características, o órgão ambiental pode estabelecer tipos de estudos simplificados e compatíveis com o seu processo de licenciamento.[27] Por exemplo, certas atividades ferroviárias que não impliquem remoção de população e intervenção em terras indígenas e quilombolas podem ser licenciadas por meio da aprovação do Relatório Ambiental Simplificado (RAS) elaborado com base em dados secundários e de monitoramento existentes segundo o Termo de Referência (TR) padrão a ser estabelecido pelo órgão ambiental competente.[28]

---

[25] BRASIL. Res. Conama n. 9/1987, art. 2º.
[26] BRASIL. Res. Conama n. 9/1987, art. 5º.
[27] BRASIL. Res. Conama n. 237/1997, art. 3º.
[28] BRASIL. Res. Conama n. 479/2017.

7.5.1 Estudo Ambiental Simplificado

O Estado de São Paulo adota um processo de licenciamento com apresentações de estudos de impactos prévios em três níveis de profundidade e detalhamento, conforme a atividade ou empreendimento seja considerado: (1) de baixo potencial de degradação ambiental, (2) potencialmente causador de degradação do meio ambiente, (3) potencialmente causador de significativa degradação do meio ambiente. Esse processo em etapas começa com a Consulta Prévia, um requerimento pelo qual o proponente solicita orientação quanto à definição do tipo de estudo ambiental adequado para análise da viabilidade ambiental de atividade ou empreendimento, potencial ou efetivamente causador de impacto ao meio ambiente, acompanhado de informações que caracterizem seu porte, sua localização e os impactos esperados para sua implantação.

Para atividades ou empreendimentos de baixo impacto (nível 1), o estudo inicia com a apresentação do Estudo Ambiental Simplificado (EAS), um documento técnico com informações que permitem analisar e avaliar as consequências ambientais da atividade ou do empreendimento, elaborado pelo empreendedor, segundo orientação do órgão ambiental, a Companhia Ambiental do Estado de São Paulo (CETESB). O empreendedor deve divulgar a solicitação de licença em jornal local ou de grande circulação para que qualquer interessado possa se inteirar do EAS e se manifestar por escrito no prazo de 15 dias. Após a análise do EAS e das manifestações, a CETESB pode aprovar ou não a solicitação. Se aprovar, a licença é concedida, determinando a adoção de medidas mitigadoras dos impactos negativos e estabelecendo as condições para as demais fases do licenciamento.

Para atividades ou empreendimento potencialmente causadores de degradação do meio ambiente (nível 2), o estudo começa com a apresentação do Relatório Ambiental Preliminar (RAP), um documento contendo estudos técnicos e científicos elaborados por equipe multidisciplinar a fim de avaliar sistematicamente as consequências de uma atividade ou empreendimento considerado potencialmente causador de degradação do meio ambiente, incluindo propostas de medidas mitigadoras com vistas à sua implantação. Publicado o pedido, como mostrado acima, e tendo corrido o prazo para manifestações de interessados, o RAP, juntamente com as manifestações escritas, é analisado; se aprovado, o licenciamento é concedido com determinações para o prosseguimento da fase seguinte.

Atividade ou empreendimento potencialmente causador de impactos significativos requer para a solicitação da licença prévia a apresentação do Termo de Referências (TR), elaborado pelo solicitante com base nos manuais da CETESB. O TR é analisado juntamente com as manifestações de outros órgãos de governo interessados nos impactos ambientais potenciais sobre suas áreas de atuação, como recursos hídricos, transportes, agricultura. Dessa análise resulta um TR consolidado,

CAPÍTULO 7 ESTUDO PRÉVIO DE IMPACTO AMBIENTAL

que orienta a elaboração do EIA/RIMA,[29] que, se aprovado pela área técnica do órgão ambiental, segue para aprovação pelo plenário do Conselho Estadual do Meio Ambiente (CONSEMA) juntamente com o parecer técnico desse órgão.[30]

Este procedimento racionaliza a atividade do órgão ambiental ao atribuir procedimentos diferenciados conforme o potencial de impacto ambiental. Outros estados e o Distrito Federal instituíram processos semelhantes com base no exemplo do estado de São Paulo, inclusive com aperfeiçoamentos, como a criação de modalidades de licenças combinadas, entre elas, a licença ambiental unificada concedida em uma única fase para atividades e empreendimentos de baixo impacto.

7.5.2 Estudo de Impacto de Vizinhança (EIV)

O EIV é um instrumento de política nacional urbana instituído pela Lei n. 10.257/2001, conhecida como *Estatuto da Cidade*, que tem por objetivo ordenar o pleno desenvolvimento das funções sociais da cidade e da propriedade urbana. Entre as diretrizes dessa política estão o atendimento de questões ambientais, como evitar a poluição e a degradação ambiental e o uso inadequado do solo, e promover a proteção, preservação e recuperação do meio ambiente natural e construído, do patrimônio cultural, histórico, artístico, paisagístico e arqueológico. Isso coloca essa lei no âmbito da PNMA, sendo o EIA e o EIV instrumentos da sua gestão.

Cabe à União legislar sobre normas gerais de direito urbanístico; e aos municípios, normas que definam quais empreendimentos e atividades, privados ou públicos, ficam sujeitos à realização de EIV para obter licenças ou autorizações de construção, ampliação ou funcionamento. O EIV deve contemplar os efeitos positivos e negativos do empreendimento ou atividade quanto à qualidade de vida da população residente na área e suas proximidades, incluindo na análise, no mínimo, as seguintes questões: adensamento populacional, equipamentos urbanos e comunitários, uso e ocupação do solo; valorização imobiliária, geração de tráfego e demanda por transportes públicos, ventilação e iluminação, paisagem urbana e patrimônio natural e cultural.[31]

A publicidade também é um requisito essencial do EIV, e seus documentos devem estar disponíveis no órgão municipal competente para a consulta por qualquer interessado. O EIV não substitui a elaboração de EIA, caso este seja exigido pela legislação ambiental.

O EIV nos municípios é regulado a partir da Lei Orgânica do Município na parte que trata da política urbana municipal, bem como no plano diretor, obrigatório para municípios com mais de 20.000 habitantes ou quando integra áreas específicas,

---

[29] ESTADO DE SÃO PAULO. Res. SMA n. 49/2014.
[30] ESTADO DE SÃO PAULO. Cetesb/Decisão de Diretoria n. 153/2014.
[31] BRASIL. Lei n. 10.257/2001, art. 37.

como regiões metropolitanas ou de interesse turístico, entre outras.[32] O EIA e seu respectivo Relatório de Impacto de Vizinhança (RIV) integram o processo de licenciamento e emissão de alvarás para início das obras relacionadas.

7.5.3 Planos de gestão e controles

A concessão de licença implica para o proponente a elaboração de um Plano de Controle Ambiental (PCA) para agir sobre os impactos previstos no EIA ou em estudo semelhante, bem como para atender as exigências do órgão licenciador. A execução do plano e seus resultados devem ser registrados e documentados no Relatório de Controle Ambiental (RCA). O PCA e o RCA são documentos importantes para instruir o processo de renovação das licenças.

Os empreendimentos destinados à exploração de recursos minerais deverão, quando da apresentação do EIA e respectivo Rima, submeter à aprovação do órgão ambiental competente um Plano de Recuperação de Áreas Degradadas (PRAD), indicando as ações que serão implementadas quando a exploração mineral chegar ao fim.[33] A recuperação deverá ter por objetivo o retorno do sítio degradado a uma forma de utilização, de acordo com um plano preestabelecido para o uso do solo, visando à obtenção de uma estabilidade do meio ambiente. Essa é uma exigência estabelecida na Constituição Federal.[34] Para a elaboração do PRAD, na ausência de roteiros ou termos de referências preparados pelo órgão ambiental, o empreendedor pode seguir as orientações da norma ABNT NBR 13030/1999, confirmada em 2022, que fixa diretrizes e estabelece recomendações e condicionantes para a elaboração e apresentação de projeto de reabilitação de áreas degradadas pela mineração.

Conforme o caso, o órgão ambiental pode exigir outros planos relacionados às políticas ambientais setoriais e correlatas, como plano de gerenciamento de resíduos sólidos, conforme estabelece a Lei n. 12.305/2010, plano de monitoramento da qualidade da água, segundo normas da Agência Nacional de Águas, plano de educação ambiental em licenças concedidas pelo Ibama.[35]

7.6 MÉTODOS DE AVALIAÇÃO PRÉVIA DE IMPACTOS AMBIENTAIS

A avaliação dos impactos ambientais é o ponto central de um EIA, para a qual diversos métodos foram e continuam sendo desenvolvidos. Qualquer método sempre terá que partir da caracterização da atividade ou empreendimento objeto do projeto em estudo, da qual se define a sua área de influência e os potenciais impactos

---

[32] BRASIL. Lei n. 10.257/2001, art. 41.

[33] BRASIL. Decreto n. 97.632/1989.

[34] BRASIL. Constituição Federal de 1988, art. 225, § 2º.

[35] IBAMA. Instrução Normativa n. 2/2012.

ambientais, considerando alternativas locacionais e tecnológicas. Dentro dos limites dessa área elabora-se o diagnóstico ambiental do meio físico, biótico e socioeconômico antes de iniciar a implementação do projeto, bem como os aspectos e impactos ambientais potencialmente afetados pela implementação do projeto em suas diversas fases, como construção do canteiro de obras, remoção da cobertura vegetal, fundações etc.

Os métodos de avaliação de impacto devem ser compatíveis com a dimensão da área de influência e a magnitude prevista do conjunto de impactos identificados na fase de diagnóstico. Um projeto de baixo impacto circunscrito ao local e passível de licenciamento simplificado pode usar métodos simplificados. Os métodos mais complexos capazes de estimar com maior precisão os efeitos dos impactos potenciais são mais apropriados para avaliar projetos de infraestrutura (rodovias, aeroportos, portos, terminais portuários e logísticos, aterros sanitários etc.) e projetos minerários e industriais de grande porte.

7.6.1 Métodos *ad hoc* e baseados em listas

O método baseado em painel de especialistas, talvez o mais simples de todos, baseia-se no conhecimento e experiência de cientistas, técnicos e acadêmicos reunidos em um painel unicamente para avaliar os impactos do projeto. Cada participante do painel apresenta suas considerações sobre cada aspecto e impacto ambiental levantado por eles mesmos, discutem entre si, consolidam os consensos em um relatório. A configuração do painel e suas regras são decididas caso a caso, por isso é denominado método *ad hoc*. As vantagens desse método são a facilidade e a rapidez da sua execução, descontando o tempo para selecionar, contatar, contratar e reunir os painelistas; e as desvantagens, a pressão do tempo para concluir a reunião, a característica opinativa inerente a reuniões de especialistas e a dependência de coordenador isento com capacidade de liderança isenta de viés e preferências, uma virtude rara.

Outros métodos simples consistem no uso de listas de verificação ou de controle (*checklist*) para avaliar e interpretar os impactos que podem ocorrer caso o projeto seja efetivamente implantado. Os quesitos da lista baseiam-se nos aspectos e impactos potenciais identificados no diagnóstico para serem confrontados com as ações previstas para implementar o projeto e as operações da atividade ou do empreendimento se implementado. Apesar de o diagnóstico fornecer informações objetivas, as listas não prescindem da opinião e do julgamento dos técnicos envolvidos nos estudos, aliás em qualquer método.

As listas mais simples apenas relacionam itens de verificação sobre a qualidade ambiental da área de influência do projeto. Listas mais completas apresentam orientações sobre como obter dados, selecionar amostras, bem como medir e interpretar os resultados. Cada quesito ou item de verificação será então analisado pelos membros da equipe contratada para efetuar o estudo de impacto prévio, segundo as instruções contidas na lista. A facilidade operacional é a principal vantagem desse método. Para projetos de atividades ou empreendimentos de caráter repetitivo, o órgão ambiental pode elaborar listas padronizadas com o objetivo de facilitar ainda mais a sua aplicação.

As vantagens da aplicação dessas listas é a facilidade para concebê-las e aplicá-las, o que permite celeridade ao processo de licenciamento, além do baixo custo. Sua principal desvantagem é fornecer uma visão segmentada dos impactos, já que os itens de verificação são avaliados isoladamente, o que dificulta a identificação e a interpretação das interações entre os impactos decorrentes das ações previstas.

7.6.2 Métodos baseados em matrizes

As matrizes permitem avaliar a interação entre as ações decorrentes do projeto e os impactos ambientais relacionados, por isso são chamadas de *matrizes de causa e efeito*. São configuradas na forma de tabelas de dupla entrada: uma listando as ações do projeto e da atividade ou empreendimento, se implementado, e outra listando os impactos sobre o meio abiótico, biótico e socioeconômico na área de influência do projeto. Ou seja, são duas listas que se cruzam de modo que cada célula da matriz representa um impacto ambiental decorrente de uma ação planejada.

O método criado pelo *Battelle-Columbus Institute* é uma matriz desse tipo, estruturado segundo quatro fatores ambientais, 78 parâmetros e um sistema de ponderação (números entre parênteses), totalizando 1.000 pontos distribuídos entre os parâmetros, como mostra a Figura 7.2. Inicialmente, para cada parâmetro atribui-se um valor correspondente ao impacto ambiental *com* o projeto e *sem* o projeto, de acordo com a unidade de medida típica do parâmetro em análise; por exemplo, DBO medida em miligramas por litro, material particulado, em microgramas por metro cúbico; ruído, em decibéis. Depois, esse valor é transformado em um número adimensional em uma escala de zero (má qualidade ambiental) a 1 (excelente qualidade), o que permite totalizações. Por fim, multiplica-se esse número pelo coeficiente de ponderação (peso) correspondente ao parâmetro. Por exemplo, 100 mg/m³ do parâmetro material particulado é transformado no número adimensional 0,6, que, multiplicado pelo peso 12, como mostra a Figura 7.2, confere a esse parâmetro um valor do impacto igual 7,2. O impacto ambiental total do projeto é a diferença entre a soma dos valores ponderados dos parâmetros *com* o projeto e a soma dos valores ponderada *sem* o projeto (Figura 7.3). Essa diferença é o impacto ambiental líquido resultante do projeto, caso ele seja implementado conforme planejado.

CAPÍTULO 7 ESTUDO PRÉVIO DE IMPACTO AMBIENTAL

Figura 7.2 Método de avaliação *Battelle-Columbus*: fatores ambientais e parâmetros

FATORES AMBIENTAIS

Ecologia (240)	Estética (153)	Contaminação ambiental (402)	Valores humanos (205)

Espécies e populações:

⊘ *Terrestres:*
(14) pastagens
(14) colheitas
(14) vegetação natural
(14) espécies daninhas
(14) aves terrestres

⊘ *Aquáticas:*
(14) pesca comercial
(14) vegetação natural
(14) espécies daninhas
(14) pesca esportiva
(14) aves aquáticas
140

Hábitats e comunidades:

⊘ *Terrestres:*
(12) cadeias alimentares
(12) uso do solo
(12) espécies raras e ameaçadas
(14) biodiversidade específica

⊘ *Aquáticas:*
(12) cadeias alimentares
(12) espécies raras e ameaçadas
(14) biodiversidade específica
(12) uso do solo
100

Ecossistema
(apenas descritivo)

Solo:
(06) material geológico superficial
(16) relevo e topografia
(10) extensão e orientação
32

Ar:
(03) odor e visibilidade
(02) sons
5

Água:
(10) aparência de água
(16) interface terra-água
(06) odor e materiais flutuantes
(10) margens arborizadas
(10) água superficial
52

Biota:
(05) animais domésticos
(05) animais selvagens
(09) diversidade de espécies vegetais
(05) diversidade intraespécie
(10) objetos de fabricados
34

Composição:
(15) efeito de composição
(15) elementos singulares
30

Qualidade da água:
(20) perda hídrica na bacia
(25) DBO
(32) oxigênio dissolvido
(18) coliformes fecais
(22) carbono inorgânico
(25) nitrogênio inorgânico
(28) fosfato inorgânico
(16) pesticidas
(18) pH
(14) substâncias tóxicas
(28) variações na vazão
(28) temperatura
(25) sólidos dissolvidos
(20) turbidez
318

Qualidade do ar:
(05) monóxido de carbono
(05) hidrocarbonetos
(10) óxidos de nitrogênio
(12) particulados
(05) oxidantes fotoquímicos
(10) óxido de enxofre
(05) outros
52

Qualidade do solo:
(14) uso do solo
(14) erosão
28

Poluição sonora:
(04) ruídos
4

Educação/ciência:
(13) arqueologia
(13) ecologia
(11) geologia
(11) hidrologia
48

História:
(11) estilo e arquitetura
(11) acontecimentos
(11) personagens
(11) religiosos e culturais
(11) pioneirismo
55

Culturas:
(14) autóctones
(07) outros grupos étnicos
(07) grupos religiosos
28

Ambiente/atmosfera:
(11) grandeza/inspiração
(11) isolamento/solidão
(11) comunhão com a natureza
(04) mistério
37

Estilo de vida:
(13) oportunidades de emprego
(11) interações sociais
(13) moradias
37

PARÂMETROS

Fonte: Orea, 1999, p. 438.

215

GESTÃO AMBIENTAL EMPRESARIAL

Figura 7.3 Quantificação dos impactos ambientais dos parâmetros – Exemplos

ESPÉCIES E POPULAÇÕES TERRESTRES	VALOR DO IMPACTO AMBIENTAL			
	Com o projeto	Sem o projeto	Alteração líquida	Sinais de alerta
(14) Pastagens				
(14) Colheitas				
(14) Vegetação natural				
(14) Espécies daninhas				
(14) Animais e aves				
Subtotal				

ESTILO DE VIDA	VALOR DO IMPACTO AMBIENTAL			
	Com o projeto	Sem o projeto	Alteração líquida	Sinais de alerta
(13) Oportunidades de empregos				
(11) Interações sociais				
(13) Moradias				
Subtotal				

FATORES AMBIENTAIS	VALOR DO IMPACTO AMBIENTAL			
	Com o projeto	Sem o projeto	Alteração líquida	Sinais de alerta
Ecologia				
Estética				
Contaminação ambiental				
Valores humanos				
Total				

Fonte: baseada em Orea, 1999, p. 440-441.

O método *Battelle-Columbus* foi desenvolvido inicialmente para avaliar impactos de projetos relacionados com recursos hídricos nos Estados Unidos. Posteriormente foi adaptado para outros tipos de projetos, envolvendo outros parâmetros e outros sistemas de ponderação. Os coeficientes de ponderação podem ser definidos pelos profissionais envolvidos na avaliação (empreendedor, gestores, técnicos do órgão ambiental, executores do EIA/Rima, representantes da comunidade). Os fatores ambientais também podem ser modificados para atender às especificidades do

CAPÍTULO 7 ESTUDO PRÉVIO DE IMPACTO AMBIENTAL

projeto, do local da implantação da atividade ou empreendimento e do seu entorno. As vantagens desse método são as mesmas de qualquer lista de verificação, acrescida da quantificação dos impactos listados. As desvantagens concernem ao subjetivismo quanto ao sistema de ponderação utilizado e à dificuldade de perceber as interações entre os impactos.

7.6.3 Matriz de Leopold

As matrizes permitem avaliar a interação entre as ações decorrentes do projeto e os impactos ambientais relacionados, por isso são chamadas de matrizes de causa e efeito. São configuradas na forma de tabelas de dupla entrada: uma listando as ações do projeto e da atividade ou empreendimento se implementado, e outra listando os impactos sobre o meio abiótico, biótico e socioeconômico na área de influência do projeto. Ou seja, são duas listas que se cruzam de modo que cada célula da matriz representa um impacto ambiental decorrente de uma ação planejada.

Talvez o método mais usado seja a conhecida *matriz de Leopold*, concebida por Luna Leopold e colegas, inicialmente para avaliar os impactos ambientais da mineração no início da década de 1970.[36] A matriz original é uma tabela de dupla entrada formada por duas listas de verificação: uma relacionando 100 ações causadoras de impactos decorrentes do projeto disposta em colunas; a outra relacionado 88 fatores ambientais da área de influência do projeto passíveis de serem afetados pelas ações dispostas na linha, exemplificados no Quadro 7.4, o que gera uma matriz com 8.800 células, cada uma representando o cruzamento entre uma ação (coluna) e um fator ou uma característica ambiental (linha).

Os fatores são os componentes ou as características do meio ambiente, tais como qualidade do ar, da água, temperatura, produção hídrica, fauna, flora, paisagens, áreas agrícolas e urbanas, monumentos, áreas protegidas etc. As ações causadoras de impactos decorrem do projeto para implementar empreendimento, por exemplo, eliminação da cobertura vegetal, drenagem, terraplanagem, emissão de gases, geração de resíduos, abertura de estradas, fluxos migratórios, alteração da composição fundiária, bem como as atividades normais da obra ou empreendimento quando em operação.

Os procedimentos para avaliar os impactos são os seguintes. Construída a matriz, inicialmente, percorre-se cada célula matricial da tabela e, quando é identificada alguma interação entre uma ação prevista (coluna) com algum fator ambiental (linha), traça-se uma diagonal nessa célula, como mostra a Figura 7.4. Depois, em cada célula marcada, atribui-se uma nota para a magnitude do impacto, usando uma escala de 1 a 10, e anotando-a na metade superior da célula: 10

---

[36] LEOPOLD *et al.*, 1971.

217

significando magnitude máxima e 1, mínima. Na parte inferior anota-se a nota atribuída para a intensidade ou importância do impacto, também em escala de 1 a 10. A magnitude do impacto correspondente ao efeito causado por uma ação pode ser benéfica ou adversa, daí a necessidade de usar o sinal + para efeito positivo (para efeito negativo não necessita marcar). O sinal ± é usado para efeito indefinido ou desconhecido. A importância do impacto refere-se à intensidade do impacto, que pode referir-se (1) ao grau de alteração do meio físico, biótico ou antrópico; (2) à sua dimensão temporal, por exemplo, curto, médio ou longo prazo; e (3) à sua extensão espacial (local, regional, global). A matriz deve ser repetida para cada proposta alternativa.

A atribuição de valores para compor a matriz exige reflexão e busca de consenso entre os membros da equipe responsável pelo EIA, o que não exclui uma boa dose de subjetividade. Para cada impacto ambiental significativo é feita uma descrição, apontando suas características (por exemplo: permanente, irreversível ou cumulativo), incluindo, sempre que possível, propostas de ações alternativas. Essa é a parte mais importante do método; a matriz é só um ponto de partida e funciona como uma lista de verificação bidimensional.

Os componentes da matriz original criada por Luna Leopold e colaboradores visavam avaliar empreendimentos de mineração. As entradas da matriz (linhas e colunas) têm sido modificadas por diferentes profissionais especializados em EIA com o objetivo de adaptar esse método a outros tipos de obras e empreendimentos. Esse método inspirou inúmeras variações, e hoje é um dos mais usados no mundo, pois apresenta a facilidade operacional das listas de verificação com a vantagem de permitir uma avaliação geral dos impactos associados às ações previstas no projeto. A lista das ações impactantes pode ser a própria relação de atividades do projeto, dispostas nas linhas conforme o cronograma previsto.

Quadro 7.4 Matriz de Leopold – Fatores e ações impactantes – Exemplos

FATORES AMBIENTAIS (LINHAS DA MATRIZ)	AÇÕES IMPACTANTES (COLUNAS DA MATRIZ)

A. Características físicas e químicas
  1. Terra
    a. recursos minerais
    b. materiais de construção
    c. solos
    ------------- 	
  2. Água
    a. continentais
    b. marítimas
    c. subterrâneas
    ------------- 	
	A. Modificações de regime
	    a. introdução de flora e fauna exóticas
	    b. controles biológicos
	    c. modificações de hábitats
	    ------------- 	
	B. Transformação do território e construção
	    a. urbanização
	    b. localização das indústrias e dos edifícios
	    c. aeroportos
	    ---------- 	

CAPÍTULO 7 ESTUDO PRÉVIO DE IMPACTO AMBIENTAL

3. Atmosfera
   a. qualidade (gases, particulados)
   b. clima (macro e micro)
   c. temperatura

B. Condições biológicas
  1. Flora
   a. árvores, colheitas
   b. microflora
   c. espécies ameaçadas
----

  2. Fauna
   a. aves
   b. animais terrestres, inclusive répteis
   c. peixes e crustáceos

C. Fatores culturais
  1. Uso do território
   a. espaços abertos e selvagens
   b. zonas úmidas
   c. florestas
----

  2. Recreação
   a. caça, pesca, navegação
----

  3. Estéticos e de interesse humano
   a. paisagens e vistas panorâmicas
   b. vida selvagem
   c. parques e reservas
  4. Nível cultural
   a. estilo ou padrões culturais
   b. saúde e segurança
   c. emprego
----

  5. Serviços e infraestrutura
   a. estruturas
   b. rede de transporte
   c. rede de serviços

D. Relações ecológicas
   a. salinização da água
   b. eutrofização
   c. vetores de enfermidades

E. Outros

Total = 88 fatores

C. Extração de recursos
   a. explosões e perfurações
   b. escavações superficiais
   c. escavações subterrâneas

D. Processos
   a. pecuária e pastagens
   b. lavouras
   c. geração de energia elétrica

E. Alteração do terreno
   a. controle de erosão
   b. abertura de minas
   c. aterramento de pântanos e dragagem

F. Recursos renováveis
   a. reflorestamento
   b. gestão e controle da vida natural
   c. recarga de água subterrânea

G. Mudanças no transporte
   a. ferrovias
   b. automóveis
   c. caminhões

H. Tratamento e remoção de resíduos
   a. resíduos lançados ao mar
   b. disposição de resíduos
   c. lançamento de resíduos municipais

I. Tratamento químico
   a. fertilização
   b. descongelamento químico de rodovias
   c. estabilização química do solo

J. Acidentes
   a. explosões
   b. escapes e derramamentos
   c. falhas de funcionamento

K. Outros

Total = 100 ações impactantes

Fonte: adaptado de Orea, 1999, p. 430-431.

O método permite avaliar cada elemento de entrada da matriz, pois a soma dos valores de uma dada linha mostra o grau de alteração previsto sobre certo fator ambiental e a soma de uma dada coluna, o impacto decorrente de uma ação prevista no projeto. Entre as principais desvantagens, merecem destaque: o subjetivismo na mensuração da magnitude e da importância dos impactos identificados, a dificuldade para tratar os impactos indiretos e a interação entre impactos. Apesar de suas inúmeras variações, a matriz de Leopold continua limitada quando se pretende avaliar as interações além da primeira ordem de impactos ambientais.

Figura 7.4 Matriz de Leopold – Exemplos de células marcadas e avaliadas

AÇÕES / FATORES AMBIENTAIS	Y_1	Y_2	Y_3	Y_4	Y_5	Y_6	------
X_1		3 / 5					
X_2				9 / 7	±5 / 2		
X_3	3 / 2				8 / 5		
X_4		8 / 5					
X_5					7 / 3		
X_6			+3 / 2				

Fonte: adaptada de Leopold *et al.*, 1971.

7.6.4 Redes de interação

Os métodos baseados em redes de interação procuram alcançar os impactos diretos e indiretos, imediatos e mediatos. Eles se baseiam na elaboração de diagramas de fluxo, ou gráficos de causa-efeito, que representam cadeias de impactos associados a partir das ações previstas, como exemplificado pela Figura 7.5. É um método sistêmico que oferece uma visão do encadeamento dos impactos a partir das atividades do projeto da obra ou empreendimento em análise, o que permite tratamento probabilístico e simulações antevendo mudanças no projeto.

Além dos citados, há uma grande diversidade de métodos envolvendo diferentes abordagens para avaliar impactos, como os métodos baseados em cartografia, em modelagem matemática de ecossistemas e em valoração econômica do meio ambiente.

Figura 7.5 Rede de interações – Exemplo

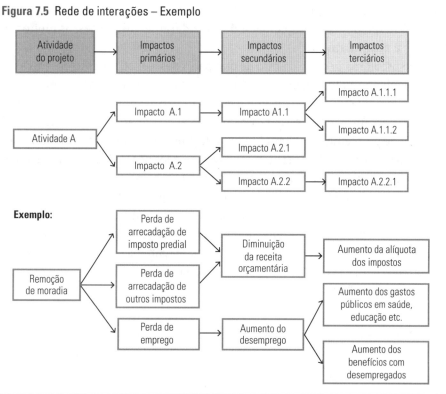

Fonte: adaptada de Rau; Wooten, 1980, p. 8-25.

Novos métodos e variações de métodos conhecidos estão sendo permanentemente desenvolvidos e aplicados, o que atesta a importância desse instrumento de gestão ambiental, bem como a grande dificuldade de realizar a avaliação de impacto de modo satisfatório. A participação de representantes da comunidade da área de influência do projeto, de ONGs e outros interessados no empreendimento ou atividade, além dos empreendedores e dos agentes públicos encarregados do processo de avaliação e licenciamento, constitui uma oportunidade para corrigir falhas, omissões e erros resultantes da aplicação de qualquer método de avaliação.

7.7 AVALIAÇÃO AMBIENTAL ESTRATÉGICA

O EIA apresenta diversas deficiências, algumas delas decorrentes dos métodos de avaliação, conforme comentado. Um problema típico é a dificuldade de delimitar corretamente a área de influência dos impactos, sendo este um dos motivos frequentes de contestações por parte dos agentes públicos envolvidos no processo de avaliação. Nem sempre é possível avaliar corretamente os impactos globais, principalmente devido à dificuldade de considerar as interações, os efeitos retardados e acumulativos.

Outro problema decorre do fato de que o uso desse instrumento ocorre caso a caso, projeto a projeto, cada um sendo elaborado sem considerar os demais que estão sendo previstos para o mesmo local ou região. A soma de bons projetos do ponto de vista ambiental não garante que o local ou região de destino estará resguardado de problemas ambientais à medida que os projetos forem implantados.

Esses problemas podem ser atenuados ou sanados por meio de um instrumento de avaliação que vá além de projetos individuais, como a Avaliação Ambiental Estratégica (AAE), que tem como foco gerar parâmetros para políticas, planos e programas públicos (PPP), que por sua vez orientam a elaboração de projetos individuais e seus respectivos estudos prévios de impactos ambientais, como ilustra a Figura 7.6. Ou seja, é um instrumento de gestão para os níveis de decisão mais elevados das políticas públicas, ou seja, os níveis estratégicos, e, consequentemente, seu escopo também é mais abrangente.

Figura 7.6 AAE e EIA – O lugar de cada um

Fonte: baseada em Oñate *et al.*, 2002, p. 95-98.

A relação da EIA com a AAE pode se dar de várias formas. A Figura 7.7(a) ilustra uma situação na qual a AAE contribui para orientar a EIA de um projeto individual por meio das avaliações realizadas anteriormente em um nível de decisão estratégico para o país, região ou local. A Figura 7.7(b) representa uma interação plena entre esses dois instrumentos, na qual as avaliações de alto nível levam em conta as limitações e oportunidades que o meio ambiente pode proporcionar às opções de desenvolvimento sustentável.[37] Ou seja, a AAE não substitui a EIA, são estudos complementares com objetivos, escopos, focos e métodos diferentes.

Figura 7.7 Interação entre a AEA e o EIA de um projeto individual

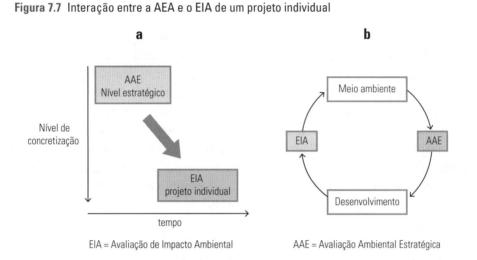

Fonte: Oñate *et al.*, 2002, p. 31.

A AAE é um instrumento de gestão ambiental bem mais recente do que a EIA, embora já tenha um bom caminho andado. Algumas das experiências mais ricas encontram-se em diversos países da Europa, tendo como marco importante a Convenção da Comissão Econômica das Nações Unidas para a Europa de 1991 sobre a avaliação de impactos ambientais em um contexto transfronteiriço, conhecida como Convenção de Espoo. A Convenção define impacto ambiental transfronteiriço potencial como "qualquer impacto, não exclusivamente de natureza global, dentro de uma área sob a jurisdição de um país causada por atividade proposta cuja origem física se situa total ou parcialmente dentro da área jurisdicional de outro".[38]

Na continuação, em 2001 foi adotada a Diretiva 2001/42/CE do Parlamento Europeu e do Conselho da União Europeia, com o objetivo de garantir que os planos e programas suscetíveis de causarem impactos ambientais significativos sejam sujeitos à avaliação ambiental.[39] Essa diretiva estabelece que a avaliação ambiental deve ser realizada durante a preparação do plano ou programa e antes de estes

---

[37] OÑATE *et al.*, 2002, p. 27-33.
[38] UNECE. Convenção de Espoo, 1991, art. 1, vi. Disponível em: http://www.unece.org/env/eia/about/eia. Acesso em: 3 set. 2022.
[39] CEC, Diretiva 2001/42/CE, art. 1.

serem aprovados pelas instâncias competentes.[40] A avaliação ambiental para esse objetivo é definida como a elaboração de um relatório ambiental, a realização de consultas, a consideração do relatório e dos resultados das consultas na tomada de decisão e o fornecimento de informação sobre a decisão.[41] A Convenção de Espoo e a Diretiva usam as expressões *nível elevado de proteção* e *procedimento nacional*, que remetem ao caráter estratégico da avaliação.

No Brasil, ainda não há uma legislação federal estabelecendo normas gerais sobre AAE. Porém, alguns estados criaram normas sobre este instrumento de gestão ambiental pública, como o estado de São Paulo, que a define como "análise integrada dos impactos ambientais e socioeconômicos advindos dos empreendimentos humanos, considerando-se a inter-relação e a somatória dos efeitos ocasionados num determinado território, com o objetivo de promover o desenvolvimento sustentável em seus pilares ambiental, social e econômico".[42] A AAE é concebida como parte do processo de desenvolvimento setorial com o objetivo de analisar de forma sistemática e quinquenal as consequências ambientais de políticas, planos e programas públicos e privados, diante dos desafios das mudanças climáticas, dentre outros aspectos.

A criação de instrumentos de natureza preventiva, como os estudos prévios de impacto ambiental, representou um avanço considerável na ação governamental sobre o meio ambiente. Seu objetivo básico é agir na fase de planejamento do projeto de um empreendimento para evitar danos ao ambiente físico, biológico e social, constituindo-se, dessa forma, em oportunidades para melhorar o projeto, tanto do ponto de vista do poder público responsável pelo licenciamento ambiental quanto do empreendedor. A avaliação prévia evita problemas futuros, tal como a acumulação de passivos ambientais que poderão com o tempo reduzir a eficiência econômica do empreendimento ou até mesmo inviabilizá-lo. Modificações durante os estágios iniciais do projeto são mais fáceis de serem realizadas e custam menos, comparativamente às mudanças efetuadas após sua implantação.

O EIA/Rima não deve ser utilizado para qualquer tipo de empreendimento. Em virtude de sua natureza complexa do ponto de vista processual, do qual as audiências públicas constituem fases importantes, esse instrumento deveria ficar reservado apenas para atividades e empreendimentos de grande porte, públicos e privados, bem como para os que envolvem tecnologias pioneiras cujos impactos ambientais gerem dúvidas, como empreendimentos de geoengenharia relacionados com a questão climática. Sempre que o tipo de empreendimento ou atividade

---

[40] Idem, art. 4º.
[41] Idem, art. 2º.
[42] ESTADO DE SÃO PAULO. Lei 13.798 de 2009, art. 4º, V.

CAPÍTULO 7 ESTUDO PRÉVIO DE IMPACTO AMBIENTAL

vier a requerer a aplicação do princípio da precaução, o EIA deve ser exigido. Os empreendimentos de pequeno e médio porte que utilizam tecnologias conhecidas ou maduras podem ser licenciados com base em estudos de impactos simplificados e nas práticas de controle e prevenção da poluição incluídas nos projetos.

TERMOS E CONCEITOS IMPORTANTES

- Avaliação ambiental estratégica
- Estudo prévio de impacto ambiental
- Estudo de Impacto de Vizinhança
- Fases do projeto

- Impacto ambiental
- Licenciamento ambiental
- Relatório Ambiental Simplificado (RAS)
- Licença de Operação
- Licença Prévia

- Métodos de Avaliação de Impacto
- Relatório Ambiental Preliminar (RAP)
- Relatório de Impacto Ambiental (Rima)

REFERÊNCIAS

ANDRÉ, P.; DELISLE, C. E.; REVÉRET, J. P. *L'évaluation des impacts sur l'environement*: processus, acteurs et pratique pour un développement durable. Quebec: Presses Internationales Polytechnique, 2010.

ASSOCIAÇÃO BRASILEIRA DE NORMAS TÉCNICAS (ABNT). *Elaboração e apresentação de projeto de reabilitação de áreas degradadas pela mineração*. Rio de Janeiro: ABNT, 1999. Confirmada em 2022.

BRASIL. *Constituição da República Federativa do Brasil*. Brasília: Senado Federal, 1988.

BRASIL. *Decreto n. 97.632, de 10 de abril de 1989*. Dispõe sobre a regulamentação do art. 2º, inciso VIII da Lei n. 6.938, de 31 de agosto de 1981 e dá outras providências. Brasília: *DOU*, 12 abr. 1989.

BRASIL. *Lei Complementar n. 140, de 8 de dezembro de 2011*. Fixa normas, nos termos dos incisos III, VI e VII do *caput* e do parágrafo único do art. 23 da Constituição Federal, para a cooperação entre a União, os Estados, o Distrito Federal e os Municípios nas ações administrativas decorrentes do exercício da competência comum relativas à proteção das paisagens naturais notáveis, à proteção do meio ambiente, ao combate à poluição em qualquer de suas formas e à preservação das florestas, da fauna e da flora; e altera a Lei n. 6.938, de 31 de agosto de 1981. Brasília: *DOU*, 9 dez. 2011.

BRASIL. *Lei n. 6.803, de 2 de julho de 1980*. Dispõe sobre as diretrizes básicas para o zoneamento industrial nas áreas críticas de poluição e dá outras providências. Brasília: *DOU*, 6 jul. 1980.

BRASIL. *Lei n. 6.938, de 31 de agosto de 1981*. Dispõe sobre a Política Nacional do Meio Ambiente, seus fins e mecanismos de formulação e aplicação, e dá outras providências. Brasília: *DOU*, 2 set. 1981.

BRASIL. *Lei n. 9.605, de 12 de fevereiro de 1998*. Dispõe sobre sanções penais e administrativas derivadas de condutas e atividades lesivas ao meio ambiente e dá outras providências. Brasília: *DOU*, 13 fev. 1998.

BRASIL. *Lei n. 10.257, de 10 de julho de* 2001. Regulamenta os arts. 182 e 183 da Constituição Federal, estabelece diretrizes gerais de política urbana e dá outras providências. Brasília: *DOU*, 11 jul. 2001.

BRASIL. *Lei n. 12.305, de 2 de outubro de 2010*. Institui a Política Nacional de Resíduos Sólidos; altera a Lei n. 9.605/1998; e dá outras providências. Brasília: *DOU*, 3 ago. 2010.

BRASIL. MINISTÉRIO DO MEIO AMBIENTE/CONAMA. *Resolução Conama n. 1, de 23 de janeiro de 1986*. Estabelece as definições, as responsabilidades, os critérios básicos e as diretrizes gerais para uso e implementação da Avaliação de Impacto Ambiental como um dos instrumentos da Política Nacional do Meio Ambiente. Brasília: *DOU*, 17 fev. 1986.

BRASIL. *Resolução Conama n. 237, de 19 dezembro de 1997*. Regulamenta os procedimentos e critérios de licenciamento ambiental como instrumento de gestão ambiental instituído pela Política Nacional do Meio Ambiente. Brasília: *DOU*, 22 dez. 1997.

BRASIL. MINISTÉRIO DO MEIO AMBIENTE/INSTITUTO BRASILEIRO DO MEIO AMBIENTE E DOS RECURSOS NATURAIS RENOVÁVEIS (Ibama). *Instrução normativa n. 2, de 27 de março de 2012*. Estabelece as bases técnicas para programas de educação ambiental apresentados como medidas mitigadoras ou compensatórias, em cumprimento às condicionantes das licenças ambientais emitidas pelo Ibama. Brasília: *DOU*, 29 mar. 2012.

ESTADO DE SÃO PAULO; SECRETARIA DO MEIO AMBIENTE. *Resolução SMA n. 42, de 29 de dezembro de 1994*. Aprova procedimentos para análise do EIA/Rima no âmbito da SMA. São Paulo: Secretaria do Meio Ambiente, 1994.

ESTADO DE SÃO PAULO; SECRETARIA DO MEIO AMBIENTE; COMPANHIA AMBIENTAL DO ESTADO DE SÃO PAULO (Cetesb). Decisão de Diretoria n. 153, de 28 de maio de 2014. Dispõe sobre os Procedimentos para o Licenciamento Ambiental com Avaliação de Impacto Ambiental no Âmbito da CETESB, e dá outras providências. São Paulo: CETESB, *DOE*, 29 mai. 2014.

LEOPOLD, L. B.; CLARK, F. E.; HANSHAW, B. B.; BALSLEY, J. R. *A procedure for evaluating environment impact*. Washington: Geological Survey (Circular 645), 1971.

OÑATE, J.; PEREIRA, D.; SUÁREZ, F.; RODRÍGUEZ, J. J.; CACHÓN, J. *Evaluación ambiental estratégica:* la evaluación ambiental de políticas, planes y programas. Madrid: Ediciones Mundi-Prensa, 2002.

OREA, D. G. *Evaluación del impacto ambiental*. Madrid/Barcelona: Ediciones Mundi-Prensa/ Editorial Agrícola Española, 1999.

PARLAMENTO EUROPEU E CONSELHO DA UNIÃO EUROPEIA. Diretiva 2001/42/CE, de 27 de junho de 2001, relativa à avaliação dos efeitos de determinados planos e programas no ambiente. *Jornal Oficial da Comunidade Europeia*, L 197/30, 21 jul. 2001.

RAU, J. G.; WOOTEN, D. C. *Environmental impact analysis handbook*. Nova York: McGraw-Hill, 1980.

8

COMUNICAÇÃO AMBIENTAL

Comunicações e relatos ambientais, veiculados por qualquer meio (oral, impresso ou eletrônico), visam divulgar os aspectos ambientais da organização, seus impactos e o que ela fez, faz e pretende fazer em relação a eles. A origem da demanda por comunicação ambiental decorre de obrigações legais às quais as empresas estão sujeitas ou de decisões assumidas voluntariamente pelos seus dirigentes. São exemplos do primeiro caso os relatórios das auditorias ambientais obrigatórias estabelecidas em leis, os documentos sobre movimentação de resíduos perigosos, os planos de gestão e controle determinados nos processos de licenciamentos ambientais.[1] A comunicação por decisão voluntária indica uma postura proativa da empresa em relação ao meio ambiente, uma prática incentivada por diversas iniciativas empresariais e da sociedade civil organizada dedicadas a fomentar a gestão ambiental estratégica. Por exemplo, a Câmara de Comércio Internacional (ICC), em sua Carta Empresarial para o Desenvolvimento Sustentável, recomenda às empresas fornecer periodicamente informações apropriadas aos órgãos da administração, acionistas, empregados, às autoridades e ao público.[2]

A comunicação empresarial torna-se um componente da gestão estratégica, na medida em que contribui diretamente para sustentar e ampliar a competitividade da empresa. Nessa perspectiva, a comunicação deixa de ser uma estrada de uma única via, a que apenas divulga informações do interesse da empresa, para se tornar uma via de mão dupla que tanto divulga quanto escuta diferentes públicos a

---

[1] Veja exemplos no Capítulo 5, seção 5.4.
[2] ICC, 2015, princípio n. 16. Disponível em: http://www.iccwbo.org. Acesso em: 9 dez. 2015.

GESTÃO AMBIENTAL EMPRESARIAL

fim de conhecer suas expectativas e necessidades. A comunicação ambiental como instrumento de gestão ambiental estratégica também tem essa dupla função.

Excetuando os casos nos quais a empresa é obrigada por lei a divulgar o seu desempenho ambiental, há um amplo espectro de questões cuja divulgação depende de decisão da sua alta direção. A comunicação voluntária representa uma prestação de contas à sociedade com respeito às atividades da empresa. Esse modo de entender a responsabilidade social faz com que a alta direção da empresa considere outras partes interessadas, além dos acionistas ou proprietários, como destinatários das informações sobre o seu desempenho ambiental. Isso impõe de início uma dificuldade de ordem prática, qual seja, identificar os usuários da informação diante da pluralidade de partes interessadas em escala planetária e da variedade de percepções que elas apresentam em relação às questões ambientais.

8.1 SISTEMA DE GESTÃO DA COMUNICAÇÃO AMBIENTAL

A norma de gestão ambiental NBR ISO 14063 apresenta um conjunto de princípios, políticas, diretrizes estratégicas e atividades relacionadas à comunicação interna e externa aplicáveis a organizações de qualquer tamanho, localização, tipo ou setor de atividade, tendo ou não um SGA implantado e mantido conforme os requisitos da ISO 14001. Se a organização tiver um SGA, ela deve necessariamente atender ao requisito desta norma estabelecendo e mantendo processos de comunicação, incluindo decisões sobre o que, quando, com quem e como comunicar, levando em conta os requisitos legais e outros requisitos, comentados na seção 4.7.2 deste livro.

A norma ISO 14063 define comunicação ambiental como o "processo conduzido por uma organização para fornecer e obter informações e para estabelecer um diálogo com partes interessadas internas e externas, para incentivar o entendimento compartilhado sobre questões, aspectos e desempenho ambiental".[3] *Parte interessada* é qualquer pessoa ou organização que pode afetar, ser afetada ou se perceber afetada por uma decisão ou atividade da empresa.[4]

Como se vê, a comunicação ambiental é entendida como um processo para construir confiança, credibilidade e parcerias a fim de ampliar a conscientização sobre as questões ambientais e embasar a tomada de decisão. Ela pode tomar muitas formas, podendo ser comunicações *ad hoc*, quando, por exemplo, o gestor atende a uma solicitação da comunidade ou de um cliente, ou comunicações planejadas. A decisão sobre o que, quando, para quem e como comunicar pode ser:

---

[3] ABNT, NBR ISO 14063:2009, termos e definição.

[4] ABNT, NBR ISO 14001:2015, definição 3.1.6.

228

CAPÍTULO 8 COMUNICAÇÃO AMBIENTAL

a) unilateral, quando a organização distribui informações ou relata questões ambientais que não foram objeto de discussão;

b) bilateral, quando há uma troca de informações e ideias entre a organização e outras partes interessadas; ou

c) participativa, nos quais a organização colabora com partes interessadas no processo de comunicação.[5]

A norma citada concebe a comunicação ambiental como uma oportunidade para a organização obter o comprometimento de diferentes partes interessadas para os propósitos de melhoria ambiental que ela pretende implementar. Segundo ela, um processo de comunicação eficiente envolve o contato contínuo da organização com as partes interessadas identificadas por ela. A comunicação é vista como componente estratégico da organização e sua política ambiental. Assim, ela deve ser concebida como um sistema de comunicação ambiental (SGC), conforme o esquema da Figura 8.1. Como é característico das normas de gestão da ISO, esse esquema também é concebido de acordo como um ciclo PDCA.

A política de comunicação ambiental é definida como "intensões e direcionamentos gerais de uma organização relacionadas à sua comunicação ambiental expressas formalmente pela sua alta direção". Ela pode fazer parte de outras políticas da organização ou ser uma política específica, mas de qualquer forma deve ser coerente com a política ambiental e consistente com os seguintes princípios:

1) transparência do processo de comunicação;

2) provimento de informações pertinentes às partes interessadas;

3) credibilidade da comunicação por meio de condução honesta e fornecimento de informações verdadeiras, confiáveis, exatas e substantivas para as partes interessadas;

4) atendimento às questões e dúvidas das partes interessadas de modo integral e no momento devido; e

5) relato claro, com formato, linguagem e meio de divulgação adequados às partes interessadas, a fim de minimizar as ambiguidades.[6]

A política de comunicação ambiental da organização deve enunciar com clareza as seguintes questões:

1) compromisso de se envolver em diálogo contínuo com as partes interessadas;

---

[5] ABNT, NBR ISO 14063:2009, introdução.
[6] ABNT, NBR ISO 14063:2009, seção 3 e 4.1.

2) compromisso de divulgar as informações sobre o desempenho ambiental da organização;
3) destacar a importância da comunicação ambiental interna e externa para a organização;
4) compromisso de implementar a política ambiental e de prover os recursos que forem necessários para a sua execução;
5) compromisso de focar a comunicação para as questões ambientais-chave, as que importam para a gestão ambiental da organização.[7]

Figura 8.1 Sistema de gestão da comunicação ambiental

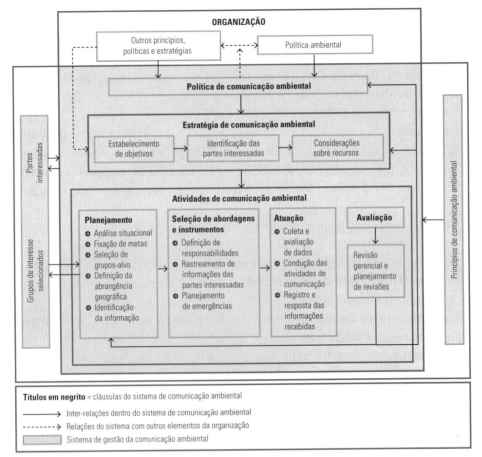

Fonte: ABNT NBR ISO 14063:209.

[7] ABNT, NBR ISO 14063:2009, seções 3 e 4.1.

CAPÍTULO 8 COMUNICAÇÃO AMBIENTAL

O exame e a revisão da comunicação por parte da Alta Direção fecham um ciclo de planejamento e execução e dão início a um outro, levando em conta as oportunidades de melhorias e necessidades de mudanças, conforme a ideia de melhoria contínua que preside todas as normas gestão da ISO. Decidindo ou não por realizar mudanças na política, estratégia ou em qualquer atividade de comunicação, a organização deve considerar como as partes interessadas irão percebê-las e como comunicar a elas as razões dessa decisão.[8] Todas as recomendações da norma estão claramente voltadas para que a comunicação ambiental faça sentido para as partes interessadas e contribua para a melhoria do desempenho ambiental da organização, evitando que seja apenas o cumprimento *pro forma* de uma expectativa da sociedade.

8.1.1 Identificando partes interessadas

Identificar as diferentes partes interessadas no desempenho ambiental da empresa é uma questão importante a ser resolvida para a comunicação ambiental em geral e, em especial, para a elaboração de relatórios ambientais voluntários ou não mandatórios. Partes interessadas com os mesmos interesses, direitos e reivindicações podem ser classificadas em um mesmo grupo, por exemplo, empregados, acionistas, clientes e concorrentes. De acordo com o tipo de influência, esses grupos podem ser classificados em primários ou secundários: os primários são aqueles cuja participação continuada é vital para a sobrevivência da empresa; e os secundários não estão engajados em transações com a empresa e não são essenciais para a sua sobrevivência. Investidores, clientes, funcionários e fornecedores são exemplos de grupos primários. Os meios de comunicação e uma grande variedade de organizações com capacidade de mobilizar a opinião pública contra ou a favor da empresa são exemplos de grupos secundários.[9] Nesse grupo estão as organizações ambientalistas, pois elas mobilizam a sociedade e os órgãos do governo e constituem uma importante fonte de conscientização das populações sobre questões ambientais.

Para que a comunicação possa cumprir a dupla função supramencionada, faz-se necessário identificar as expectativas das partes interessadas e suas necessidades de informação. Para isso, a empresa pode se valer de sugestões de empregados, serviço de atendimento ao consumidor, reuniões e seminários, pesquisas de mercado, rastreamento das regulamentações e suas tendências, comunicação direta com vizinhos, clientes, fornecedores e órgãos públicos, informações da mídia.

Quaisquer que sejam os métodos adotados, a comunicação ambiental deve resultar de um diálogo constante da empresa com as suas partes interessadas. Porém, há certos grupos que ainda não existem, como as gerações futuras, mas que são

---

[8] ABNT, NBR ISO 14063:2009, seção 6.5.
[9] CLARKSON, 1995.

partes interessadas fundamentais, como se depreende do conceito de desenvolvimento sustentável. Há grupos que dependem de outros para serem ouvidos, como as crianças e pessoas com certos tipos de incapacitações. O diálogo com os consumidores também não é tarefa fácil, seja por se encontrarem dispersos em vastos territórios, seja pela dificuldade que eles têm para avaliar os impactos ambientais dos produtos e serviços que adquirem. Por isso, o diálogo deve incluir os que falam em nome dos que não possuem voz, como os agentes públicos, as organizações ambientalistas e de ajuda humanitária e as entidades de defesa do consumidor.

8.1.2 Objetivos e conteúdo

Os objetivos da comunicação devem estar alinhados com a política de comunicação, que por sua vez deve estar alinhada à política ambiental, como indica a seta interrompida da Figura 8.1, e considerar os pontos de vista das partes interessadas identificadas. Para a definição dos objetivos deve-se considerar prioridades e resultados desejados. Por exemplo: se o objetivo for aumentar o conhecimento dos consumidores sobre os atributos ambientais dos novos produtos, o resultado desejado poderia ser o aumento das vendas desse produto.

A comunicação para grupos de usuários específicos deve levar em conta os objetivos, conteúdos e formatos específicos, como os exemplos apresentados no Quadro 8.1. Por exemplo, os objetivos dos empregados podem referir-se aos programas de educação e treinamento, à divulgação das não conformidades e ações corretivas, ao cumprimento das normas legais de saúde e segurança do trabalho, à avaliação dos riscos internos; os das ONGs, à conformidade legal, ao cumprimento de acordos voluntários, ao ciclo de vida dos seus produtos.[10]

Outros usuários podem ser acrescentados, como os clientes, fornecedores e agentes públicos. Nesse esquema proposto, o importante é definir, para cada usuário identificado, quais os objetivos do relatório e quais as informações que eles devem trazer. As informações devem ser verificáveis, compreensíveis e apresentadas com a formatação adequada aos usuários. Por exemplo, os empregados estão interessados em conhecer de modo detalhado os programas de formação e treinamento, os acionistas e a comunidade financeira podem estar interessados apenas em dados agregados sobre a quantidade de pessoas atendidas por esse programa e o montante de recursos aplicados. Caso a organização pretenda relatar seu desempenho ambiental para um público indiferenciado, ela deve elaborar uma lista de questões ambientais que serão tratadas de uma única forma, assunto ao qual voltaremos mais adiante.

---

[10] ABNT, NBR ISO 14001:2015, A-7-4.

CAPÍTULO 8 COMUNICAÇÃO AMBIENTAL

Quadro 8.1 Objetivos e conteúdo da comunicação ambiental – Exemplos

USUÁRIO	OBJETIVOS DO USUÁRIO	OBJETIVOS DA EMPRESA	CONTEÚDO
Academia	Monitorar tendências, estabelecer e publicar as melhores práticas.	Demonstrar voluntariamente uma disposição de ser transparente nas suas decisões relativas ao meio ambiente.	» Política ambiental » Normas da empresa » Detalhes do SGA » Desempenho relativo aos objetivos ambientais da empresa
Empregados	Conhecer as consequências ambientais das operações da empresa.	Ampliar a comunicação com a direção. Criar clima interno favorável à participação de todos nos programas e projetos ambientais.	» Participação nas decisões » Educação e treinamento » Responsabilidade e conformidade com normas e regulamentos » Avaliação dos riscos
ONGs	Conhecer os esforços da empresa em relação ao conceito de sustentabilidade e capacidade de suporte da Terra.	Demonstrar responsabilidade social, informando como a empresa está contribuindo para reduzir os problemas ambientais globais.	» Demonstração do cumprimento da legislação ambiental » Detalhes das tendências de desempenho ambiental » Informações sobre o ciclo de vida dos produtos
Comunidade financeira e acionistas	Conhecer a posição da empresa quanto às questões ambientais legais atuais e iminentes que afetam ou podem afetar os resultados da empresa.	Demonstrar segurança quanto aos riscos que podem elevar os passivos da empresa e prejudicar a realização de lucros futuros.	» Demonstração do cumprimento da legislação ambiental » Custos relacionados com as atividades ambientais » Considerações sobre as metodologias de avaliação » Passivos ambientais, contingências e litígios » Investimentos futuros

Fonte: elaborado a partir de Azzone *et al.*, 1997.

8.1.3 Modos de comunicação

A comunicação ambiental para grupos específicos deve considerar os seus aspectos comportamentais e interesses educacionais, sociais e políticos, a fim de usar linguagem, técnica e veículo de divulgação apropriados, cuidando para atender a sua dupla função: fornecer e obter informação para estabelecer diálogo com as partes interessadas que são os critérios para avaliar a eficácia de um meio de comunicação em particular (carta circular, boletim interno, folders, painéis, rótulos, *call centers*, páginas no website da organização, visita programada, propaganda em jornais, revistas, canais de TV, balanço social, relatório da administração etc.). Por exemplo, uma circular com informações ambientais de interesse dos trabalhadores deve prever mecanismos para o recebimento de comentários, sugestões e críticas desse público-alvo. As respostas à circular sinalizam abertura para o diálogo.

Para públicos indiferenciados pode ser útil o uso de modelos de relatórios, ou guias para produzi-los, desenvolvidos por organizações que promovem iniciativas ambientais voluntárias. O guia a seguir exemplifica questões relevantes a serem divulgadas para um público indiferenciado. Ele foi elaborado pelo Ministério do Meio Ambiente do Japão com a contribuição de diversas empresas, entidades empresariais e instituições de ensino e pesquisa, como a Universidade das Nações Unidas. Para o guia, um relatório ambiental é uma declaração sistemática e holística sobre os impactos ambientais da organização e as atividades ambientais realizadas, tais como: política ambiental, objetivos, programas de ação, resultados alcançados, estrutura organizacional, sistema de gestão, de acordo com princípios gerais de comunicação ambiental, publicada periodicamente para o público em geral. Esses princípios são:

1) **relevância**: o relatório precisa prover informações úteis para a tomada de decisão das partes interessadas, informando sobre o estado dos impactos ambientais causados pelas atividades da organização e as ações programadas para reduzi-los e mitigá-los;

2) **confiabilidade**: o relatório precisa apresentar informações confiáveis, ou seja, não deve ter erros nem omissões, e os conteúdos informados devem refletir o estado da carga ambiental da organização;

3) **clareza**: o relatório precisa prover as informações necessárias em linguagem clara e fácil de ser entendida, de modo a evitar interpretações equivocadas. Para atender a esse princípio, convém sempre que possível redigir as sentenças e frases com simplicidade e usar, além de textos, figuras e gráficos;

4) **comparabilidade**: as informações do relatório ambiental necessitam ser comparáveis ao longo do tempo, para que se possa acompanhar sua evolução histórica e prever tendências futuras. Sempre que possível, as informações devem propiciar a comparação com organizações que atuam no mesmo setor;

5) **verificabilidade**: as informações em relatórios ambientais precisam ser verificáveis desde um ponto de vista objetivo. Para isso, as fontes das informações constantes no relatório precisam ser informadas, e os cálculos, descritos com clareza, a fim de garantir a confiabilidade dos dados por uma terceira parte.[11]

Note a semelhança desses princípios da política ambiental do SGC apresentados anteriormente. Há outros princípios para relatórios ambientais, e cada organização pode criar os seus; o objetivo de aplicá-los é aumentar a credibilidade e a utilidade para a empresa relatora e as suas partes interessadas. Credibilidade pelo fato de que as informações podem ser verificadas e comparadas, e utilidade porque, sendo críveis,

---

[11] JAPÃO, MINISTRY OF THE ENVIRONMENT, 2007.

elas podem orientar e embasar decisões tanto da empresa relatora quanto de partes interessadas. Em outras palavras, são antídotos à lavagem ou maquiagem verde.

O relatório precisa delimitar claramente os limites organizacionais a que se refere, por exemplo, se à totalidade da empresa ou a uma de suas divisões. É essencial definir claramente o período coberto pelo relatório. E, por fim, é essencial definir se o relatório irá contemplar outras questões além da ambiental, por exemplo, questões sociais e econômicas. Os componentes informativos do relatório estão distribuídos em cinco tópicos, como mostra de forma resumida o Quadro 8.2. O primeiro tópico (linha 1) envolve informações sobre o perfil da empresa, tais como setor de atividade, mercados que atende, número de empregados, resultados econômicos e financeiros dos últimos anos, além da declaração da sua autoridade máxima sobre os compromissos assumidos quanto aos problemas ambientais da empresa. O segundo (linha 2) mostra como as questões ambientais estão sendo consideradas. Sua abordagem deve ser coerente com a fala dessa autoridade.

As informações relativas ao terceiro tópico (linha 3) mostram o *status* da gestão ambiental por meio de programas em andamento, por exemplo, a situação dos projetos de inovação ambiental em produtos e serviços, das parcerias com distribuidores visando ao retorno de embalagens e da conformidade legal. Se a empresa possui um SGA implantado e mantido conforme os requisitos da norma ISO 14001, as informações desse tópico podem ser um resumo das conclusões e recomendações da auditoria interna.[12]

O quarto tópico do relatório ambiental traz informações sobre o desempenho ambiental relacionado com os aspectos ambientais significativos da empresa, ou seja, os que produzem impactos mais frequentes, abrangentes e severos. Cada linha desse tópico pode ser desdobrada para incluir informações sobre particularidades da questão tratada. Exemplo: a quantidade total de materiais e medidas para reduzi-la (tópico 4, linha 15) pode envolver as seguintes informações: quantidade total de matérias-primas adquiridas, quantidade total por tipo dos materiais mais importantes, produtividade dos materiais, recursos usados para aumentar a eficiência no uso dos materiais, e outras que mostram os esforços da empresa a respeito desse aspecto ambiental. Considerando o princípio da comparabilidade mencionado anteriormente, o relato pode incluir o desempenho de períodos anteriores a fim de revelar a sua evolução ao longo do tempo.

O quinto tópico, desempenho na área social, é opcional, e pode ser usado para apresentar contribuições sociais não vinculadas com questões ambientais relatadas na linha 13 do tópico 3. A tendência atual das iniciativas voluntárias em termos das comunicações e relatos ambientais é incluir questões ambientais, sociais,

---

[12] Veja o Capítulo 4, seção 4.9.3.

econômicas e outras relacionadas. As empresas que procuram se colocar como instrumentos do desenvolvimento sustentável procuram fornecer informações sobre as dimensões nas quais essa proposta de desenvolvimento se apoia, a saber: eficiência econômica, equidade social e respeito ao meio ambiente. Nesse caso, a comunicação e relato transformam-se em relatórios de sustentabilidade.

Quadro 8.2 Componentes de um relatório ambiental – Um exemplo

TÓPICO			CONTEÚDOS INFORMATIVOS NECESSÁRIOS
1	Informações básicas iniciais	1	Declaração da autoridade máxima, incluindo um resumo dos esforços empreendidos e os compromissos assumidos
		2	Fundamentos do relatório: limites organizacionais, período coberto e questões relatadas
		3	Descrição sucinta da organização
2	Resumo das principais políticas, objetivos e realizações	4	Políticas concernentes às atividades ambientais
		5	Resumo dos objetivos, planos de atividade e ações empreendidas
		6	Balanço de materiais das suas atividades
		7	Resumo da contabilidade ambiental
3	Situação da gestão ambiental	8	Situação do sistema de gestão ambiental (SGA)
		9	Situação da cadeia de suprimento quanto à questão ambiental
		10	Situação da pesquisa e desenvolvimento de tecnologias ambientais, inclusive de produtos e serviços
		11	Situação da divulgação ambiental
		12	Situação da empresa em relação à conformidade legal
		13	Situação das contribuições sociais relacionadas às questões ambientais
4	Desempenho das atividades para a redução da carga ambiental	14	Quantidade total de energia e medidas para reduzi-la
		15	Quantidade total de materiais e medidas para reduzi-los
		16	Quantidade total de água consumida e medidas para reduzi-la
		17	Quantidade total de gases de efeito estufa lançados e medidas para reduzi-los
		18	Quantidade total de substâncias químicas e de emissões de transporte e medidas para reduzi-las
		19	Quantidade total de produtos vendidos
		20	Quantidade total de resíduos gerados e descartados e medidas para reduzi-los
		21	Quantidade total de água descartada e medidas para reduzi-la
		22	Situação da carga ambiental relativa ao transporte e medidas para reduzi-la
		23	Situação das compras usando critérios ambientais e medidas para promovê-las
		24	Situação dos produtos e serviços que contribuem para a redução da carga ambiental da empresa
5	Desempenho em áreas sociais	25	Inclusão de informações sobre questões sociais, tais como: segurança e saúde do trabalho, direitos trabalhistas, direitos humanos, direitos do consumidor, geração de emprego, contribuições ao desenvolvimento local, educação ambiental

Fonte: Japão, Ministry of the Environment, 2007.

8.2 RELATÓRIOS DE SUSTENTABILIDADE

Esses relatórios incluem informações sobre as práticas e os resultados alcança-dos nas áreas ambientais, sociais e econômicas, as três dimensões do desenvol-vimento sustentável mais estreitamente vinculadas às empresas. O padrão de relatório de sustentabilidade mais influente é o da *Global Reporting Initiative* (GRI), uma organização independente com sede em Amsterdã, com ¼ de século de atuação nessa área cumprido em setembro de 2022.[13] Seu objetivo é promo-ver e disseminar nas organizações a prática de medir o seu desempenho em termos ambientais, sociais e econômicos, e divulgar os resultados como forma de prestação de contas à sociedade. A GRI utiliza organizações com elevada re-putação em seus países como pontos focais a fim de intensificar a promoção de seu padrão de relatório. O ponto focal no Brasil é exercido pelo Instituto Brasileiro de Governança Corporativa (IBCG).

A GRI desenvolve e atualiza periodicamente um conjunto de padrões para elaborar relatórios de sustentabilidade com base no diálogo com múltiplas partes interessadas. Segundo esses padrões, a organização deve priorizar o relato de temas materiais, aqueles que representam os impactos mais signifi-cativos sobre o meio ambiente, a economia e as pessoas (indivíduos, grupos e comunidades), inclusive sobre os direitos humanos. Entre estes temas mate-riais ligados ao meio ambiente estão questões sobre água, energia, insumos materiais, processo de produção, resíduos. Cada tema material identificado e determinado pela organização deve ser descrito por meio dos seus impactos negativos e positivos. Ao elaborar o relatório, os princípios listados no Quadro 8.3 devem ser seguidos.

O relatório apresenta informações de dois tipos, de ordem geral e específicas. Exemplos das primeiras: perfil da organização relatora e de seus dirigentes, perío-do considerado, processo de engajamento de partes interessadas, cadeia de supri-mento, sistema de governança, políticas e estratégias. As informações específicas estão divididas por temas materiais que representam as dimensões econômica, ambiental e social da sustentabilidade. O Quadro 8.4 apresenta os temas ambien-tais e seus respectivos indicadores.

---

[13] Mais sobre a GRI em: https://www.globalreporting.org. Acesso em: 6 set. 2022.

GESTÃO AMBIENTAL EMPRESARIAL

Quadro 8.3 Princípios para relatos de sustentabilidade

PRINCÍPIO	DESCRIÇÃO
Exatidão	As informações relatadas devem ser corretas e suficientemente detalhadas para permitir a avaliação dos impactos da organização.
Equilíbrio	As informações sobre os impactos positivos e negativos da organização devem ser apresentadas sem viés ou tendenciosidade.
Clareza	A organização deve disponibilizar as informações de forma compreensível e acessível.
Comparabilidade	A organização deve selecionar, compilar e relatar informações de forma sistemática para facilitar as análises das mudanças que ocorrem com o tempo nos impactos, bem como as análises desses impactos sobre outras organizações.
Completude	A organização deve apresentar informações suficientes para poder avaliar os impactos da organização no período do relatório.
Contexto da sustentabilidade	O relatório deve descrever o desempenho da organização no contexto mais amplo da sustentabilidade.
Tempestividade	A organização deve publicar o relatório segundo uma programação periódica e disponibilizar as informações a tempo para que seus usuários tomem decisões.
Verificabilidade	A organização deve coletar, registrar, compilar e analisar as informações de modo que possam ser examinadas para determinar sua qualidade.

Fonte: GRI, 2022. Disponível em: www.globalreporting.org. Acesso em: 6 set. 2022.

Quadro 8.4 Temas ambientais e seus indicadores

TEMA	INDICADORES
Materiais	» Materiais usados para produzir e embalar os principais produtos e prestar os principais serviços por peso ou volume, discriminados por fonte renovável e não renovável » Porcentagem de materiais reciclados utilizados na produção de bens e serviços principais » Porcentagem de produtos e materiais de embalagem recuperados por categoria de produto
Energia	» Consumo total de combustíveis de fontes não renováveis dentro da organização » Consumo total de combustíveis de fontes renováveis dentro da organização » Consumo total de energia fora da organização (transporte, processamento de produtos vendidos etc.) » A taxa de intensidade energética da organização » A redução do consumo de energia devido a programas de melhoria da eficiência energética e de conservação de energia » A redução do consumo de energia relacionado aos produtos e serviços vendidos
Água	» Descrição de como a organização gerencia a água, incluindo modo e local de captação, consumo e despejo, e os impactos relacionados » Descrição dos padrões de qualidade dos efluentes » Quantidade total de água captada por fonte (água superficial, subterrânea, de terceiros etc.) » Quantidade total de efluentes lançados por destino (água superficial, mar etc.) » Consumo total de água

CAPÍTULO 8 COMUNICAÇÃO AMBIENTAL

TEMA	INDICADORES
Biodiversidade	» Localização, tamanho, tipo de operação e valor da biodiversidade em unidades operacionais próprias, arrendadas ou gerenciadas dentro ou nas adjacências de áreas protegidas e áreas de alto valor em biodiversidade fora das áreas protegidas » Descrição da natureza dos impactos significativos, diretos e indiretos, positivos e negativos, sobre a biodiversidade decorrente de construções, transporte, fabricação e outras atividades da organização » Localização e tamanho das áreas protegidas ou habitats restaurados » Número de espécies da Lista Vermelha de Espécies Ameaçadas da UICN e de espécies de listas nacionais com hábitats em áreas afetadas pelas operações por nível de risco de extinção
Emissões	» Quantidade total de emissões diretas de gases de efeito estufa (GEE) » Quantidade total das emissões indiretas de GEE associadas à energia » Quantidade total de outras emissões indiretas de GEE » Taxa de intensidade das emissões de GEE » Reduções de GEE provenientes de programas de redução de GEE » Quantidade total das emissões de substâncias que destroem a camada de ozônio » Quantidade total das emissões de NO$_x$, SO$_x$ e outras emissões atmosféricas significativas (POP, VOC etc.)
Efluentes e resíduos	» Peso total dos resíduos por tipo e método de disposição » Número total e volume de vazamentos significativos » Descrição dos insumos, atividades e produtos que podem gerar impactos relacionados aos resíduos » Ações para prevenir a geração de resíduos » Peso total dos resíduos discriminado pela composição dos resíduos » Peso total dos resíduos não destinados à eliminação por composição, incluindo o dos perigosos » Peso total dos resíduos destinados à eliminação, incluindo o dos perigosos
Fornecedores	» Porcentagem de novos fornecedores avaliados por critérios ambientais de seleção » Número de fornecedores avaliados por critérios ambientais
Comunidade local	» Porcentagem de operações com participação da comunidade local em avaliação de impacto ambiental » Operações com impactos negativos, reais ou potenciais, na comunidade local, devido ao uso de substâncias perigosas
Marketing e rotulagem	» Informar se os procedimentos da organização a obrigam a informar sobre a origem dos componentes do produto ou serviço, principalmente dos que possam causar impactos sociais e ambientais negativos e sobre a eliminação de produtos e os impactos sociais e ambientais associados » Quantidade de casos de não conformidade com normas e códigos voluntários
Conformidade	» Número e valor monetário das multas e número total das sanções não monetárias pelo não cumprimento das leis ambientais aplicáveis
Geral	» Total dos gastos e investimentos para proteção ambiental

Fonte: GRI, 2022.

Os riscos financeiros decorrentes de questões não financeiras, como os ambientais e sociais, é o que move muitas empresas a produzir relatórios de

239

sustentabilidade. A elaboração desse relatório amplia os conhecimentos sobre a empresa e seus aspectos e impactos sobre o meio ambiente, a sociedade e a economia, além dela própria, seus acionistas, funcionários, clientes, fornecedores, agentes reguladores e outras partes interessadas, sua reputação, seu sistema de governança. Imagina-se que os pontos fracos e as ameaças identificadas que ampliam os riscos financeiros sejam objeto de atenção para melhorias, o que em tese valoriza ainda mais a empresa relatora. O relato mostra os compromissos da empresa com os aspectos não financeiros, mostra o que fez e indica o que irá fazer.

Elaborar relatórios de acordo com padrões criados por organizações independentes, como a GRI, tem entre suas vantagens os exemplos de outras empresas, o que facilita o aprendizado. As organizações criadoras de padrões de relatórios costumam prover materiais didáticos, treinamentos e manter bancos de dados sobre boas práticas de relato disponíveis aos que desejam fazer uso de seus padrões. Outra vantagem é a possibilidade de comparar o próprio desempenho da empresa ao longo do tempo e em relação a outras que atuam em contextos semelhantes e usam os mesmos padrões. A padronização evita que a empresa divulgue apenas as questões nas quais apresenta bom desempenho e, com isso, crie uma falsa imagem. Aliás, o princípio do equilíbrio, enunciado no Quadro 8.3, visa desestimular essa prática. Os relatórios devem refletir o que ocorre na organização de modo que uma pessoa com alguma familiaridade com a empresa, ao ler o relatório, a reconheça.

8.2.1 Relatórios ESG

Existe um crescimento constante dos investimentos sustentáveis, aqueles que adotam práticas de negócios orientadas pelos objetivos e princípios do desenvolvimento sustentável na dimensão econômica, como Pacto Global, Princípios de Investimentos Responsáveis, relatório GRI e outros comentados anteriormente. A UNCTAD estima que o valor dos investimentos com tema de sustentabilidade nos mercados financeiros globais totalizou US$ 5,2 trilhões em 2021, um aumento de 63% em relação a 2020. Esses produtos incluem fundos sustentáveis, títulos verdes (*green bonds*), títulos sociais (*social bonds*), títulos mistos de sustentabilidade e títulos vinculados à sustentabilidade. A maioria é domiciliada em países desenvolvidos e direcionada a ativos em mercados desenvolvidos. A expansão desse mercado tem levado à criação de modelos de relatórios voltados prioritariamente para os investidores interessado em investimentos sustentáveis.[14] São os relatórios ESG, sigla para meio ambiente (E, de *Environment*), Sociedade (S) e

---

[14] UNCTAD, 2022, p. xvi.

Governança (G), entre eles os obrigatórios para os produtos financeiros negociados em mercados de valores mobiliários.

Muito dos relatos divulgados pelas empresas gestoras de produtos financeiros sustentáveis são autorrelatados, o que favorece a suspeição quanto à lavagem verde, e, mesmo que as suspeitas sejam completamente afastadas pela elevada reputação do agente financeiro, ainda persistem dúvidas devidas aos diferentes critérios usados nos relatos, o que prejudica a comparação entre produtos financeiros semelhantes de agentes diferentes. A uniformização de informação financeiras, além da evidenciação contábil (*accounting disclosure*) de acordo com as regulamentações do país domicílio do agente financeiro, baseia-se em padrões internacionalmente aceitos, como os elaborados pela Fundação de Normas Internacionais de Relatórios Financeiros (IFRSF, em inglês).

Os relatórios ESG são relatórios de sustentabilidade restritos aos três temas, mas compatíveis com o GRI. Suas origens encontram-se nas iniciativas do Pacto Global e da UNEP-FI, anteriormente comentados. O Quadro 8.5 apresenta exemplos de amplas questões ESG consideradas no contexto das empresas da indústria financeira e que se desdobram em centenas de questões específicas e diferenciadas para distintos setores econômicos. Uma característica desse relatórios é a ênfase nos impactos dos investimentos, como retorno ao investidor e benefícios sociais e ambientais. Com o tempo as questões ESG deixaram de ser exclusivas da indústria financeira, sendo atualmente adotadas por empresas de todos os setores.

Quadro 8.5 Questões ESG – Exemplos

QUESTÕES		
AMBIENTAIS (*ENVIRONMENTAL*)	**SOCIEDADE (*SOCIAL*)**	**GOVERNANÇA (*GOVERNANCE*)**
» Mudança climática e riscos associados » Necessidade de reduzir resíduos e emissões tóxicas » Regulamentações que ampliam os limites da responsabilidade ambiental sobre bens e serviços » Mercados emergentes para produtos e serviços ecológicos	» Saúde e segurança no local de trabalho » Relações comunitárias » Direitos humanos na empresa e nas instalações de fornecedores, transportadores e empreiteiros » Relações com governos e comunidades no contexto dos países em desenvolvimento	» Estrutura e responsabilidades do Conselho » Práticas de contabilidade e evidenciação (*disclosure*) » Estrutura do comitê de auditoria e independência dos auditores » Remuneração dos executivos » Corrupção e subornos
» Respostas ao aumento da pressão da sociedade civil para melhorar o desempenho, a transparência e responsabilização (*accountability*), sob risco de perda da reputação caso não gerenciados corretamente		

Fonte: The Global Compact, 2004, p. 6.

GESTÃO AMBIENTAL EMPRESARIAL

Um rumo importante que estes relatórios estão tomando é a certificação por entidades independentes, o que facilita a aceitação do relatório por parte de agentes financeiros, além de acrescentar a reputação do organismo certificador. Como todo processo de certificação, o do relatório ESG também é realizado por organismo acreditado para tal por meio de auditorias, análise das políticas relacionados aos temas ESG, análise de documentos contábeis, entrevistas e visitas e outras formas de coletas e análise de informações instruídas por normas específicas, como o guia da OECD sobre *due diligence*, a norma ISO/TS 17033:2019 sobre declarações éticas, norma ISO/TS 14033 sobre informação quantitativa em relatório de gestão ambiental.

8.2.2 Comunicação voluntária ou obrigatória

A comunicação voluntária do desempenho da empresa em relação às dimensões ambientais, sociais e econômica, incluindo o seu sistema de governança, é uma realidade restrita a poucas empresas, em geral grandes e globalizadas, inclusive porque requer pessoal dedicado o tempo todo e sistemas para captar e tratar dados de interesse para as diferentes partes interessadas, o que implica dispêndios não desprezíveis. Apesar disso, já se firmou entre diversos grupos de interesse, como investidores e formadores de opinião, uma expectativa positiva sobre esse tipo de divulgação. De um lado, isso faz com que mais empresas passem a comunicar interna e externamente o seu desempenho ambiental, social e econômico, o que contribui para aumentar o grau de conscientização quanto a essas questões no meio empresarial. De outro lado, a comunicação pode ser feita como uma obrigação para atender a essa expectativa mesmo a contragosto dos dirigentes, o que contribui para descreditar esse meio de comunicação.

Tornar a comunicação obrigatória, ainda que para empresas de grande porte, tende a banalizar esse instrumento de gestão, na medida em que todas as empresas, compromissadas ou não com as práticas sustentáveis, inclusive as que sequer atendem à legislação, providenciarão seus relatórios para cumprir uma exigência que dificilmente será fiscalizada, até pela enorme quantidade de relatórios que irá se acumular ao longo do tempo nos depósitos das repartições públicas. Elaborar o relatório será a preocupação de muitos dirigentes empresariais, e não planejar e realizar as práticas que melhorem o desempenho das suas empresas nas dimensões da sustentabilidade.

As comunicações e os relatórios de sustentabilidade devem resultar de atos voluntários, a não ser nos casos específicos estabelecidos em normas legais, como concessionárias de serviços de utilidade pública, como saneamento e energia. Primeiro vem o compromisso de fazer, depois o fazer e por fim o relato do que foi

CAPÍTULO 8 COMUNICAÇÃO AMBIENTAL

feito e os resultados alcançados. A empresa compromissada proativamente com a sustentabilidade ambiental, social e econômica tem o que mostrar às partes interessadas ou ao público em geral, de modo que sua comunicação passa a ser um elemento de diferenciação que será tanto mais importante para ela quanto mais a sociedade der atenção aos problemas ambientais e sociais.

8.3 RÓTULOS E DECLARAÇÕES AMBIENTAIS

Rótulo ou declaração ambiental é uma afirmação sobre os atributos ambientais em produtos e serviços. Ele pode tomar a forma de texto, símbolo, aplicados nos produtos ou nas suas embalagens, informações em bulas e manuais, expressões de propaganda, anúncios publicitários e outras formas de comunicação direta com os consumidores. O seu objetivo geral é promover a demanda e o fornecimento dos produtos e serviços que causem menos impactos ambientais e, com isso, estimular o potencial de melhoria ambiental ditada pelo mercado.[15]

À medida que a população se informa a respeito dos graves problemas ambientais que afetam o planeta, mais e mais pessoas passam a considerar os aspectos ambientais associados aos produtos e serviços em suas decisões de compra. Isso estimula as empresas, cooperativas e outras organizações a conceber e desenvolver bens e serviços com características ambientais diferenciadas dos seus similares ou próximos substitutos. Os rótulos e declarações ambientais, popularmente denominados *selos verdes*, são instrumentos de comunicação ambiental apropriados para informar que esses produtos e serviços são ambientalmente preferíveis.

Como qualquer instrumento, este também tem sido usado de modo impróprio, por exemplo, fazendo afirmações falsas ou impertinentes, caracterizando propaganda enganosa, ou fazendo afirmações corretas sem que os interessados possam verificar a sua veracidade, despertando desconfianças. Além disso, deixados ao sabor dos produtores sem qualquer orientação, os rótulos e declarações ambientais se tomaram tantos e de tantas formas que mais confundiam do que auxiliavam os consumidores ou usuários a decidir sobre suas aquisições, criando um terreno fértil para a lavagem verde.

Por esse motivo, o Comitê Técnico 207 da ISO se interessou em criar normas específicas para que esse instrumento de gestão ambiental tenha credibilidade e possa distinguir os bens e serviços com características ambientais preferíveis. Essas normas estabeleceram três tipos de rótulos e declarações ambientais, conforme

---

[15] ABNT, NBR ISO 14020:2002, definição 2.1 e seção 3.

243

resumidos no Quadro 8.6, cuja criação deve atender aos seguintes princípios gerais orientadores:

1) rótulos e declarações ambientais devem ser precisos, verificáveis, relevantes e não enganosos;

2) procedimentos e requisitos para rótulos e declarações ambientais não devem ser elaborados, adotados ou aplicados com intenção de criar obstáculos desnecessários ao comércio internacional;

3) rótulos e declarações ambientais devem basear-se em metodologia científica adequada às afirmações, e que produza resultados precisos e reproduzíveis;

4) as informações sobre procedimentos, metodologias e quaisquer critérios usados para dar suporte a rótulos e declarações ambientais devem estar disponíveis e ser fornecidas a toda parte interessada sempre que solicitada;

5) o desenvolvimento de rótulos e declarações ambientais deverá considerar todos os aspectos relevantes do ciclo de vida do produto;

6) os rótulos e declarações ambientais não devem inibir inovações que mantenham ou tenham o potencial de melhorar o desempenho ambiental;

7) quaisquer requisitos administrativos ou demandas de informações relacionadas a rótulos e declarações ambientais devem ser limitadas aos necessários para estabelecer a conformidade com os critérios e normas aplicáveis a eles;

8) no processo de desenvolvimento de rótulos e declarações ambientais, convém incluir uma consulta participatória e aberta aos interessados;

9) as informações sobre aspectos ambientais de produtos e serviços relevantes a um rótulo ou declaração ambiental devem ser disponibilizadas aos compradores atuais e potenciais junto ao desenvolvedor do rótulo ou declaração ambiental.[16]

8.3.1 Rótulo ambiental tipo I

A norma NBR ISO 14024 estabelece critérios para a criação de programas de rotulagem que concedem licença para o uso de rótulos ambientais. Um *programa de rotulagem* é um programa de terceira parte voluntário, baseado em critérios múltiplos, que outorga licença que autoriza o uso de rótulos ambientais em

---

[16] ABNT, NBR ISO 14020:2002, seção 4.

produtos, indicando a preferência ambiental de um produto dentro de uma categoria de produto específica, levando em consideração o ciclo de vida do produto. *Categoria de produto* é um grupo de produtos que desempenham uma função equivalente.[17]

Quadro 8.6 Tipos de rótulos e declarações ambientais

TIPO I	TIPO II	TIPO III
NORMA NBR ISO 14024	**NORMA NBR ISO 14021**	**NORMA NBR ISO 14025**
Rótulo e declaração baseados em programa de terceira parte de adesão voluntária.	Autodeclaração feita por fabricantes, importadores, comerciantes e outros que possam se beneficiar da autodeclaração.	Declaração contendo informações quantificadas sobre parâmetros ambientais em produtos e serviços previamente definidos.
Baseado em múltiplos critérios, previamente definidos pelo programa de rotulagem tipo II.	Baseada em um ou mais critérios definidos pelo interessado. Exemplos: teor de material reciclado contido no produto; redução de energia.	Critérios múltiplos previamente definidos pelo programa de rotulagem tipo III.
Produtos (bens e serviços) de categorias previamente selecionadas pelo programa.	Qualquer produto.	Produtos (bens e serviços) de categorias previamente selecionadas pelo programa.
Endereçados aos consumidores finais.		Endereçado às empresas.
Considera o ciclo de vida do produto.	Não considera o ciclo de vida do produto.	Considera o ciclo de vida do produto, usando princípios, estruturas, metodologias e práticas constantes nas normas da série ISO 14040.
Exige certificação de terceira parte.	Não exige certificação de terceira parte.	Exige certificação de terceira parte.
Apresenta-se como texto e como símbolo do programa impresso em produtos e suas embalagens. Exemplos: veja Figuras 8.2 e 8.3.	Apresenta-se como texto e como símbolo impresso em produtos e suas embalagens. Exemplos: ciclos de Möbius (veja Figura 8.4).	Apresenta-se como texto contendo dados da empresa, do produto, dos impactos ambientais quantificados, do organismo de certificação etc.

Fonte: elaborado com informações das normas ISO citadas na primeira linha.

Além dos princípios gerais mencionados na seção anterior, os programas de rotulagem tipo I devem atender a princípios específicos, tais como:

» natureza voluntária, inclusive quando desenvolvidos ou operados por entidades patrocinadas por governos;
» conformidade com a legislação ambiental e outras correlatas pertinentes;

---

[17] ABNT, NBR ISO 14024:2004, definições.

» considerações sobre o ciclo de vida a fim de reduzir os impactos ambientais e não apenas transferi-los de um estágio a outro;

» os critérios ambientais do produto devem diferenciar produtos ambientalmente preferíveis de outros na mesma categoria de produto, com base em diferenças mensuráveis nos impactos ambientais. Um produto que atenda a todos os critérios estabelecidos está qualificado para utilizar o rótulo;

» esses critérios devem levar em conta a adequação ao uso do produto e os níveis de desempenho, ou seja, que satisfaçam as necessidades do consumidor em termos de saúde, segurança e desempenho do produto;

» todos os elementos dos critérios devem ser passíveis de comprovação pelo organismo de rotulagem;

» os programas devem demonstrar transparência no decorrer de todos os estágios do seu desenvolvimento e operações;

» os programas devem garantir ausência de influências indevidas, e que as fontes de financiamento não criem conflitos de interesse;

» o programa deve estar aberto a qualquer requerente potencial.[18]

Os rótulos tipo I devem basear-se na abordagem do ciclo de vida do produto para que os impactos ambientais sejam considerados em todas as etapas do seu processo de produção. Essa abordagem evita a visão míope que enxerga como ambientalmente saudáveis os produtos olhando apenas um estágio da cadeia de suprimento. Como o objetivo é reduzir o impacto, a observância dos conceitos relativos ao ciclo de vida do produto é essencial; caso contrário, o programa de rotulagem estaria estimulando a transferência de impactos negativos entre os membros da cadeia de suprimento. A norma recomenda a abordagem do berço ao túmulo, assim, se o programa de rotulagem excluir um ou mais estágios do ciclo, deverá justificar essa decisão. Como a norma fala em consideração sobre o ciclo de vida, pode-se usar algum dos métodos simplificados apresentados no Capítulo 6.

A Figura 8.2 mostra um exemplo de programa de rotulagem tipo I. A licença para a rotulagem ambiental tipo I é um documento pelo qual o órgão de rotulagem concede a uma pessoa ou organização o direito de usar o rótulo em seu produto conforme as regras do programa. A licença tem prazo de validade. Concedida a licença, o licenciado deve informar ao órgão de rotulagem qualquer alteração no produto que possa comprometer a conformidade com os critérios ambientais do produto utilizados pelo programa.

---

[18] ABNT, NBR ISO 14024:2004, seção 5.

Figura 8.2 Um exemplo de programa de rotulagem ambiental tipo I

Fonte: The Blue Angel. Disponível em: http://www.blauer-engel.de. Acesso em: 7 set. 2022.

O rótulo ambiental mais antigo é o Anjo Azul (*Blue Angel*), criado em 1978 pelo órgão ambiental do governo federal da Alemanha em parceria com outras entidades independentes. É um instrumento de política ambiental endereçado ao mercado para distinguir bens e serviços com características ambientais positivas. Com o tempo, outros selos ou rótulos foram criados em diversos países e, atualmente, há centenas deles.

O rótulo Anjo Azul é conferido aos produtos que geram menos impactos ambientais que seus similares, por exemplo, produtos que não contêm metais pesados, que utilizam materiais reciclados, fabricados com processos poupadores de água e energia e outras considerações ambientais relacionadas aos produtos e seus processos de fabricação.

A concessão do selo envolve diversas etapas. Inicialmente o produto passa pela avaliação de um comitê de rotulagem independente (*Environmental Label Jury*), composto por membros do setor produtivo, sindicatos, instituições de ensino e pesquisa, entidades de defesa do meio ambiente e do consumidor, imprensa, igrejas e estados federados. Esse comitê define os critérios pelos quais o produto deve ser avaliado.

Depois, o produto é avaliado pelo Instituto Alemão para Qualidade Assegurada e Certificação, segundo os critérios definidos pelo comitê de rotulagem. Por exemplo, para a fabricação de papel, é proibido o uso de agentes branqueadores clorados.

Se o produto for aprovado, a empresa poderá usar o logotipo do Anjo Azul no produto por dois anos, desde que pague os direitos a seu titular, que é o Ministério do Meio Ambiente, Conservação da Natureza e Segurança Nuclear da Alemanha. Em 2022, mais de 20.000 bens e serviços de cerca de 1.600 empresas usavam esse logotipo.

Diversas organizações foram criadas para dar suporte aos programas de rotulagem tipo I e divulgá-los aos interessados potenciais, como fabricantes, prestadores de serviços, distribuidores, comerciantes. Uma dessas é a *Global Ecolabelling Network* (GEN), que reúne 31 programas espalhados por todos os continentes. Esses programas padronizaram mais de 1.500 critérios específicos para mais de 20 categorias de produtos e serviços, que já concederam mais de um milhão de licenças para uso de rótulos tipo I.[19] O membro brasileiro do GEN é o Programa ABNT de Rotulagem Ambiental, que confere licenças para uso do seu rótulo em 20 categorias de produtos. Esse programa é acreditado pelo Inmetro, o órgão acreditador de organismos certificadores no Brasil.[20]

Figura 8.3 Rótulos ambientais tipo I – Exemplos

Fonte: Os respectivos programas de rotulagem tipo I: (a) Programa de qualidade ambiental da ABNT; (b) Ecolabel – União Europeia; (c) EcoMark – Japão; (d) Green Seal – Estados Unidos; (e) Nordic Swan – países escandinavos; (f) Opção ambiental – Canadá; (g) Korea Eco-label; (h) China ecolabelling; (i) Dolphin Safe – International Marine Mammal Project.

8.3.2 Rótulo ambiental tipo II

O rótulo ambiental tipo II, objeto da norma ISO 14021, é uma autodeclaração ambiental feita pelo produtor, distribuidor ou outro interessado pelo produto ou serviço, sem certificação independente ou com uma certificação feita por quem dela

---

[19] Veja mais em: https://www.globalecolabelling.net/about/gen-the-global-ecolabelling-network. Acesso em: 7 set. 2022.
[20] Veja mais em: https://www.abntonline.com.br/sustentabilidade/Rotulo. Acesso em: 7 set. 2022.

CAPÍTULO 8 COMUNICAÇÃO AMBIENTAL

se beneficie. Seu objetivo é informar aos consumidores sobre as qualidades ambientais de produtos ou serviços a fim de obter a preferência do consumidor ou usuário atual ou potencial.[21] A autodeclaração é uma afirmação sobre a qualidade ambiental do produto ou serviço, por exemplo, um texto ou símbolo informando que o produto contém certo percentual de material reciclado, é degradável, consome menos água, gera menos resíduos.

Qual a garantia que o consumidor tem de que as autodeclarações trazem informações verdadeiras? A resposta é *nenhuma*, caso elas não tenham sido feitas segundo critérios objetivos, ambientalmente significativos, mensuráveis e verificáveis. Além disso, certas autodeclarações nada têm a ver com o produto em si, como afirmar que empresa é amiga do meio ambiente, patrocina projetos ambientais em escolas públicas ou faz a manutenção do jardim da sua rua. Outras vezes, a autodeclaração ressalta apenas os aspectos positivos e esconde os negativos. Por exemplo, o rótulo informa que o produto é biodegradável, mas não informa que seu processo produtivo gera poluentes tóxicos difíceis de serem controlados adequadamente.

De acordo com a norma NBR ISO 14021, as autodeclarações ambientais devem: (1) ser verificáveis, referir-se a aspectos relevantes do produto ou serviço, (2) ser específicas e claras em relação às qualidades ambientais que pretendem reivindicar e (3) prover informações relevantes para as decisões dos consumidores e usuários. A fim de harmonizar o uso de autodeclarações ambientais, a norma supracitada estabeleceu os seguintes requisitos gerais que devem ser aplicados a todas elas, sem exceção:

» deve-se evitar expressões vagas ou não específicas, tais como: *produto verde, ecológico, ambientalmente seguro, não poluente, amigo da terra, da natureza, da mata atlântica, das tartarugas, da arara-azul* e de outros bichos;
» declarações do tipo "livre de..." (sódio, cloro elementar, mercúrio etc.) somente são admitidas se o nível da substância especificada não for maior do que aquele que seria encontrado como traço contaminante ou nível de fundo;
» declarações sobre sustentabilidade também não devem ser feitas, pois os conceitos concernentes a essa questão são altamente complexos e não existem métodos confiáveis para medir a sustentabilidade da empresa ou confirmar o seu cumprimento;
» deve ser acompanhada de texto explicativo caso o símbolo possa ser mal-entendido.[22]

---

[21] ABNT, NBR ISO 14021:2017, termos e definições.
[22] ABNT, NBR ISO 14021:2017, seção 5.

249

GESTÃO AMBIENTAL EMPRESARIAL

Há dois conjuntos de requisitos específicos para autodeclarações: um deles vale para todas elas, inclusive para os textos explicativos; e o outro, para declarações sobre características ambientais selecionadas, que são as mais frequentes, como degradabilidade, reciclabilidade, durabilidade, conservação de energia. Entre os requisitos do primeiro conjunto estão os seguintes:

» as autodeclarações devem ser precisas, não enganosas, fundamentadas e verificadas;
» devem ser pertinentes para o produto em particular e usadas apenas em contextos adequados;
» devem ser apresentadas de forma que indique claramente se elas se aplicam ao produto completo ou a um de seus componentes, por exemplo, a embalagem;
» devem ser específicas quanto ao aspecto ambiental ou melhoria ambiental declarada;
» devem referir-se somente a aspecto ambiental que exista ou possa existir durante a vida útil do produto;
» devem ser apresentadas de uma forma que não dê a entender que o produto seja garantido ou certificado por organização independente;
» não devem ser feitas quando baseadas na ausência de ingredientes ou características que nunca estiveram associados à categoria do produto.[23]

Os requisitos específicos para características ambientais selecionadas complementam os requisitos do primeiro conjunto, mas não os substituem. Por exemplo, uma das autodeclarações mais comum refere-se à reciclabilidade feita por meio de símbolos conhecidos por ciclos de Möbius (Figura 8.4). Esse ciclo deve ser usado apenas para declarações sobre conteúdo reciclado e reciclável, podendo ser aplicado ao produto ou à embalagem. Pode ainda ser acompanhado por textos explicativos.

Reciclável é a característica de um produto, da embalagem ou de um componente do produto que pode ser desviado do fluxo de resíduos por meio de programas e processos disponíveis, e que pode ser coletado, processado e retornado para uso na forma de matéria-prima ou de produto. *Conteúdo reciclado* é a proporção da massa de material reciclado em um produto ou embalagem. O conteúdo reciclado (X) deve ser expresso quantitativamente de acordo com a fórmula:

$$X\% = \left(\frac{massa\ do\ material\ reciclado}{massa\ do\ produto} \right) 100\%$$

---

[23] Idem, seção 5.7.

Caso o conteúdo seja variável, este pode ser declarado por expressões do tipo: no mínimo X% ou mais que X%. O valor percentual do conteúdo reciclado pode ser declarado dentro do ciclo de Möbius, como mostra um dos exemplos da Figura 8.4, ou em uma posição bem próxima. A verificação da autodeclaração sobre o conteúdo reciclado pode ser feita por meio da documentação de compra do material reciclado, ou, caso seja de origem interna, por registros relacionados com os processos e programas de reciclagem.

Figura 8.4 Exemplos de rótulos ambientais tipo II

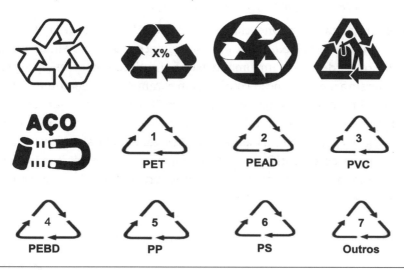

Fonte: elaborada pelo autor.

Para realizar uma autodeclaração sobre a redução no uso de recursos produtivos (água, energia, matérias-primas, materiais auxiliares etc.) é preciso informar a taxa percentual de redução por unidade de produção (U%), calculada por meio da seguinte fórmula:

$$U\% = \frac{I-N}{I} \times 100\%$$

na qual: I = o uso ou consumo inicial do recurso por unidade de produção e N = o novo recurso consumido por unidade de produção.

As declarações sobre redução no uso de recursos são sempre baseadas em comparações, por exemplo, o produto atual em relação ao anterior. Caso a redução declarada de um recurso provoque aumento em outros recursos, esses recursos e o percentual de aumento devem ser também declarados. Como se vê, emitir autodeclarações ambientais que atendam aos princípios mencionados não é tarefa banal. O objetivo último das exigências constantes na norma comentada é evitar que os rótulos tipo II sejam usados como propaganda enganosa. Para isso, no entanto, é necessário vigilância dos consumidores e usuários, bem como de órgãos de defesa do consumidor, pois as autodeclarações não são certificadas por organizações de terceira parte; por exemplo, solicitando ao autor da autodeclaração comprovações sobre a veracidade das suas afirmações.

8.3.3 Declaração ambiental tipo III

Essa declaração, também conhecida por Declaração Ambiental de Produto (EPD, do inglês: *Environmental Product Declaration*), fornece dados ambientais quantificados sobre o ciclo de vida de um produto para permitir comparações entre produtos que cumprem a mesma função, com base em parâmetros predeterminados e, onde relevantes, informações ambientais adicionais. Elas são elaboradas por operadores de programas de declaração ambiental do tipo III de terceira parte, que podem ser empresa, grupos de empresas, associação de setor industrial ou comercial, órgão público, organização científica ou outra qualquer, desde que sejam independentes de produtores ou comerciantes dos produtos, fornecedores de insumos, compradores e outras partes interessadas (Figura 8.5).

Figura 8.5 Programas de declaração ambiental tipo III – Exemplos

Fonte: A – Institut Bauen und Umwelt, Alemanha; B – Norwegian EPD Foundation, Noruega; C – EPD Coreia; D – EPD Itália; E – EPD Irlanda; F – The International EPD System.[24]

---

[24] *International EPD® System*, criada na Suécia, com o objetivo de capacitar e dar suporte a qualquer programa de EPD de qualquer país. Conta com representantes em cerca de 50 países, inclusive no Brasil. Veja mais em: https://www.environdec.com. Acesso em: 10 set. 2022.

CAPÍTULO 8 COMUNICAÇÃO AMBIENTAL

A concessão da EPD não está baseada no alcance ou superação de parâmetros previamente selecionados como os rótulos tipo I, mas nos atributos ambientais do produto ou serviço concernentes a esses parâmetros, de forma tal que facilitem a comparação com outros produtos similares. Como os demais tipos, este também deve atender àqueles princípios gerais listados na seção 8.3 e os seguintes princípios específicos:

» natureza voluntária;
» baseada no ciclo de vida do produto, conforme as normas ISO;
» baseada em módulos de informação, que cobrem uma unidade de processo ou uma combinação de processos que fazem parte do ciclo de vida de um produto;
» participação das partes interessadas, de modo que convém incluir consultas a essas partes, esforçando-se para alcançar consenso;
» as declarações devem permitir a comparabilidade entre produtos que cumprem funções semelhantes de modo transparente;
» elas devem conter informações ambientais relevantes passíveis de verificação independente;
» devem permitir aplicações flexíveis, práticas e rentáveis;
» para que elas possam ser compreendidas e interpretadas corretamente por qualquer parte interessada, o operador do programa de declarações deve assegurar a disponibilidade das instruções do programa, da lista de documentos sobre as Regras de Categoria de Produto (RCP), e materiais explicativos mencionados na norma.[25]

Os parâmetros ambientais referem-se aos impactos ambientais do produto, por exemplo, geração de gases de efeito estufa, consumo de energia, consumo de materiais, geração de resíduos perigosos, toxicidade humana. As RCP formam um conjunto de regras, requisitos e diretrizes específicas para desenvolver declarações ambientais do tipo III para uma ou mais categorias de produtos. Elas devem basear-se em informações resultantes de várias avaliações do ciclo de vida (ACV) de produtos da mesma categoria, a fim de estabelecer os parâmetros que serão predeterminados e as informações adicionais se forem necessárias, conforme a norma NBR ISO 14044:2009, comentada no Capítulo 6. A categoria de produto é definida em termos de função (primária, secundária etc.), desempenho técnico, uso, unidade funcional, limite de sistemas, unidades de medidas, requisitos de qualidade e outras informações relevantes.

---

[25] ABNT, NBR ISO 14025:2015.

As RCP podem ser desenvolvidas por organizações especializadas, aliás uma tendência crescente que vai ao encontro da necessidade de rapidez e comparabilidade em termos internacionais. Elas possuem datas de validade e devem ser constantemente revistas para incorporar novidades técnicas e mercadológicas. Elas podem basear-se em estudos sobre pegada de carbono, com base nas normas NBR ISO 14067:2015 e 14046:2017, respectivamente, caso a declaração ambiental faça afirmações sobre estas pegadas. A EPD deve ser verificada por pessoa ou organismo de verificação, a fim de comprovar mediante critérios objetivos se os requisitos normativos foram atendidos. Em resumo, o processo de rotulagem tipo III envolve a sequência: RCP → ACV → EPD → verificação independente.

A EPD emitida pelo operador do programa é uma declaração escrita na forma de um relatório, acessível no website do produtor ou comerciante que a solicitou e na plataforma de organismos registradores.[26] O relatório pode conter uma folha de rosto com informações gerais sobre o produto e as organizações envolvidas (Figura 8.6). A declaração deve conter, entre outras informações, as seguintes:

» nome do programa, endereço do operador do programa e logotipo;
» o organismo certificador credenciado;
» a data da certificação e o prazo de validade;
» a localização da empresa, seus responsáveis e endereços para contato;
» descrição do produto (tipo, dimensões, componentes, propriedades físico-químicas e outras especificações);
» identificação do produto, por exemplo, número do modelo, unidade funcional, especificações, fotos;
» escopo da declaração, isto é, a extensão do ciclo de vida considerada, se da aquisição de materiais e energia de fornecedores ou da extração de recursos no meio ambiente;
» os parâmetros ambientais quantificados, considerando o ciclo de vida (por exemplo: emissões de gases de efeito estufa medidos em quilogramas de CO_2 equivalente por unidade do produto, acidificação em quilogramas de SO_2 equivalente, consumo total de matérias-primas em toneladas métricas, consumo total de energia em Megajoules;
» dados da ACV, ou da fase do inventário;
» informações sobre fases do ciclo de vida não consideradas na ACV ou no inventário;

---

[26] Veja exemplos de declarações em: https://new.abb.com/sustainability/environment/environmental-product-declarations. Acesso em: 10 set. 2022.

CAPÍTULO 8 COMUNICAÇÃO AMBIENTAL

» informação sobre onde obter materiais explicativos;
» assertiva de que declarações ambientais de programas diferentes podem não ser comparáveis.[27]

Figura 8.6 EPD – Informações gerais – Modelo de página de rosto

DECLARAÇÃO AMBIENTAL DE PRODUTO Informações gerais		
Produto:		
Modelos:		
Produtor: Endereço: Contato:		Logotipo
Nome do operador do programa de EPD Endereço: Contato:		Logotipo
Informações gerais sobre o produto: » Unidade funcional: » Escopo da declaração: » Uso do produto: » Extensão dos mercados:		Fotos
Regras da Categoria do Produto (RCP) » Código: » Normas aplicadas: » Validade:	Organismo desenvolvedor do RCP: Endereço: Contato:	
Assinaturas:		
Responsável pelo operador do programa	Responsável pelo RCP	Verificador independente

Fonte: elaborada pelo autor.

Diferentemente dos rótulos tipo I e II, que são endereçados aos consumidores finais, a EPD está voltada primariamente para as relações entre empresas (*business-to-business*), ou seja, para as comunicações entre empresas fornecedoras e compradoras. Desse modo, a EPD é destinada aos insumos produtivos, enquanto os rótulos tipo I e II são destinados aos bens e serviços finais. A empresa que escolhe

---

[27] ABNT, NBR ISO 14025:2015.

um insumo produtivo levando em conta sua EPD assume a sua carga ambiental acumulada ao longo dos estágios produtivos anteriores a ela. A EPD pode ser usada para selecionar fornecedores cujos produtos apresentem cargas ambientais menores comparadas aos de outros fornecedores.

TERMOS E CONCEITOS IMPORTANTES

- Autodeclaração ambiental
- Ciclos Möbius
- Comunicação ambiental
- Critério ambiental em produto
- Declaração ambiental de produto (EPD)
- Operador de programa de rotulagem
- Órgão de rotulagem ambiental
- Partes interessadas
- Política de comunicação
- Princípios de comunicação ambiental
- Programa de rotulagem ambiental
- Regras de categoria de produtos
- Relatórios ambientais
- Relatórios de sustentabilidade
- Relatórios ESG
- Responsabilidade social empresarial
- Rótulo ou selo ambiental

REFERÊNCIAS

ASSOCIAÇÃO BRASILEIRA DE NORMAS TÉCNICAS (ABNT). *NBR ISO 14001:2015*. Sistemas de gestão ambiental: requisitos com orientação para uso. Rio de Janeiro: ABNT, 2015.

ABNT. *NBR ISO 14020:2002*. Rótulos e declarações ambientais: princípios gerais. Rio de Janeiro: ABNT, 2002.

ABNT. *NBR ISO 14021:2017*. Rótulos e declarações ambientais: autodeclarações ambientais (Rotulagem tipo II). Rio de Janeiro: ABNT, 2017.

ABNT. *NBR ISO 14024:2004*. Rótulos e declarações ambientais: rotulagem ambiental tipo I – princípios e procedimentos. Rio de Janeiro: ABNT, 2004.

ABNT. *NBR ISO 14025:2015*. Rótulos e declarações ambientais: declarações ambientais de Tipo III – princípios e procedimentos. Rio de Janeiro: ABNT, 2015.

ABNT. *NBR ISO 14063:2009*. Gestão ambiental: comunicação ambiental – diretrizes e exemplos. Rio de Janeiro: ABNT, 2009.

ABNT. *NBR ISO 14046:2017*. Gestão ambiental: pegada hídrica – princípios, requisitos e diretrizes. Rio de Janeiro: ABNT, 2017.

ABNT. *NBR ISO 14067:2015*. Gestão ambiental: pegada de carbono de produtos – requisitos e orientações sobre quantificações e comunicação. Rio de Janeiro: ABNT, 2015.

AZZONE, G.; BROPHY, M.; NOCI, G.; WELFORD, R.; YOUNG, W. A stakeholder's view of environmental reporting. *Long Range Planning*, v. 30, n. 5, p. 699-709, 1997.

CLARKSON, M. B. E. A stakeholder framework for analyzing and evaluating corporate social performance. *Academy of Management Review*, v. 20, n. 1, p. 92-117, 1995.

GLOBAL REPORTING INITIATIVE (GRI). Consolidated Set of the GRI Standards. *GRI*, 2022. Disponível em: https://www.globalreporting.org/how-to-use-the-gri-standards/gri-standards-english-language. Acesso em: 16 jan. 2023.

INTERNATIONAL ORGANIZATION FOR STANDARDIZATION (ISO). *ISO/TS 17033:2019*. Ethical claims and supporting information- principles and requirements. Geneve: ISO, 2009.

ISO. *ISO/TS 14033:2009*. Environmental management – quantitative environmental information – guideline and example. Geneve: ISO, 2009.

JAPAN. MINISTRY OF THE ENVIRONMENT. *Environmental Reporting Guidelines*. Tokyo: Japan Government/Ministry of the Environment, 2007.

ORGANISATION FOR ECONOMIC CO-OPERATION AND DEVELOPMENT (OECD). *OECD Due Diligence Guidance for Responsible Business Conduct*. Paris: OECD, 2018.

THE GLOBAL COMPACT. *Who Cares Wins*: connecting financial markets to a changing world. United Nations & Swiss Federal Department of Foreign Affairs. New York: United Nations Organization, 2004.

UNITED NATIONS CONFERENCE ON TRADE AND DEVELOPMENT (UNCTAD). *World investment report 2022*. New York: United Nations Publications, 2022.

9
CONSIDERAÇÕES FINAIS

A gestão ambiental empresarial teve e continuará tendo nas iniciativas ambientais públicas globais, regionais, nacionais e locais as suas principais fontes de incentivo e desenvolvimento. A Conferência das Nações Unidas para o Meio Ambiente Humano, realizada em Estocolmo em 1972, foi um marco importante para o desenvolvimento da gestão ambiental em todas essas dimensões espaciais. As conferências que vieram depois, com destaque para a Conferência das Nações Unidas sobre o Meio Ambiente e Desenvolvimento, realizada no Rio de Janeiro em 1992, trouxeram uma diversidade de medidas de gestão ambiental consubstanciadas em acordos multilaterais ambientais e em programas de ação envolvendo governos, instituições multilaterais, empresas, organizações não governamentais, comunidades e instituições de ensino e pesquisa.

O Brasil acompanhou esse movimento global que passou a ser identificado pela expressão *desenvolvimento sustentável*. O crescimento das ações empresariais ambientais, que vinha acompanhando a legislação ambiental federal, estadual e municipal desde as últimas três décadas do século XX, tomou um impulso considerável com a regulamentação de diversos dispositivos constantes na Constituição Federal de 1988 e a incorporação de vários acordos multilaterais ambientais após a Conferência do Rio em 1992, como a Convenção da Mudança Climática, da Biodiversidade, Convenção sobre Poluentes Orgânicos Persistentes, entre muitos outros.

Ao longo desse tempo, o próprio papel do poder público passou por transformações profundas. De atuações inicialmente centradas no exercício do poder de polícia, passou a contar com uma diversidade de instrumentos de política pública, como incentivos fiscais e a aplicação do princípio do poluidor-pagador. E novas formas de relacionamento entre os governos e as empresas surgiam em diversos países e locais, inclusive no Brasil. Os governos deixaram de atuar exclusivamente de acordo com o binômio *regulamentar* e *fiscalizar* e passaram a desenvolver diversas formas de cooperação com as empresas, como os acordos voluntários públicos de adesão ou negociados.

Mas não é só do lado governamental que surgem motivos para a inclusão das preocupações ambientais nas empresas. Muitas empresas que atuam no mercado exterior, ou que pretendem atuar, estão cada vez mais atentas às questões ambientais, pois estas são usadas frequentemente como barreiras técnicas ao comércio internacional. Entre as dez exceções gerais permitidas para estabelecer restrições ao comércio estão as medidas para proteger a saúde e a vida das pessoas e dos animais, para preservar os vegetais e para conservar os recursos naturais esgotáveis, desde que sejam aplicadas juntamente com as restrições à produção ou ao consumo nacional. O Acordo sobre Barreiras Técnicas ao Comércio, administrado pela Organização Mundial do Comércio (OMC), permite que os governos estabeleçam restrições às importações de produtos que possam causar danos à saúde ou ao meio ambiente, desde que não se trate de uma prática discriminatória. Estes e outros temas concernentes às questões ambientais relacionadas ao comércio internacional têm colocado para as empresas a necessidade de demonstrarem que são ambientalmente responsáveis para poder abrir e sustentar mercados para seus produtos.

A busca de certificação para os Sistemas de Gestão Ambiental (SGA), com base na norma ISO 14001, tem sido estimulada em grande parte pelas possibilidades de restrições permitidas pelas regras do comércio multilateral. Presume-se que a empresa que possua um SGA de acordo com os requisitos dessa norma e certificado por um Organismo de Certificação Credenciado seja ambientalmente correta em âmbitos nacional e internacional. É importante considerar que a implantação de um SGA, certificado ou não, constitui apenas uma etapa importante, na qual a empresa conseguiu com êxito introduzir a preocupação ambiental de modo integrado à gestão global da organização. Sua continuidade e aperfeiçoamento requerem a superação de desafios constantes que levam à necessidade de as empresas se valerem de uma variedade de instrumentos de gestão, tais como auditoria ambiental, avaliação do ciclo de vida do produto, avaliação do desempenho ambiental, incorporação de aspectos ambientais em produtos e serviços.

Diversos bancos, agências de financiamento e seguradoras deram-se conta da importância das questões ambientais para os negócios. Muitas instituições financeiras avaliam o cuidado ambiental como um dos critérios para habilitar as empresas como tomadoras de empréstimos. O crescente número de selos ou rótulos verdes criados por organizações independentes reflete o aumento da conscientização popular em relação aos problemas ambientais e ao mesmo tempo contribui para o desenvolvimento de novos padrões de produção e consumo estimulados pelo mercado.

As organizações ambientalistas têm exercido um papel fundamental e diversificado, por exemplo, denunciando e mobilizando a população para boicotar empresas e produtos ambientalmente incorretos; cooperando com empresas, governos e comunidades; e criando oportunidades de negócios sustentáveis, ou seja, negócios economicamente viáveis, socialmente inclusivos e ambientalmente corretos. São incontáveis os trabalhos que elas realizam em parcerias com empresas sobre os mais variados temas ambientais. Muitas delas foram criadas especificamente para dar suporte à gestão ambiental segundo concepções próprias, algumas citadas neste livro.

Qualquer ação de gestão ambiental estimulada por pressões externas é valiosa para o meio ambiente, embora não suficiente diante do estado de degradação ambiental e de grandes ameaças globais, como a mudança do clima, a depleção de recursos não renováveis, perda de biodiversidade, e suas repercussões sociais, como pobreza extrema, ausência de moradia, água potável e energia para bilhões de seres humanos, e repercussões políticas, como o aumento de conflitos armados pela posse de recursos. Diante disso, o movimento do desenvolvimento sustentável tem proposto agendas para enfrentar esses problemas, como a Agenda 2030, um plano de ação para o período de 2016 a 2030, contendo 17 Objetivos de Desenvolvimento Sustentável (ODS), cada qual com suas metas de realização, 169 no total, e seus indicadores de desempenho.

Como mostra a Figura 9.1, os ODS referem-se cada qual às dimensões específicas do desenvolvimento sustentável, embora guardem entre si uma diversidade de inter-relações. A gestão ambiental empresarial é um modo de contribuir diretamente com as metas dos ODS ambientais e indiretamente com as dos demais. Alguns ODS são difíceis de serem alocados em uma única dimensão, como o ODS 7, que busca assegurar a todos o acesso confiável, sustentável, moderno e preços acessíveis de energia. O ODS 12, que visa assegurar padrões de produção e consumo sustentável, combina questões ambientais e econômicas a fim de transformar os sistemas produtivos humanos para que cada vez mais se assemelhem aos sistemas naturais, como comentado no Capítulo 3. Esse é o ODS central da gestão ambiental empresarial, cujo desempenho repercute sobre os demais, não apenas sobre os ODS ambientais. Por exemplo, cidades sustentáveis ostentam elevados padrões de qualidade do ar, da água e do solo, que por sua vez dependem de como a poluição é evitada e controlada. A energia poupada por práticas de conservação e eficiência energética contribui para o atendimento do ODS 7, acima mencionado. Quanto menos efluentes despejados em corpos d'água, menos dispendioso será o tratamento da água para atender o ODS 6: assegurar a disponibilidade de água e gestão sustentável de água e saneamento para todos.

Figura 9.1 Objetivos de Desenvolvimento Sustentável (ODS) e suas dimensões dominantes

Fonte: adaptada de NAÇÕES UNIDAS. *Objetivos de Desenvolvimento Sustentável*. Disponível em: https://brasil.un.org/pt-br/sdgs. Acesso em: 2 fev. 2023.

Se não há dúvidas a respeito da necessidade da gestão ambiental nas empresas, não se pode dizer o mesmo quanto aos aspectos organizacionais. Implementar a gestão ambiental é uma questão em aberto, e cada empresa deve encontrar o seu próprio caminho, pois a diversidade das empresas e das suas circunvizinhanças não recomenda qualquer sugestão universal. Nas grandes empresas, cabe a criação de departamentos específicos e até mesmo de divisões dedicadas à gestão ambiental. Nas médias e pequenas, as atividades ambientais podem ser conduzidas em conjunto com as demais atividades, principalmente com as correlatas, como segurança e saúde ocupacional. Mais do que o tamanho da empresa, é a natureza das suas atividades que deve ser considerada para efeito de implementar a gestão ambiental do ponto de vista organizacional. Empresas com atividades geradoras ou potencialmente geradoras de elevado impacto ambiental adverso devem conduzir

CAPÍTULO 9 CONSIDERAÇÕES FINAIS

sua gestão ambiental a partir de um órgão ambiental específico, o mais perto possível do centro de poder da empresa.

Um departamento ou órgão ambiental específico não alcança a totalidade das questões ambientais, pois estas estão presentes em todas as atividades da empresa: no chão de fábrica, no armazém, no almoxarifado, na movimentação e manuseio de mercadorias, nos escritórios, no desenvolvimento de produtos e processos, na seleção de materiais e de fornecedores, nas atividades de venda e pós-venda, em qualquer lugar onde insumos produtivos são adquiridos, processados, transportados e utilizados. A preocupação ambiental deve ser disseminada em todos os níveis hierárquicos e funções, o que significa que ela deve ser tratada de modo transversal, ainda que em certos casos seja necessário criar e manter órgãos ambientais específicos. Em todos os locais e atividades de uma empresa, sempre haverá a possibilidade de gerar impactos ambientais adversos. Ou seja, a gestão ambiental deve permear todas as atividades e funções desenvolvidas pela empresa.

ÍNDICE REMISSIVO

A
ABNT,
Acidificação,
Acordos Voluntários:
    Conceito,
    Espécies,
    Iniciativas empresariais
Acordos Ambientais
    Intergovernamentais:
    Bilaterais,
    Regionais,
    Multilaterais,
Agenda 2020
Ambientalismo,
Análise de inventário,
Aquecimento Global (ver
    mudança do clima)
Aspecto Ambiental,
Auditoria Ambiental:
    Auditores,
    Divulgação dos resultados,
    Princípios de auditoria,
    Processos de auditoria,
    Tipos,
Avaliação Ambiental Estratégica:
Avaliação do Ciclo de Vida:
    Ciclo de vida, conceito,
    Gestão do ciclo de vida,
    Inventário do ciclo de vida,
    Avaliação do ciclo de vida,
    Mecanismo ambiental,

B
Backcasting,
BAT e Batneec,

Bens ambientais,
Berço ao berço:
Berço ao túmulo,
Biodiversidade:
Biosfera

C
Cadeia de suprimento,
Capacidade de suporte,
Camada de ozônio:
Certificação,
Chuva ácida (ver *acidificação*)
Ciclo PDCA,
Ciclos biogeoquímicos,
Comunicação ambiental:
    Política de
    Princípios
    Rótulos e declarações ambientais,
Condições sistêmicas
Conferência das Nações Unidas
    para o Desenvolvimento e Meio
    Ambiente – Rio-1992,
Conferências das Nações Unidas
    para o Meio Ambiente
    Humano, Estocolmo – 1972,
Consumidores,
Controle da poluição:
    Abordagem de gestão,
    Instrumento de política pública,
    Prática de,
Custos ambientais,

D
Declaração ambiental, ver: rótulo
    ambiental

Desenvolvimento Sustentável:
    Conceito,
    Dimensões,
Due diligence,

E
Ecoeficiência
Ecoinovação
Ecologia,
Ecologia industrial,
Economia de baixo carbono,
Ecossistema
Ecoparques
Educação ambiental,
End-of-pipe,
EPD (ver *rótulo ambiental*)
ESG (Meio ambiente, Sociedade &
    Governança)
Espécies ameaçadas,
Estudo de Impacto Ambiental
    (EIA):
    Ciclo do projeto,
    Conteúdo,
    Definições,
    Obrigatoriedade,
    Área de abrangência,
    Listas de verificação,
    Licenciamento ambiental,
    Matriz de Leopold,
    Princípios,
Estudo Prévio de Impacto de
    Vizinhança (EIV),
Estratégia ambiental,

F

Fornecedores,
Funções ambientais (ver *serviços ambientais*)

G

Gases de efeito estufa,
Gestão ambiental:
    Conceito
    Dimensões,
    Modelo de gestão,
Global Environmental Management Initiative (Gemi),
Global Reporting Initiative (GRI),

H

Housekeeping,

I

Ibama,
Impactos Ambientais:
    Categoria de impacto,
    Definições de impacto ambiental,
    (ver *Estudo de Impacto Ambiental*)
Inmetro,
Indústria ambiental,
Inovação ambienfal (ver *ecoinovação*)
Inovação tecnológica,
IPCC – Intergovernmental Panel on Climate Change,
ISO – International Organization for Standardization:

L

Lavagem verde,
Licença Ambiental:
    Tipos,
    Prazos,
    Procedimentos,

M

Maquiagem verde (ver *lavagem verde*)
Meio Ambiente:
    Como fonte de recursos,
    Como recipiente de resíduos,
    Definições,
Metabolismo industrial,
Metais pesados,
Modelos de gestão ambiental,
Mudança do clima,

N

Normas de gestão ambiental ISO 14000,
    Estrutura de alto nível,
    Família,

Processo de elaboração,
Not in my Backyard (Nimby),

O

Objetivos de Desenvolvimento Sustentável (ODS),
Organismo de Certificação Credenciado (OCC),
Organizações não governamentais (ONG),
Organização Mundial do Comércio (OMC),

P

Padrões de emissão,
Padrões de qualidade ambiental,
Padrões tecnológicos
Partes interessadas,
Plano de Recuperação de Áreas Degradadas (PRAD),
Poluição:
    Definições,
    Controle da,
    Prevenção da,
Poluentes:
    Definição,
    orgânicos persistentes,
    Por fontes antropogênicas,
    Por fontes naturais,
    Primários e secundários,
Política Pública Ambiental:
    Comando e controle,
    Conceito,
    Impostos e taxas,
    Instrumentos de,
    Permissões de emissões transferíveis,
    Poder de compra do Estado,
    Sistema de depósito-retorno,
Política Nacional do Meio Ambiente:
    Conama,
    Constituição Federal,
    Instrumentos da,
    Lei n. 6.938/1981,
    Lei de Crimes Ambientais,
    Responsabilidade objetiva,
    Sisnama,
Princípios de gestão ambiental:
    Da precaução,
    Do poluidor-pagador,
Produtos ambientalmente preferíveis,
Problemas ambientais,
Produção mais limpa,
Produção e consumo sustentáveis,
Projeto para o meio ambiente (*Design for Environment*),

Q

Qualidade
    ambiental,
    de vida,
    do ar,
    do meio ambiente,

R

Reciclagem
Recuperação energética
Reúso
Recursos naturais
Relatório Ambiental Preliminar (RAP),
Relatório de Impacto Ambiental (Rima),
Responsabilidade social empresarial,
Resíduos:
    Política Nacional de Resíduos Sólidos
Revolução Industrial,
Rótulo ambiental,

S

Selo verde (ver *rótulos ambientais*)
Serviços ambientais,
Simbiose industrial,
Sinmetro,
Sistema de Gestão Ambiental (SGA):
    Benefícios e objeções,
    Conceito de sistema,
    Certificação,
    Interações com outros sistemas de gestão,
    Requisitos,
Sistema de gestão da qualidade,
Stakeholder (ver *partes interessadas*)
Sustentabilidade (ver *desenvolvimento sustentável*)

T

Tecnologia de remediação,
Tecnologia limpa,
TQM – *Total Quality Management*,
TQEM – *Total Quality Environment Management*,
Transparência,

U

Unidade de conservação,
Uso sustentável,

Z

Zoneamento ambiental